教育部人文社会科学研究青年基金项目
"汉唐间史书叙事的方法及其成就研究"
（20YJC770048）成果

北京师范大学历史学院青年教师发展资助项目
北京师范大学历史学院双一流学科建设经费资助出版

中国古代史书叙事的风格

从班荀二体到范袁二家

朱露川 著

社会科学文献出版社
SOCIAL SCIENCES ACADEMIC PRESS (CHINA)

朱露川

北京师范大学历史学博士（英属哥伦比亚大学联合培养）。现任北京师范大学历史学院讲师、史学理论与史学史研究中心兼职研究人员。主要研究方向为中国古代史学与史学批评。主持国家社科基金、教育部人文社科基金各一项。发表论文、札记、评论三十余篇。

序

瞿林东

本书是作者在其博士学位论文基础上，结合最近两年的研究，增删修改而成的一本学术著作。作为导师，我对此书的出版，表示衷心的祝贺。

这是一本部帙不大的著作，但从其所论述的内容来看，这是当代史学研究非常需要的一本学术论著，主要原因有以下几点。

第一，近几年来，学术界、理论界都在讨论"三大体系"建设，发表了许多很有启发意义的文章，大家都得到了提高。但从史学领域来看，从"三大体系"建设的思路出发，结合某一学术领域撰写出一部学术专著，而把"三大体系"建设落到实处的学术成果，并不多见。本书在这方面作出了艰苦的努力，即以马克思主义唯物史观为指导，根据中国历史学科发展的需要，就史学理论与史学史学术领域关于史书叙事问题，深入阐述了中国古代史书叙事的风格，并自觉地在论述中力图建立起这方面的话语体系,成为致力于"三大体系"建设的一个实例。

我们知道,推进中国特色哲学社会科学学科体系建设,具有重要战略意义。从学科体系的全局来看,学科体系建设是根据社会发展的需要和国家利益的需要而形成的合理的学科门类,是全局性的、整体性的,具有现实性和前瞻性,在稳定和变动的有机统一中辩证发展。学术体系是"三大体系"的中间环节,学科的性质和任务,规定并引导着学术体系建设,其中以各学术领域的理论体系最为重要。话语体系则是学术前沿之活力的呈现,因为学术理论指导下的某一具体研究成果,需要通过与这一理论体系相联系的话语体系传播于社会,从而完成学科的任务和目标,建立某一学术领域的话语权,实现社会价值。

20世纪以来的中国史学史研究之最重要的启示是:唯物史观与中国史学实际相结合,是历史学理论体系建设的正确路径。细察本书的撰述要旨,正是在这个指导思想和逻辑关系中实现的。所不同的是,作者为了提醒读者更多地关注话语体系问题,特意首先论及话语体系问题,以有关话语体系的"概念群"开篇并使之贯穿于全书之中,这就抓住了本书的关键,因为概念是反映事物之一般的、本质的特征,由概念入手讨论问题,势必围绕此问题的一般特征而不会游离他向。本书在话语体系方面的把控,具有明显的启示意义。由此推及研究中国史学史上的其他问题如史学功用问题、史学批评问题、史家修养问题等等,也都可以采用这一思路和方法进行研究。

第二,作者选择将史书叙事作为博士学位论文的题目,显然与这些年来"叙事"成为学术界的"热门"话题相关,也可以说是受到这一"热门"话题的启发和激励。一则是关于"叙事"的讨论，许多都是响应国外学者提出的论点与阐述；二则是参与这一讨论的学者，大多是从文学角度出发，而史学工作者参与讨论者较少，这与中国史学在"叙事"方面的丰富遗产形成鲜明的反差。从上述情况得到的结论是：史学工作者有责任阐述中国史学"叙事"的成就与传统以及特点与风格，以推进关于"叙事"的讨论和研究。作者在这方面所作的努力，对有关讨论的中外参照是有意义的，对有关讨论的文史参照也是有意义的。

第三，我以为作者在研究对象上的抉择是恰当的和果断的。中国史学遗产异常丰富，研究中国史书叙事问题，该从何谈起？首先是不可空论，因为空论不能说明事物本身；其次是不可泛论，因为泛泛而论难得深入，不易把问题说清楚；再次是不可就事论事，因为就事论事难以上升到理论认识。作者选定"两汉书"和"两汉纪"作为研究对象，用以阐述中国史书的叙事风格，确是恰当的和果断的。这是因为这四部史书在史学史上本有联系，作者借用"述者相效"四个字揭示出这种联系。而唐代史学批评家刘知幾对这四部书曾作出评论，即所谓"班荀二体"和"范袁二家"，表明了这四部书的史学地位是有代表性的。更重要的是，这四部书记述的内容是两个盛大的皇朝即西汉和东汉的历史，内容丰富，起伏跌宕，在历史演进和历史撰述上，都有突出的代表性。总体来看，作者在这方面的思考和抉择，为其展开论述、深入发掘以至于理论概括，提供了极好的研究对象。

本书的旨趣，是揭示中国史书叙事的风格，即第三、四、五、六等章所论，概括说来，就是书事、写人、用意和审美的要旨及相互间的辩证关系。

关于书事。这是讨论史书叙事的第一位重要问题。从标目上看，作者强调中国史书叙事之"事"的历史品格，即"文直""事核"。史书中的"事"，是历史撰述得以成立的基础。但是并非所有具备"文直""事核"的"事"都可以成为史书叙事的对象，这取决于史家在"采撰"和"载文"上的抉择，而关注于"国之大事"，以及"包举一代""存其大体"的叙事要求，显示了皇朝史叙事的重点所在。总之，一是真实之事，二是国之大事。这样的"事"，后人读其中得失之故，自会受到震撼和启示，产生"彰往察来"的教育作用。

关于写人。中国史学有人本主义传统。历史是由人创造的，人本主义传统突出人在历史中的作用和地位。这就是为什么史书叙事一定要写人。诚如作者在本书第四章前言中所论说的：

> 历史研究，应当把"现实的、可以通过经验观察到的、在一定条件下进行的发展过程中的人"写出来。在这个方面，中国史学有悠久的历史，积累了宝贵的经验，这与历史理论领域有关人在历史进程中之作用的认识密切相关……历史记载中的人，是曾经在历史过程中活生生的人，故史学家不能如小说叙事般无拘地虚构人的角色或人的行为。尽管如此，在具体的叙事结构中，史学家仍可有所发挥，根据撰述主旨，重点纳入某些材料，突出叙述某些事迹，以表明人在历史中的作用。本章讨论纪传体皇朝史对类编纂法的多层次运用，以及类编纂法由纪传入编年而带来的新的史学面貌，都是这方面具体的表现，可以充分说

明"二体"之间在有关人的记述上的联动。

由此可见，作者所论述的类编纂法，本质上是在说明历史学家对社会中的人进行观察进而把人写入史书的过程。在这里，方法只是认识和思考的外在表现罢了，而方法运用所造成的史学形式上的特点，背后是中国社会的特征。可以这样说，中国史书叙事，任何时候都不会缺少人的位置，古老的"天人关系"的讨论就表明了这一点，只是人的位置越来越受到叙事者的重视罢了。

关于用意，这里是说叙事者的主体意识。在史书叙事活动中，不论是"书事"、"写人"，还是"审美"，都与史学家主体意识密切相关，都是史学家之"用意"的诉求的反映。这种"意"的诉求，不论是事实判断，还是价值判断，都是史学家的观念和立场的反映。从今人的研究来看，人们不能否认史学家的观念、立场对其叙事的影响。甚至可以这样说，史学家的观念、立场，是史书叙事的灵魂所在。司马迁重视"好学深思，心知其意"（《史记·五帝本纪》后论）。范晔称："常谓情志所托，故当以意为主，以文传意。"（《狱中与诸甥侄书》）章学诚自称"刘言史法，吾言史意"（《章学诚遗书·家书二》）。这些贯穿于史书叙事中的史家"用意"，最集中地反映出中国史书叙事的风格。

关于审美。中国史学家在一千多年前就提出了史书叙事之美的见解。唐代史学批评家刘知幾《史通·叙事》篇提出"史之称美者，以叙事为先"和"国史之美者，以叙事为工"。在他看来，大凡史书，首先要做到"美"的要求；至于"国史"，那就在审美方面做到"工"才好。他还明确指出,"尚简"和"用晦"是叙事之美的两个标准,同时批评"妄饰"的做法。对于治中国史学的人来说,刘知幾的这些论断已为大家所熟悉。本书从这些基本的论点出发,而又重点揭示出刘知幾论史书叙事审美的不同层次,这是已往不曾见到的论析,反映了本书作者读书的精当。值得注意的是,《史通》一书中,与《叙事》篇在同一卷的,还有《言语》《浮词》两篇,是否可以认为,重视言语修养和避免浮词,也是史书叙事审美的要求。本书以专章讨论中国史书叙事的审美观念及其形成路径,阐发了中国史学的一个优良传统,极具现实意义,当代史学工作者可以在这方面提高修养,改进文风。

本书作者在结语中对以上几个方面作了这样的概括:重"事"、主"人"、寻"美"与用"意"的结合及其辩证关系,是中国史书叙事风格的展现。

说到"风格",我们还可以作这样的表述:以中国史学固有的概念与话语体系,讨论中国史学发展中的史书叙事的实际,力图从具体的研究中,概括出有关的理论认识并揭示出其内在规律。这或许就是读者从本书中品味到的风格。

中国史学源远流长,遗产丰富。本人阅读范围狭窄,闻见有限,关于中国史书叙事风格的研究,这是我所读到的研究比较深入、全面的一部著作。从有关史学遗产的创造性继承和创新性发展来看,本书是当前对刘知幾所说"班荀二体"和"范袁二家"之所以然的最详尽的诠释,多有启示意义和借鉴价值。同时,本书对"两汉书"与"两汉纪"在叙事方面的分析、论述,涉及中国古代史书叙事的诸多方面,反映了作者鲜明的探索意识，以及对开拓中国史学史研究领域的深入思考与学术勇气。

露川治学，执着而敏锐，善于提出并思考问题。她对中国史书叙事传统及特点的关注、研究，已有六七个年头了，持久的钻研，方有今天的积累，本书是她这些年研究所得的一个阶段性成果，相信她一定还会有后续的研究成果面世，在史书叙事这块园地里绽放出一朵朵鲜花，为探讨史书叙事的中国风格提供更多的经验。

露川也很注意文字方面的修养。她的这本书，文字表述平实、规范、流畅，有笔力，足见其平素用力之勤。古人云："言之无文，行而不远。"可见，露川对这个古训，是有自己的理解的。同学们纷纷向我介绍：2020 年露川在《文史知识》上连载 12 篇关于史书叙事的文章，有许多篇被一些省份的重点中学列入高中语文教学的参考资料。这正是对她的文章之语言功底的最好评价。

是为序。

2022 年 1 月 8 日
序于北京师范大学历史学院

目 录

引　言 …………………………………………………… 001

第一章　从中国古代史学的话语体系出发 …………… 001
　一　问题的提出 ………………………………………… 001
　二　史书叙事概念群的初步形成 ……………………… 005
　三　"善叙事"是"良史之才"的标准 ……………… 008
　四　"文直""事核"是史书叙事的基础 …………… 011
　五　史书叙事与揭示"事理"相得益彰 …………… 015

第二章　述者相效：变动中相联系的叙事格局 ……… 020
　第一节　史学理论家提出的命题及其启示 …………… 021
　　一　从"班荀二体"到"范袁二家" ……………… 021
　　二　治汉史之风与"汉书学"的盛行 ……………… 024
　　三　编年、纪传均可为"史之正用" ……………… 028
　第二节　"班荀二体"开创的叙事格局 ……………… 031

一　皇朝史产生的历史背景与史学条件 …………… 031
　二　《汉书》奠定的皇朝史叙事格局 …………… 037
　三　《汉纪》改变《汉书》的叙事面貌 …………… 044
　附　荀悦《汉纪》书年辨误三则 …………… 049
第三节　"范袁二家"叙事形态的变迁 …………… 055
　一　《后汉纪》发展《汉纪》的内部结构 …………… 055
　二　《汉书》《后汉纪》直接影响下的《后汉书》 …… 058
小　结 …………… 062

第三章　裁成汉典：皇朝史书事体要的确立 …………… 065
第一节　皇朝史叙事之"事"的品格 …………… 066
　一　聚焦"国之大事"的书事原则 …………… 066
　二　"博闻"而能"从善"的采撰理念 …………… 070
　三　"切于世事"的载文标准 …………… 073
第二节　皇朝史叙事之"事"的范围 …………… 078
　一　"包举一代"史事的《汉书》 …………… 078
　二　以"五志"立成国典的《汉纪》 …………… 082
　三　以"弘敷王道"为主线的《后汉纪》 …………… 088
　四　"正一代得失"动力下的《后汉书》 …………… 091
第三节　皇朝史叙事之"事"的采择 …………… 096
　一　从"涉猎广博"到"存其大体" …………… 096
　二　"号为精密"和"博采众书" …………… 105
　三　由载文形成的文本关联 …………… 112
小　结 …………… 117

第四章　观其名迹：历史中的人如何"走进"历史叙述 …… 119

第一节　类编纂法在"两汉书"中的多维运用 …… 121
一　类编纂法的历史渊源 …… 121
二　"以类相从"的设传原则 …… 124
三　类叙法的产生及其应用 …… 127
四　清人论类叙法的启示 …… 131

第二节　类编纂法由纪传入编年的路径 …… 136
一　"连类列举"的叙事结构 …… 136
二　"各以类书"的记人方法 …… 141
三　类编纂法的逻辑限定 …… 146

第三节　人物群像：皇朝史叙事的着力处 …… 148
一　以人才群体考察政治兴衰 …… 148
二　两汉开国功臣的不同命运 …… 152
三　逸民和节士引领的社会风尚 …… 157
四　谏官与党人的殊途同归 …… 162

小　结 …… 165

第五章　述序事理：史家主体意识的积极彰显 …… 167

第一节　光扬大汉：皇朝意识引领下的"实录"追求 …… 169
一　两汉之际的一种"智识" …… 169
二　"汉承尧运"的权威化 …… 172
三　从"人心厌汉"到"民皆思汉" …… 177
四　"明章之治"背后的危机 …… 182

第二节　谋有所用：借史书叙事实现"献替"之志 …… 186
一　从"献替"之志到"立典五志" …… 186

二　释"省约易习，有便于用" …… 190
　　三　"未尝效一言于操"的坚守 …… 194
第三节　扶明义教："名教"观念在史书叙事中的运用 …… 197
　　一　自然化的"名教"观念 …… 197
　　二　"因前代遗事"以维护皇权 …… 203
　　三　评价历史人物的"名教"标尺 …… 206
第四节　以意为主：不得志的范晔如何"转得统绪" …… 210
　　一　"以意为主"的落脚点 …… 210
　　二　"不得志"的范晔 …… 214
　　三　一个世族史家的"自得" …… 217
小　结 …… 224

第六章　美的追寻：皇朝史叙事的审美品格 …… 226
第一节　史书叙事的审美自觉 …… 227
　　一　《史通·叙事》提出的问题 …… 227
　　二　"史之称美者，以叙事为先" …… 229
　　三　"国史之美者，以叙事为工" …… 231
第二节　《汉书》叙事的雅正之风 …… 233
　　一　"函雅故"的审美倾向 …… 233
　　二　"正文字"的时代要求 …… 239
第三节　追求"其词不流"的《后汉书》 …… 245
　　一　从"文赡事详"到"详简得宜" …… 245
　　二　"其词不流"的理想之境 …… 251
第四节　"两汉纪"叙事之美的呈现 …… 256
　　一　"辞约事详，论辩多美"的《汉纪》 …… 256

二　一时"文宗"袁宏的史文之美 ………………… 261
　小　结 …………………………………………… 268

结　语 ……………………………………………… 270

**附　录　纪事本末体的确立与中国古代史书叙事发展的
　　　　　新阶段** ……………………………………… 278

主要参考文献 ……………………………………… 313

作者研究"叙事"问题的已刊文章 ………………… 332

后　记 ……………………………………………… 334

引　言

在中国古代史学的漫漫长河中，叙事始终是史学活动最主要的形式之一。作为史学家最擅长使用的一种方式，叙事很早就进入史学批评家关注的视野，进而产生的关于叙事之真实性、思想性、规范性、艺术性等问题的讨论，构成了中国古代史学的叙事理论。由此可知，关于中国古代史学之叙事问题的研究应包含两个层面：其一是对具体的史学文献进行梳理、分析和研究，以期窥探其叙事特点和经验；其二是对前人关于叙事问题所发表的见解、思想及理论进行总结和再评价。这后一个方面的工作应以前一个方面的工作为起点，即研究中国古代史学的叙事理论，应该首先重视总结中国古代史学在叙事上的遗产，结合具体的历史著作把中国史学在叙事上的传统和贡献讲清楚。

中国史学萌发于先秦时期而在秦汉之际的历史变革中得以正式确立，此后，一代又一代杰出的史学家兢兢业业地记录着中国自古以来的历史进程，为探讨叙事问题提供了数量庞大、形态丰富的资源。无论是以"两司马"为代表的通史巨制，还是以考察一朝一代之兴衰为旨归的断代史著述；无论是奉诏编纂的官修史书，还是史学家发愤撰写的私家著述；无论是当代人修本朝史，还是后代人修前代史……这些丰厚的史学遗产，共同孕育着中华民族的精神家园。

不过，任何事物的发展都有它的主流。对于中国的历史来说，自公元前221年秦始皇建立起第一个封建皇朝，一直到公元1911年辛亥革命推翻清皇朝的统治，中国社会在两千余年的历史进程中，无论是分裂还是统一，最突出的现象，就是一个又一个奉行中央集权制政权的建立、兴盛、衰亡。史学是历史的产物。中国历史进程的上述特点反映在史学发展上，就是作为记录封建皇朝兴衰的皇朝史，占据了中国古代史书家族的突出地位，进而成为中国古代史学在形式上的主干。由皇朝史撰述中所总结出来的叙事原则与经验，以及在此基础上形成的叙事理论，成为中国古代史书叙事传统及其理论反思的主流。

《汉书》是中国历史上首部朝代史，它在继承《史记》宏大格局的基础上，进一步适应秦汉大一统的政治形势，以封建皇朝兴衰大事为主线展开叙事，这使它从内容上明显地区别于周代诸侯国的"国史"。因此，《汉书》所开创的史学体制也被称为皇朝史，而《汉书》则成为此后历代皇朝史撰述的不祧之祖。

本书从中国古代史学话语体系中的"叙事"概念阐释出发，选择以中国史学上一组彼此关联又各具特色的皇朝史作为研究对象，它们是：《汉书》《汉纪》《后汉纪》《后汉书》。按照体裁划分，这四部史学名著在历史上又被称为"两汉书"（《汉书》与《后汉书》）和"两汉纪"（《汉纪》与《后汉纪》）。根据历史上的撰述情况，其作者分别是班固、范晔、荀悦和袁宏，他们是中国史学上成就突出的四位史学家。在以上四人及他们的著作之间，班固及其《汉书》发挥着引领作用。

在中国古代史书叙事主流形成的过程中，也有陈寿、华峤、张璠、司马彪、孙盛等史学家在皇朝史著述上取得突出成就。但是，由《汉书》至《汉纪》，再经《后汉纪》到《后汉书》之间显示出一条清晰的由纪传到编年，再由编年到纪传的辩证发展轨迹。正因如此，它们被史学批评家刘知幾概括为"班荀二体"（指班固的《汉书》和荀悦的《汉纪》）和"范袁二家"（指范晔的《后汉书》和袁宏的《后汉纪》），成为纪传、编年"二体"皇朝史的代表作。可以认为，"两汉书"与"两汉纪"在一定程度上代表了汉唐间史书叙事发展的高度，成为人们走近中国史学叙事传统，认识中国史书叙事理论之形成路径的典范。

在中国史学发展史上，史学名著以其对历史的深刻总结、对人物史事的准确批判、叙事行文的丰满可读，而焕发着蓬勃的生命力。在具体的实践中，班、荀、袁、范四家著述，在有关叙事之"事"的对象、选择、品格，以及如何发挥《史记》"善述序事理"的优良传统、如何突出"人"在历史进程中的作用、如何实现史书叙事的审美追求等方面，积累了宝贵的经验，进而推动了中国古代史学叙事的理论反思，对于我们理解中国史学上的"书事""采撰""载文""二体""述者相效""以类相从""述序事理""文约事丰"等概念和命题多有启发。

本书在史书叙事实践与叙事理论反思相互作用的视野下，按照以下结构展开论述：

全书以关于"叙事"概念在中国史学上的生成、演变及其具体阐释的考察作为首章,由此将其他章节的论述放在中国古代史学理论话语体系的场域中展开。"叙事"作为中国古代史学理论之现代转化的一个环节,之所以能够成立,是因其作为一种实践对于史学发展的基础性作用,以及作为一项概念在中国古代史学话语体系中的长期运用。

第二章"述者相效:变动中相联系的叙事格局",从中国古代史学理论家提出的"二体"论及其史学根源出发,纵向上考察从《汉书》到《汉纪》,从《汉纪》到《后汉纪》,再从《后汉纪》到《后汉书》叙事的辩证发展线索。历史撰述是在继承基础上的创新,"述者相效"这一命题,既包含着因循,也包含着变革。没有相因就没有相革,这是中国古代史学连续性发展在体制上的规律,也是理解"两汉书"与"两汉纪"之关系的出发点。

第三章"裁成汉典:皇朝史书事体要的确立",从中国古代史学话语体系中"书事"、"采撰"与"载文"三个概念谈起,考察"两汉书"与"两汉纪"这四部相互关联的皇朝史如何确立主题、采择史料,进而"裁成汉典",从历史撰述之实践与理论反思相结合的角度,揭示出中国古代史家抽绎、凝炼叙事理论话语的具体路径,以及中国史学有关史书叙事原则之认知主流的形成过程。

第四章"观其名迹:历史中的人如何'走进'历史叙述"和第五章"'述序事理':史家主体意识的积极彰显",分别立足于中国古代史学"重人事"的思想传统和"善(述)序事理"的叙事传统,进一步说明了班、荀、袁、范四家著述在采撰、书事上的重点。

从产生"人"的观念到自觉记述人的活动，再到对人的行为作出反思，这是中国古代思想史上的巨大变革。在这方面，《汉书》和《后汉书》充分继承了《史记》以人为本的撰述特点，并通过对"类编纂法"的分层运用写出了种种人物群体的社会作用。《汉书》所开创的"类叙法"又被《汉纪》和《后汉纪》吸收，使"类编纂法"成功地由纪传入编年，继而成为中国古代历史撰述的一项基本法则，并引发了清代史家有关史书叙事方法论的探讨，彰显了中国古代史学既重实践又重理论反思的优良传统。本书第四章对这些问题一一展开论述，并重点揭示了人与人物群像在史书叙事中的作用，在一定程度上可以分辨出文学创作和史书叙事的联系与区别。

中国史学自《左传》《史记》开始，便形成了在历史撰述中探索、揭示历史发展动因的传统，这被总结为"善（述）序事理"的命题。本书第五章从"古人之身处"与"古人之世"两个维度，讨论撰述者主体意识在史书叙事中的积极彰显，呈现历史本体、历史叙述、历史叙述者、历史叙述者生活的现实世界四者之间的张力。论述中有意识地从史学家本人的说法出发，以尽可能避免读者中心论所可能引发的过度阐释。

中国史学有讲究审美的优良传统。史学家在语言文字上的造诣，往往会影响一部史书在叙事成就上的高度，进而被时人和后人用来衡量撰述者本人在史学发展史上的地位。本书第六章"美的追寻：皇朝史叙事的审美品格"，从中国史学的审美自觉出发，考察了"两汉书"与"两汉纪"的审美表现，以及汉唐间史书叙事的寻美之路。其中，"文约事丰""论辩多美"

等史学审美原则的建立，尤其能够表明叙事实践之开展与叙事理论之形成的相互关联。

本书通过对中国历史上四部史学名著进行个案与整体相结合的研究，总结它们在叙事形态、叙事主线、"人"之呈现、叙事主体观念彰显、"美"的追求等方面的特点和经验。在此基础上，对四者之间相互关联的叙事形态辩证发展脉络作整体考察，重点揭示"二体"皇朝史叙事典范的生成、流变，及其如何推动史书叙事原则在唐代的初步形成。在"班荀二体"和"范袁二家"的影响下，纪传、编年两种形式的皇朝史成为中国史学上最重要的叙事格局，尽管中唐以后人们不断呼唤史体的创新，但在"叙事"形态上，"二体"交替主导的情况，一直到南宋袁枢《通鉴纪事本末》的出现，才被真正突破。《通鉴纪事本末》取材于《资治通鉴》，在记事断限上与班、荀、袁、范四家著述有所重叠，由该书所确立的以事件为中心的撰述形态，推动了中国古代史书叙事在南宋以后走向新的阶段，本书于附录专门探讨了这一问题。

在确定以"叙事"为研究领域并完成博士学位论文以及本书定稿的过程中，笔者先后发表过一些与研究主题相关的文章，其中有的篇章与本书内容关系密切，均于书末列出。"两汉书"与"两汉纪"是重要的史学名著，在其漫长的流传过程中，评论者、研究者蜂起，成果不胜枚举。对于与本书论述主题直接关联或对笔者有所启发的相关成果，已于各章撰述过程中注出，故未列专章进行研究现状的梳理。

第一章
从中国古代史学的话语体系出发

一 问题的提出

当前，人文社科领域围绕"叙事"而展开的研究成果汗牛充栋，在促使叙事研究成为一门显学的同时，也造成了"叙事"概念使用的混乱。在中国，"叙事"是一个拥有上千年历史的词语，然而目前国内学界大多把"叙事"作为英文 narrative 的中译词来理解和运用，其背后蕴含着建构在语言学基础上的西方叙事学（由经典到后经典）的理论体系。后现代主义史学吸收了西方叙事学研究的基本理路，把叙事视为一种话语模式，"它将特定的事件序列依时间顺序纳入一个能为人理解和把握的语言结构，从而赋予其意义"，由此在历史学研究领域内掀起一场"叙事的转向"（或称修辞的转向、语言学的转向）。[①] 就英文单词 narrative 应被翻译为"叙事"还是"叙述"，

[①] 彭刚：《叙事的转向：当代西方史学理论的考察》（第 2 版），北京大学出版社，2017，第 2 页。

国内学界尚未达成一致。论者指出,"叙事"一词是动宾结构,既包含"话语"也包含"故事";"叙述"是联合或并列结构,重复指涉讲述行为(叙+述),强调的是表达行为,无视了"故事"本身。故在所描述的对象同时涉及叙述层和故事层时应译为"叙事",若仅仅涉及叙述层(叙述话语)则应使用"叙述"。[①] 后现代主义史学研究中也存在"叙述主义"和"叙事主义"的不同译法,而其理论特征的突出表现就是将研究目光收紧于"文本",形成鲜明的"叙述化倾向"。应该看到的是,无论是西方叙事学还是后现代主义史学,其理论体系的构建都深深植根于欧美叙事传统。

从广义的学术背景和学术理念来看,20世纪中后期,"叙事学"研究热潮的兴起,以及后现代主义史学传入中国,使中国古代史学的"叙事"问题重新进入现代史家的研究视野之中。这种研究不论在国外还是在国内学术界,都同理论研究(包括史学理论研究)相关联。从20世纪70年代初至90年代末,出现了一批运用西方叙事学理论研究中国传统文献的成果。笔者在阅读有关论著的过程中,一方面极大地开拓了视野,促进了思考的深入,另一方面感到有些问题尚须作进一步探讨,使研究对象更加清晰,结论更加明确。

中国史学在叙事方面所积累的经验及其理论探索,是中国丰厚史学遗产的组成部分,也是中国叙事学的组成部分。爬梳中国古代史学的叙事经验及其理论成就,是本土叙事学理论建构和传统史学理论之现代转化的交汇点。在这样一个"泛叙事化"的研

---

① 申丹:《也谈"叙事"还是"叙述"》,《外国文学评论》2009年第3期。

究浪潮中,史学界应该积极投入叙事研究,这不仅关涉中国叙事的追本溯源,也与中国史学自身话语体系的建设密切相关。

近年来,中国学界在推进研究走向深入的过程中,逐渐意识到"中国主体意识"的重要性,"西方话语解释中国经验和中国问题的局限性也日渐凸显,以本土理论阐述本土事实的探索遂成为学界的自觉追求"①。在史学领域,人们愈加关注史学话语体系的创新和建设,研究者指出,中国的史学研究不仅要对西方学说、西方理论进行"全方位的反省",而且要以"扎实深入的史学研究"作为研究基础,"用中国史学自己的话语体系来阐释和书写人类历史"②。史学理论和中国史学史领域逐渐加强了对古代史学概念的研究,在深入梳理史学遗产的过程中为构建中国特色历史学话语体系提供可被继承和发展的资源。③ 具体到叙事

---

① 在改革开放四十周年之际,以"中国主体意识"为中心的学术转型成为人文社会科学界的自觉诉求,并曾被《文史哲》杂志与《中华读书报》联合评为"2018年度中国人文学术十大热点"之首,见《中华读书报》2019年5月8日,第5版。

② 参见张海鹏《推进我国史学话语体系建设》,《人民日报》2016年7月25日,第16版;姜义华《创新我国史学理论体系与话语体系》,《人民日报》2016年8月22日,第23版;户华为《今天,我们需要什么样的历史学——专访中国社会科学院副院长、中国历史研究院院长高翔》,《光明日报》2019年6月17日,第14版。

③ 相关研究成果参见李纪祥《中国史学传统中的"实录"意涵及其现代意义》,《北京师范大学学报》(社会科学版)2004年第5期;刘开军《"史德"范畴的演进与史学批评的深化》,《天津社会科学》2014年第2期;朱露川《浅论古代"良史"的三种含义》,《历史教学问题》2015年第6期;廉敏《史"义"考略——试论中国古代史学中"史义"概念的流传及表现》,《文史哲》2018年第2期;尤学工《"良史"与中国古代史学话语体系》,《四川师范大学学报》(社会科学版)2018年第6期;刘开军《中国古代史学理论话语体系的形成刍议》,《四川师范大学学报》(社会科学版)2019年第5期;刘开军《中国古代史学概念的界定、意蕴及其与史学话语的建构》,《江海学刊》2020年第5期;等等。

研究上，史学史和史学理论的研究应深入探索中国古代史学的叙事传统和叙事理论，为中国史学在叙事研究思潮中所应处的位置正名，进而为树立史学自信和建构中国史学的话语体系作出探索。

目前中国学界的叙事研究，尚处于对西方叙事学或后现代主义史学的"响应"和"诠释"阶段，缺乏真正有分量的"回应"。① 出现这种情况的一个重要原因，就在于未能为中国叙事学的建立寻找到牢固、恰当的理论根基。近年，已有学者呼吁："如果说西方叙事学是由现代语言学孵化而来，那么史学便是中国叙事理论的孕育母体"，"史家对叙事问题的深刻理解和阐发，应当成为中国叙事学张开双臂拥抱的理论遗产，文史之分不能成为阻碍这种继承的学科壁垒"。② 这样的观念并非今天才产生，清代史学理论家章学诚谓"古文必推叙事，叙事实出史学"③，已十分明确地道出叙事和史学的密切关系。

中国史学有两千余年不间断的发展历程，留下了丰厚的学术遗产。连续性的史学反思和史学批评为中国史学自身的理论体系提供了丰富的术语和概念，"叙事"就是其中一项。有的学者尝试从词义生成及演变的角度分析中国的"叙事"概念，其中不乏独到的见解。④ 但是，由于讨论者大多来自文学研究领域，中国史书叙事的古老传统和优秀成果尚未得到充分发掘，这

---

① 瞿林东：《关于当代中国史学话语体系建构的几个问题》，《中国社会科学》2011年第2期。
② 傅修延：《中国叙事学》，北京大学出版社，2015，第26页。
③ 《章学诚遗书·补遗》，文物出版社，1985，第612页上。
④ 参见方志红《中国古代"叙事"概念考索——兼谈中国"叙事之学"的核心论域》，《中华文化论坛》2014年第1期；钟志翔《"叙天地"与中国叙事观念的萌生》，《中国文学研究》2015年第1期。

有待于史学工作者加强对中国叙事研究的关注。有鉴于此，要在全球性的叙事研究中建立起中国叙事研究的一方阵地，很有必要到中国古代史学中寻求叙事传统、叙事批评、叙事理论等方面的学术遗产，为构建中国自身的"叙事"话语筑牢根基。

二 史书叙事概念群的初步形成

恩格斯曾经指出，"一门科学提出的每一种新见解都包含这门科学的术语的革命"[①]。对于中国史学上的"叙事"概念来说，它从产生到成为一个术语再到上升为一个史学理论范畴，经历了漫长的发展历程。

中国叙事传统起源悠久。周代史官记事分工，孔子修《春秋》运用"褒贬"书法，以及孔子对董狐"书法不隐"的赞颂，都表明先秦时期已经形成了自觉的叙事观念。在这个过程中，"叙（序）事"一词也出现了。如《周礼》记"（小宗伯）掌四时祭祀之序事与其礼""凡乐，掌其序事，治其乐政""（大史）正岁年以序事""冯相氏掌十有二岁，十有二月，十有二辰，十日，二十有八星之位。辨其叙事，以会天位"等等。唐代贾公彦注疏指出，《周礼》中的"序事"皆同"叙事"，其义为"次叙其事"。[②]

---

① 〔德〕恩格斯:《资本论》英文版序（1886年11月5日），《马克思恩格斯文集》第5卷，人民出版社，2009，第32页。
② 以上所引见《周礼·春官宗伯第三》，《十三经注疏》，中华书局，1980，第767、794、817、818、820页。按:《周礼》记保章氏掌天星，记录星辰日月之变动，观天下妖祥、辨吉凶，据其所察"访序事以诏救政"，贾公彦谓"访序事"即"事未至者，预告王访谋今年天时占相所宜，次叙其事，使不失所也"。

从词义上看，叙，古作敍或敘，《说文解字》释为"次弟也"①，有次序、秩序之义。叙又通"序"，段玉裁指出："经传多假序为叙，《周礼》、《仪礼》序字注多释为次第是也。"《史记·太史公自序》和《汉书·叙传》中的"序"和"叙"即为同义。事，《说文解字》释为"职也"②，表示官职、职务，由此发展而指政事、事务，后衍生出事件、故事之义。《礼记》里记"物有本末，事有始终"③，《论语》里记"敏于事而慎于言""子入太庙，每事问"，这里的"事"，都指事情而言。④ 据此，先秦典籍中所说的"叙（序）事"，就是按照一定的次序/时序记录事件，有学者将其理解为"事的秩序化"⑤。

至迟在曹魏时期，"叙（序）事"形成了史学领域的表意功能。如淳为《汉书·司马迁传》中的"太史公"作注指出"天下计书先上太史公，副上丞相，序事如古《春秋》"⑥，这是在说西汉太史令职能时用到"序事"一词。王肃则在与魏明帝的一段对话中指出："司马迁记事，不虚美，不隐恶。刘向、扬雄服其善叙事，有良史之才，谓之实录。"⑦ 这里，"叙事"

---

① （清）段玉裁：《说文解字注》，中华书局，2013，第127页下、第448页下。
② （清）段玉裁：《说文解字注》，中华书局，2013，第117页下。
③ 《礼记·大学》，《十三经注疏》，中华书局，1980，第1673页上。
④ 《论语·学而》《八佾》，《十三经注疏》，中华书局，1980，第2458页下、第2467页中。
⑤ 钟志翔：《中国"叙事"生成的话语分析》，《上饶师范学院学报》2016年第2期。
⑥ （汉）班固：《汉书》卷六十二《司马迁传》，中华书局，1962，第2709页。
⑦ （晋）陈寿：《三国志》卷十三《魏书·王朗传附子肃传》，中华书局，1982，第418页。

被明确地用以指称"司马迁记事"。王肃之论,有其渊源,即刘向、扬雄及班彪、班固对司马迁《史记》的评价,主要见于两段记载:

> 孝武之世,太史令司马迁采《左氏》《国语》,删《世本》《战国策》,据楚、汉列国时事,上自黄帝,下讫获麟,作本纪、世家、列传、书、表凡百三十篇,而十篇缺焉……然善述序事理,辨而不华,质而不野,文质相称,盖良史之才也。①
>
> ……然自刘向、扬雄博极群书,皆称迁有良史之材,服其善序事理,辨而不华,质而不俚,其文直,其事核,不虚美,不隐恶,故谓之实录。②

第一段引文出自《后汉书·班彪列传》载班彪讥正前史得失之语。第二段引文出自班彪之子班固为《汉书·司马迁传》撰写的后论。中国古代史学话语体系中的概念和范畴往往存在相互交织的联系。在刘向、扬雄及班彪、固父子的讨论中,"(述)序事理"与"良史""文直""事核""实录"等话语产生关联,构成了中国古代史学话语体系中的一个概念群。"(述)序事理"一句由"(述)序"和"事理"组成,核心表意词是"序"和"事",故如淳、王肃以"叙(序)事"代替"(述)序事理"。"叙(序)事"不仅被视为衡量"良史之才"的一条重要标准,而且密切关联着古代史学的审美要求和求真品格。

---

① (南朝宋)范晔:《后汉书》卷四十上《班彪列传上》,中华书局,1965,第1325页。
② (汉)班固:《汉书》卷六十二《司马迁传》,中华书局,1962,第2738页。

从这个概念群入手,有助于我们理解、运用中国古代史学话语体系中的"叙事"。

三 "善叙事"是"良史之才"的标准

在古代史学话语体系中,"叙事"最初是指史学家有序地叙述历史,可以视为治史、修史的基本路径,人们以"善叙事"评价史家史才,就是在这个意义上运用"叙事"一词。① "叙事"又作名词化理解,指史书中与"论赞"相辅相成的一种表现形式,是史书的主要组成部分。昭明太子萧统在《文选序》中讲该书纂录标准,称:"……至于记事之史,系年之书,所以褒贬是非,纪别异同,方之篇翰,亦已不同。若其赞论之综缉辞采,序述之错比文华,事出于沉思,义归乎翰藻,故与夫篇什,杂而集之。"② 姚思廉称赞裴子野《宋略》,称:"其叙事、评论多善",以至《宋书》作者沈约见而自叹"吾弗逮也"③。四库馆臣称赞宋人王称《东都事略》:"叙事约而该,议论亦皆持平。"④ 他们都将"叙事"(序述)和"议论"(赞论、评论)作为历史撰述的两个主要部分来看待。

前引刘向、扬雄,班彪、班固,以及王肃等人所论,皆以"良史"称赞太史公史才,可见"善叙事"成为衡量"良史之

---

① 这与现代语境下的"叙事"词义相近,即"叙述事情"(《现代汉语词典》第 7 版,商务印书馆,2016,第 1481 页)。
② (南朝梁)萧统:《文选序》,《文选》书首,(唐)李善注,上海古籍出版社,1986,第 3 页。
③ (唐)姚思廉:《梁书》卷三十《裴子野传》,中华书局,1973,第 442~443 页。
④ (清)永瑢等:《四库全书总目》卷五十,中华书局,1965,第 449 页。

才"的重要标准。在《史记》问世的三个多世纪之后,这个评价体系又为《三国志》的作者陈寿确立了崇高的史学地位。《晋书·陈寿传》记:

> ……(寿)撰魏吴蜀《三国志》,凡六十五篇。时人称其善叙事,有良史之才。夏侯湛时著《魏书》,见寿所作,便坏己书而罢。张华深善之,谓寿曰:"当以《晋书》相付耳。"其为时所重如此。①

在这段记载中,"善叙事"甚至成为衡量陈寿"良史之才"的唯一标准,足见时人对于史家叙事能力的重视程度。《晋书》作者把晋人对陈寿"善叙事,有良史之才"的评论记录下来,亦可见唐人对叙事之"善"的关注。

隋唐时期,史学批评走向深入发展阶段并提出了系统的理论体系,也是在这一阶段,"叙事"正式成为史学批评术语,其标志是刘知幾所撰写的《史通·叙事》篇。从目前掌握的材料来看,刘知幾是中国古代系统论述"叙事"问题的第一人,在他的史学构成理论体系中,"叙事"不是一个孤立的概念,而是与"言语""浮词"等术语构成了一个有关史文表述技巧的概念群。《史通·叙事》以"夫史之称美者,以叙事为先"冠盖全篇,在中国史学上首次把史书叙事提升到审美层面来理解。②与同书《书事》篇讨论史书"叙什么"相比,《叙事》篇关注

---

① (唐)房玄龄等:《晋书》卷八十二《陈寿传》,中华书局,1974,第2137页。
② 瞿林东:《论刘知幾〈史通〉关于史学构成的思想》,《苏州大学学报》(哲学社会科学版)2016年第3期。

的是史书"怎样叙"的问题。如果说对于司马迁《史记》叙事之"善"的评论启发了中国史学重视叙事的思想传统,那么,刘知幾《史通·叙事》篇便奠定了中国史书叙事的审美标准。

经过刘知幾《史通·叙事》篇的提炼,"叙事"正式作为一个史学理论问题提出并以"尚简"为审美要求。唐以后,历代学者运用"叙事"概念展开了连续性的学术批评。五代时人修《旧唐书》,称史官吴兢"居职殆三十年,叙事简要,人用称之"①。北宋大史学家司马光评价李延寿《南史》《北史》"叙事简径,比于南、北正史,无繁冗芜秽之辞"②。明人修《元史》,称赞曾出任《辽》《金》《宋》三史"总裁官"的揭傒斯"为文章,叙事严整,语简而当"③。胡应麟则以"叙事喜驰骋""叙事尚剪裁"来平衡有关马、班优劣的评论。④ 清四库馆臣尤其关注史书叙事的特点、优劣,《四库全书总目》史部提要多处运用"叙事"一词作出评论,所论含事实、体例、断限、烦简、称谓、详核等诸多方面。凡此,都是在连续性的史学批评中不断丰富了"叙事"的内涵。

从泛泛而谈"叙事",到给"叙事"建立起一个概念群,再到把"叙事"作为一个理论问题提出并上升到审美层次,这个词义的学术化过程,发端于人们对司马迁《史记》叙事之

---

① (后晋)刘昫等:《旧唐书》卷一百二《吴兢传》,中华书局,1975,第3182页。
② (宋)马端临:《文献通考》卷一百九十二,中华书局,2011,第5582页。
③ (明)宋濂等:《元史》卷一百八十一《揭傒斯传》,中华书局,1976,第4186~4187页。
④ (明)胡应麟:《少室山房笔丛·史书占毕一》,上海书店出版社,2001,第129页。

"善"的反思，历经魏晋南北朝时期围绕史书叙事而展开的学术批评，在唐代史家刘知幾探讨史学构成时正式确立。当"叙事"成为史学领域的特定概念而形成相对稳定的内涵和不断拓展的外延，"善叙事"便不再局限于善于叙述事情之义，而是对史才提出了一种综合性要求：从事实的叙述出发，既涉及史文表述的烦简、疏密，也涉及事义的呈现和事理的解释，理想情况下还要彰显史家叙事的纵横驰骋之势。这个历程表明，随着史学批评、史学反思的深入，在人们连续性地评价、讨论史书叙事效果和史家叙事能力的过程中，"叙事"已经超越其原本的动宾结构词义而发展成为中国古代史学话语体系中的一个术语，进而成为人们衡量"良史之才"的一条准则。

四　"文直""事核"是史书叙事的基础

史学家要做到"善叙事"，并非易事。清代史学理论家章学诚曾感慨叙事之难："古人著述，必以史学为归，盖文辞以叙事为难。今古人才，骋其学力所至，辞命议论，恢恢有余。至于叙事，汲汲形其不足，以是为最难也。"[①] 历代史家要收获"良史"美誉，必要工于叙事，寻求、掌握叙事之法，这个答案，班彪、固父子早已揭示。

班氏父子评价《史记》的两段论述可以分解为若干条目，"善（述）序事理""辨（辩）而不华，质而不野（俚）""良史之才（材）"属于重叠部分，可以视为汉代学人关于司马迁《史记》的代表性论断。其中，"善（述）序事理"是"良史

---

① 《章学诚遗书·补遗》，文物出版社，1985，第612页上。

之才（材）"的必要不充分条件，"辨（辩）而不华，质而不野（俚）"是"善（述）序事理"的表现形式，大致可以理解为善于辨正而不失于华赡，言辞质朴而不流于俗鄙。父子二人之论的不同之处在于，班固之论，比班彪之论多出一句："其文直，其事核，不虚美，不隐恶，故谓之实录。"正是在这一句中，班固继承了扬雄《法言·重黎》篇关于"太史迁"的评价，以"实录"作为总结性判词使用，而"文直""事核""不虚美，不隐恶"构成了"实录"的三个要素，也成为史书"（述）序事理"所要遵循的法则。

"文直"，是说史书叙事之文应做到直书其事。按照西方叙事学的观点，这是对史书叙事的"话语"（表达形式）提出了要求。孔子说"言而无文，行之不远"[1]，刘知幾说"史之为务，必借于文"[2]，都是在强调文字表述的重要性。史文之"直"主要体现为言辞上的要求，当然，这要以事实的陈述为前提，历史上有因"善属文"而称"良史"的文学家（韩愈、沈既济等），却不见仅凭"善属文"而获"良史"美誉的史学家，这就是千余年前郑惟忠、刘知幾、朱敬则等人不约而同发出"史才之难，其难甚矣""自古文士多而史才少"的原因所在。因此，对于史书叙事的要求绝不能停留于"话语"层面。

"事核"，是说史书所叙之"事"应做到事得其实。这是针对史书叙事内容即西方叙事学所说的"故事"（素材）的真实

---

[1] 《左传》襄公二十五年，《十三经注疏》，中华书局，1980年影印版，第1985页。
[2] （唐）刘知幾：《史通》卷六《叙事》，（清）浦起龙通释本，上海古籍出版社，2009，第167页。

性提出的要求。刘知幾曾提出："夫史之叙事也，当辨而不华，质而不俚，其文直，其事核，若斯而已可也。"① 这里突出强调了"文直""事核"。梁启超谓"有信史然后有良史也"②，点明"信史"是"良史"的基础。可见，史书叙事的基础在于以文质相称的话语对史事如实直书，使"事"能得其"实"，这与追求"微言大义"的经学传统显示出鲜明区别，是史学正式成立以后，史书叙事之"事"的品格所在。

"不虚美，不隐恶"，是说史家叙述人物事迹不应有虚妄的美化，不可因其"恶"而隐讳，这是对史书叙事在价值判断层面提出的要求。如果不能做到"不虚美，不隐恶"，那么即便"叙事富赡，足成一家之言"，也会因"褒述过美，有惭董、史之直"③而受到诟病。可见，史书叙事如果缺少了价值判断上的"不虚美，不隐恶"，就不能构成"实录"，也就不能称为"良史"。

"文直""事核""不虚美，不隐恶"，可以看作对《孟子》评价孔子修《春秋》时提出的"文""事""义"三个范畴的继承和发展。论者指出，先秦时期的历史记载在面对"事"和"义"的冲突时，《春秋》以"义"在"事"前，《左传》则以"事"在"义"前而同时说明"义"。④《史》《汉》继承了《左传》的做法，以事实陈述作为史书叙事的基础。在义理之

---

① （唐）刘知幾：《史通》卷七《鉴识》，（清）浦起龙通释，上海古籍出版社，2009，第191页。
② 梁启超：《中国历史研究法》，《饮冰室合集》第10册《饮冰室专集之七十三》，中华书局，1989，第33页。
③ 此为《史通》评董统《后燕史》语，见（唐）刘知幾《史通》卷十二《古今正史》，（清）浦起龙通释，上海古籍出版社，2009，第333页。
④ 参见易宁《先秦史学的"实录"思想》，《史学史研究》2014年第1期。

学大盛的时代,吴缜辨明"事实"是"褒贬"和"文采"的前提,在继承《史》《汉》所创立的史书叙事原则的同时,进一步强调了以"事实"作为史书叙事的第一要义。

前面讲到,《晋书·陈寿传》记载晋人对陈寿史才的高度评价,称其"善叙事,有良史之才",同书《王沈传》又以荀顗、阮籍、王沈所撰《魏书》与陈寿《三国志》相较,得出的结论是荀、阮、王三人所撰"多为时讳,未若陈寿之实录也"①。可见,晋人对于陈寿《三国志》"叙事"之"善"的考察,也立足于"文直""事核""不虚美,不隐恶"构成的"实录"原则。《三国志》的叙事在行文和事实方面的确继承了《史记》遗风,注重修辞的文学评论家刘勰称"陈寿三志,文质辨洽,荀、张比之于迁、固,非妄誉也"②;长于训诂的历史考据家钱大昕称:"吾所以重承祚(陈寿字)者,又在乎叙事之可信。"③ 刘、钱所论分别可以上溯到人们评价《史记》叙事的"文质相称"和"事核"。在继承太史公遗风的同时,陈寿有时因其自身所处环境而不得不采用"回护之笔"。④ 对此,白寿彝指出:"陈寿叙事往往作到隐讳而不失实录,扬善而不隐蔽缺点。他在《魏书·武帝纪》于汉、魏关系上有所隐讳,但措词微而不诬,并于别处

---

① (唐)房玄龄等:《晋书》卷三十九《王沈传》,中华书局,1974,第1143页。
② (南朝梁)刘勰:《文心雕龙》卷四《史传》,范文澜注,人民文学出版社,1958,第285页。
③ (清)钱大昕:《潜研堂文集》卷二十四《三国志辨疑序》,陈文和主编《嘉定钱大昕全集》第9册,江苏古籍出版社,1997,第384页。
④ 清人赵翼称:"自陈寿作《魏本纪》,多所回护,凡两朝革易之际,进爵封国,赐剑履,加九锡,以及禅位,有诏有策,竟成一定书法。"(《廿二史札记》卷六,王树民校证,中华书局,2013,第128页)

透露出来一些真实情况……陈寿对魏、晋之际的记述,因时代近,政治上的压力大,隐讳更多,但在《三少帝纪》中,记魏、晋禅代事,说'如汉魏故事',这五个字的内容是包含了很多东西的……陈寿在当时的困难条件下,总要把历史真相记载下来,这就是所谓'良史之才'的作法。"①《三国志》虽未能处处"文直",却未因"回护"而失"实录",这就是陈寿叙事的过人之处。

"文直""事核""不虚美,不隐恶"的实录精神,是中国古代史书叙事的主导原则,也是今人开展史学研究、进行历史撰述所应继承的优良传统。其中,"文直""事核"是基础,也是前提。历史上,有的史家因时代刺激而以"褒善贬恶之旨"②为先,但却不能成为史书叙事的一般准则。

五　史书叙事与揭示"事理"相得益彰

中国古代史学有关"叙事"的理论性反思肇始于对《史记》叙事之"善"的评论,这在很大程度上是因为,《史记》在继承先贤撰述优长的同时,又开创了在史书叙事中阐明"事理"的叙述传统。刘向、扬雄及二班总结《史记》叙事特点在于"善(述)序事理",此句中的"理"作道理、规律之义,是"物之固然,事之所以然也"③,可以理解为"事物变化之内

---

① 白寿彝:《中国史学史论集》,中华书局,1999,第159~160页。
② (宋)欧阳修:《新五代史》卷二《梁太祖本纪下》,中华书局,1974,第21页。
③ (清)王夫之:《船山全书》第12册《张子正蒙注·至当》,岳麓书社,1996,第194页。

在的法则或规律"①。

司马迁撰《史记》,欲"究天人之际,通古今之变,成一家之言",途径在于"网罗天下放失旧闻,考之行事,稽其成败兴坏之理"。② 所谓"稽其成败兴坏之理",从一国之兴坏到一朝之得失,再到一人一生之成败,皆在其中。《史记》揭示"事理"的方式有很多种:或是通过记载名文名言的方式让历史人物担任叙事角色,向读者"讲述"他们的政治智慧、军事谋断、学术思想、人生感悟;或是由撰述者主动承担起说理的责任,以"太史公曰"或篇首序言表达出撰述者的历史见解;或是采取"议论与叙事相间"的方式传诵事迹不甚丰富之人的"道德节义""精神心术";③ 等等。由此实现从历史叙述到历史解释的过程。

《史记》最擅长在历史叙述的过程中自然而然地揭示"事理"。在司马迁笔下,事理往往在人的活动中呈现,如写项羽之败,在写他起事后每一个重要阶段时都写出了他性格上的缺陷。比如巨鹿之战后对降卒的大肆屠杀、鸿门宴时对刘邦处理的优柔寡断、楚汉相争时对战事的刚愎自用、乌江自刎时对命运的怨天尤人等等,在这一番连续丰满的叙述中,史学家已经把这位西楚霸王的成败之理讲清楚了。对于司马迁善于在历史叙述中写明观点、讲清事理的叙事风格,顾炎武有一段精辟的

---

① 瞿林东:《中国史学的理论遗产——从过去到现在和未来的传承》,北京师范大学出版社,2013,第95页。
② (汉)班固《汉书》卷六十二《司马迁传》,中华书局,1962,第2735页。
③ 清人方苞指出:"《史记》伯夷、孟荀、屈原传,议论与叙事相间,盖四君子之传以道德节义,而事迹则无可列者。若据事直书,则不能排纂成篇。其精神心术所运,足以兴起乎百世者,转隐而不著。"(《方苞集》卷二《书五代史安重诲传后》,上海古籍出版社,2008,第64页)这里并不是说史迁没有"据事直书",而是说因为文献不足而不具备"据事直书"的条件。

评论,他说:"古人作史,有不待论断而于序事之中即见其指者,惟太史公能之。"① 顾炎武之论不仅揭示出《史记》"善(述)序事理"的具体方法,而且把这种方法总结为"于序事中寓论断"的命题,对于今人研究、理解《史记》以及中国史书叙事的经验和特点大有启发。② 顾炎武又说"后人知此法者鲜矣",这对司马迁之后的历代史家有失公允。《后汉书》的撰述者范晔就以"物之兴衰,情之起伏,理有固然矣"③的眼光写下了《光武郭皇后纪》。撰有世界范围内首部史学理论专著的刘知幾称:"书事之法,其理宜明。使读者求一家之废兴,则前后相会;讨一人之出入,则始末可寻。"④ 典制体通史的开创者杜佑提出:"理道不录空言。"⑤ 中国古代史学理论的集大成者章学诚更明确说道:"古人未尝离事而言理。"⑥ 总之,《史记》对于"事理"的阐述,层次不同、路径多样,不发空言,往往做到"事"中有"理","理"在"事"中,反映出史书叙事的理性追求,的确担得起"善(述)序事理"这一千古佳评。《史记》以降,"事"中有"理"、"理"在"事"中则成为中国古代史书叙事的一项优良传统。

---

① (清)顾炎武:《日知录》卷二十六,陈垣校注,安徽大学出版社,2007,第1432页。
② 参见白寿彝《司马迁寓论断于序事》,《北京师范大学学报》(社会科学版)1961年第4期。
③ (南朝宋)范晔:《后汉书》卷十上《光武郭皇后纪》,中华书局,1965,第404页。
④ (唐)刘知幾:《史通》卷十四《惑经》,(清)浦起龙通释,上海古籍出版社,2009,第379页。
⑤ (宋)王应麟:《玉海》卷五十一,(台北)大化书局,1977,第1018页。
⑥ (清)章学诚:《文史通义》卷一《易教上》,叶瑛校注,中华书局,2014,第1页。

从历史撰述的文本形态来看，人们很容易形成叙事和议论相互独立的印象。在这个方面，"善（述）序事理""于序事中寓论断"等命题向人们揭示出中国古代史书叙事和说理之你中有我、我中有你的关系，二者相得益彰、不能偏废。在《史记》问世以及"善（述）序事理"命题被提出的两千余年后，"叙事主义史学"的主导者海登·怀特以康德式语言陈述"叙事"和"分析"的关系："没有分析的叙事是空洞的，而没有叙事的历史分析是盲目的。"[1] 这样的观点在过去的半个多世纪中进入中国学界而能引起轩然大波，或许正是因其在一定程度上与中国古代史书叙事的传统及其理论成就有所契合。故此，中国学者有必要在迎接"新理论""新思潮"的同时，深入探索中国史学的优良传统和学术遗产。

现在，我们不妨回顾、总结、反思与"叙（序）事"有关的这组概念群，"善叙事"是"良史之才"的必要不充分条件；"叙事"的基本原则是"文直""事核"，当同时做到"不虚美，不隐恶"时，则成为"实录"；"叙事"之"事"，既包含"事"，也包含"理"，形成了中国史书叙事和说理相得益彰的特点。当然，在中国古代，文学批评和史学批评往往有所交叉，"叙事"一词并不限于史学话语体系，至迟在宋代，秦观、真德秀等人已经把"叙事"作为一种文类看待，不过其意涵还是指向历史撰述，反映出"叙事"概念及"叙事之学"的史学根源。

---

[1] 〔美〕海登·怀特：《形式的内容：叙事话语与历史再现》，董立河译，文津出版社，2005，第8页。

中国古代史学上的概念和术语,往往通过构成概念群而呈现意义。要理解"叙事",就需要理解"良史""实录""理""事""文""义"等一系列概念,这些概念之间相互渗透、交融,共同筑就中国史学的理论根基。在史学发展的不同阶段,概念和术语也在变动、发展和丰富。一个饶有趣味的现象是,产生于不同时期的"叙事"和"实录"两个词语,都在唐代正式发展成为史学领域的核心话语,二者词义的演变轨迹表现出相近态势,正是史学批评由低级走向高级、由个别走向一般之发展规律的体现。要之,考察中国史学在叙事上的经验和成就,不能脱离中国史学自身的话语体系。

第二章

述者相效：变动中相联系的叙事格局

"述者相效。"① 历史撰述是在继承前人基础上的不断创新。秦汉大一统的历史形势，是皇朝史产生的深刻的客观因素。从《汉书》断代为史，荀悦改《汉书》为《汉纪》，皇朝史撰述在魏晋南北朝时期迎来盛况，编年、纪传之"二体"皇朝史叙事格局正式形成。在三个多世纪的史学进程中，《汉书》确立了皇朝史叙事的规模，《汉纪》变更了《汉书》的叙事面貌，《后汉纪》发展了《汉纪》的叙事方法，以至《后汉书》在《汉书》《后汉纪》影响下进一步传承和创新，这四部史书被唐代史学批评家刘知幾提炼为"二体"典范，它们之间显示出一条清晰的辩证发展轨迹。在这一脉络中，既有"二体"各自的扬弃，亦有"二体"之间的因循与变革，而《汉书》在其中发

---

① （唐）刘知幾：《史通》卷八《摸拟》，（清）浦起龙通释，上海古籍出版社，2009，第203页。

挥了引领和主导的作用。

第一节　史学理论家提出的命题及其启示

一　从"班荀二体"到"范袁二家"

唐中宗景龙四年（710），史学理论家刘知幾撰成《史通》，是为中国乃至世界范围内首部系统的史学理论著作。该书在全面的史学批评的基础上，创建了史学自身建构的体系。

《史通》以《六家》开篇，提纲挈领，将古代历史撰述划分为六种流派：一曰《尚书》家，二曰《春秋》家，三曰《左传》家，四曰《国语》家，五曰《史记》家，六曰《汉书》家。在考察六家源流后，刘知幾指出："朴散淳销，时移世异，《尚书》等四家，其体久废，所可祖述者，唯《左氏》及《汉书》二家而已。"[①] 由此，便自然而然地引出《二体》篇。

《二体》与《六家》相顶接，"《六家》篇举史体之大全，《二体》篇定史家之正用"，拉开了《史通》全书的序幕。[②]《二体》开篇论述编年、纪传的渊源："丘明传《春秋》，子长著《史记》，载笔之体，于斯备矣。后来继作，相与因循，假

---

① （唐）刘知幾：《史通》卷一《六家》，（清）浦起龙通释，上海古籍出版社，2009，第22页。
② 张孟伦指出："《六家》、《二体》两篇，实从我国千千万万部史书中，将其中的体例，作了一个穷尽原委，脉络分明的高度概括性的分类列目叙述，这就不但纲举目张，而且解开了《史通》全书的序幕。我们应该极其仔细地把这两篇文章当作《史通》的序子去读，才较容易了解作者著书的意趣，且又获得了一把打开研究中国史学门径的钥匙。"（《中国史学史》下册，甘肃人民出版社，1986，第112页）

有改张，变其名目，区域有限，孰能踰此！盖荀悦、张璠，丘明之党也；班固、华峤，子长之流也。"① 这是以《左传》和《史记》分别作为编年体史书和纪传体史书的起源。该篇继而对《左》《史》区分利害，认为二者各有长短，其论如下：

> 夫《春秋》者（浦起龙按：谓《左传》也），系日月而为次，列时岁以相续，中国外夷，同年共世，莫不备载其事，形于目前。理尽一言，语无重出。此其所以为长也。至于贤士贞女，高才俊德，事当冲要者，必盱衡而备言；迹在沈冥者，不枉道而详说……故论其细也，则纤芥无遗；语其粗也，则丘山是弃。此其所以为短也。
>
> 《史记》者，纪以包举大端，传以委曲细事，表以谱列年爵，志以总括遗漏，逮于天文、地理、国典、朝章，显隐必该，洪纤靡失。此其所以为长也。若乃同为一事，分在数篇，断续相离，前后屡出……又编次同类，不求年月，后生而擢居首帙，先辈而抑归末章……此其所以为短也。②

通过比较《左》《史》二书长短，刘知幾得出"考兹胜负，互有得失"的认识，并据此就汉代历史的修撰提出了一种假设，即若使《左传》作者后人世代充任史官，撰修"汉史"，那么，对于郭泰、黄宪、晁错、刘向等人的思想和主张，或是"略而不书"，或是"碎琐多芜"，将会陷入两难。果然，这项撰述汉史的工作先是由班

---

① （唐）刘知幾：《史通》卷二《二体》，（清）浦起龙通释，上海古籍出版社，2009，第24页。
② （唐）刘知幾：《史通》卷二《二体》，（清）浦起龙通释，上海古籍出版社，2009，第25页。

固通过对纪传体的革新而实现,其作法是"设纪传以区分,使其历然可观,纲纪有别"。然而,《汉书》卷帙浩瀚,文成百篇,故又有"荀悦厌其迂阔,又依左氏成书,翦截班史,篇才三十"。在这样一个由《左传》编年到《汉书》纪传,再由班《书》纪传到荀《纪》编年的因革过程中,刘知幾总结出"史家之正用",他说:

> 班、荀二体,角力争先,欲废其一,固亦难矣。①

此论在中国史学发展史上影响深远。所谓"班、荀二体",是将班固所撰《汉书》和荀悦所撰《汉纪》分别列为纪传、编年"二体"的典范。

体裁是史书的骨架,叙事是史书的血肉。只有形式和内容恰当地结合,才有可能完成一部出色的史学著作。所谓"二体",可以理解为两种史书体裁。若从叙事的角度观察,"二体"也是两种展开叙事的形式。"二体"说一经提出,遂为后世史家奉为确论,成为中国史学评论史上的著名论断,历代目录书均以纪传(或曰正史)、编年(或曰古史)二体为首,或以编年为先,或以纪传在前,这种情况一直持续到清代编修《四库全书》,仍未有大的改变。②

---

① (唐)刘知幾:《史通》卷二《二体》,(清)浦起龙通释,上海古籍出版社,2009,第26页。
② 总体上,历代目录书著录中,正史(纪传)先于古史(编年)。宋人晁公武指出:"若编年、纪传,则各有所长,殆未易以优劣论。虽然,编年所载,于一国治乱之事为详;纪传所载,于一人善恶之迹为详,用此言之,编年似优,又其来最古。而人皆以纪传便于披阅,独行于世,号为正史,不亦异乎!"(《郡斋读书志》卷五,孙猛校证,上海古籍出版社,1990,第174页)尽管如此,晁氏《郡斋读书志》仍以"正史类"列于"编年类"之先。

"班、荀二体"既出,若无实践上的"追随者",则不能真正称得上"史家之正用"。刘知幾十分推崇皇朝史,而东汉皇朝紧衔西汉皇朝延续了刘汉大一统政权格局,是以《史通·古今正史》于"汉中兴史"记载颇详,并以袁宏《后汉纪》与范晔《后汉书》并举,指出:

> 世言汉中兴史者,唯范、袁二家而已。①

此虽出自刘知幾之笔,但从行文来看,以范晔《后汉书》和袁宏《后汉纪》作为后汉史表率,应为当时学林共识。关于东汉史的修撰,前有时人所修《东观汉记》,后有汉宋间司马彪、华峤等人撰述,一代之史,盛极一时。由于种种因素,诸家著作或书稿未竟,或散于战火,尤其经过晋氏东迁,"三惟存一"。在这种情况下,"范、袁二家"提供的两种完整形态的东汉史更显可贵。

纪传体的《后汉书》追随《汉书》,编年体的《后汉纪》追随《汉纪》,以一组相互关联的文本形态构成了汉唐之际史书叙事的主流。从"班荀二体"到"范袁二家",这四部著作所形成的叙事主流,成为人们走近中国史学之叙事遗产,总结中国史学之叙事经验,进而思考中国史学之叙事理论如何形成的一个极好的命题。

二 治汉史之风与"汉书学"的盛行

任何史学命题的提出都有其相应的学术背景。作为一位

---

① (唐)刘知幾:《史通》卷十二《古今正史》,(清)浦起龙通释,上海古籍出版社,2009,第318页。

善于反思和总结的史学批评家,刘知幾提出"班荀二体"和"范袁二家"的史学命题,也是渊源有自,从学术史的发展来看,当不能脱离盛唐时治汉史、读《汉书》之风的影响。

唐初统治者亲历隋代骤兴骤亡的历史命运,故有唐一代历朝君主都非常重视史学的现实功能,其中尤以唐太宗提出"大矣哉,盖史籍之为用也"最能发明其义。太宗、高宗两朝,史馆的正式设立、八部"正史"的陆续撰成,都鲜明地反映出统治集团对掌握学术话语权和历史解释权的高度重视。唐以前,刘汉是延祚最久、治统最深的皇朝,治汉史、讨论汉的兴亡成败,就自然而然地成为史学领域的重中之重。于是,在统治者的推动和授意之下,不仅魏晋南北朝至隋兴起的"汉书学"迎来了它的极盛,其他有关两汉历史的著述也都受到高度的重视。唐太宗所立的第一位太子李承乾曾命颜师古注释《汉书》,太宗又命史官敬播在颜注基础上删繁取要。《隋书·经籍志》的作者们在论述"正史"源流时,就曾着重指出汉唐间《史记》"传者甚微"和《汉书》代有名家传授的不同命运。[1] 而经颜游秦、颜师古叔侄注释《汉书》,尤其是师古之注"解释详明,深为学者所重",被誉为"班孟坚忠臣"[2],则《汉书》流传愈

---

[1] "隋志"指出:"世有著述,皆拟班、马,以为正史,作者尤广。一代之史,至数十家。唯《史记》、《汉书》,师法相传,并有解释……梁时,明《汉书》有刘显、韦稜,陈时有姚察,隋代有包恺、萧该,并为名家。《史记》传者甚微。"[(唐)魏徵等:《隋书》卷三十三《经籍二》,中华书局,1973,第957页]

[2] (宋)欧阳修、宋祁:《新唐书》卷一百九十八《儒学传上·颜师古传》,中华书局,1975,第5642页。

广，研习者愈多，"汉书学大兴"①，一时名家辈出。太宗还曾将源自《汉书》的《汉纪》赐给他的爱将阅读。一些著名的少数民族将领也都养成了诵读《汉书》的习惯，这都在客观上推动了"汉书学"的发展。②

统治者提倡总结皇朝经验，接班人自然也会将治史作为课业之重。从"两汉书"本身所记载的内容来看，东汉的制度、风俗、文化等大多沿袭于西汉，因此，《后汉书》多载西汉一朝历史典故。于是，为《后汉书》作注，首先就要熟识西汉的历史、地理、典制，可以认为，精研《汉书》是为《后汉书》作注的基础。从这一学术背景出发，注释《后汉书》是有唐一代研治汉史之风大盛的学术环节之一。高宗朝，李贤召集参与《后汉书》注释工作的学者中，不乏以治《汉书》闻名于世之人，如刘讷言被推为《汉书》学之"宗匠"，"并以《汉书》授沛王贤"③。此外，李贤的侍读兼老师李善也长于"汉书学"，曾撰写《汉书辩惑》三十卷。④ 李贤的府僚，著名诗人王勃也善治《汉书》，史载："（勃）六岁善文辞，九岁得颜师古注《汉书》读之，作《指瑕》

---

① （宋）欧阳修、宋祁：《新唐书》卷一百九十八《儒学传上·敬播传》，中华书局，1975，第5656页。
② 史载，哥舒翰"好读《左氏春秋传》及《汉书》，疏财重气，士多归之"；李光弼"好读班固《汉书》，异夫庸人武夫者"；浑瑊"好书，通《春秋》、《汉书》"，分别见（后晋）刘昫等《旧唐书》卷一百四《哥舒翰传》，中华书局，1975，第3212页；（宋）欧阳修、宋祁：《新唐书》卷一百三十六《李光弼传》、卷一百五十五《浑瑊传》，中华书局，1975，第4597、4894页。
③ （后晋）刘昫等：《旧唐书》卷一百八十九上《儒学传上·秦景通传附刘讷言传》，中华书局，1975，第4956页。
④ （后晋）刘昫等：《旧唐书》卷一百八十九上《儒学传上·曹宪传附李善传》，中华书局，1975，第4946页。

以摘其失。"① 这些情况都反映出，李贤封王以来深受"汉书学"的熏陶，从而为他组织众人注解《后汉书》打开了学术视野。

太宗朝颜师古受太子李承乾之命注释《汉书》，高宗朝太子李贤召集诸儒注释《后汉书》，两次注释工作表现出一致的政治诉求，即通过文学馆、崇贤馆的学术活动为在位太子凝结政治资源、巩固政治地位。这种出于现实诉求的注书活动，虽是"以著述争名"②，却也实实在在地推动了"汉书学"的发展，更是直接地影响到史学名著的传播和流通，渐次改变了两汉以来流行的"三史"观念。

李贤在太子弘暴毙后继立东宫，事在唐高宗上元二年（675），是年刘知幾十五岁。知幾《史通·自叙》自云此间正"欲知古今沿革，历数相承，于是触类而观，不假师训"，两年后，便已对"自汉中兴已降，迄乎皇家实录"之史窥览略周，其中不乏那些"部帙残缺，篇第有遗"之作，形态完整的《后汉书》必然包括在内。唐高宗调露二年（680），刘知幾弱冠登科、射策登朝，正是李贤因"私藏兵器"废为庶人的同一年。此时《后汉书》注释工作已完成，《后汉书》正攀着"汉书学大兴"的梯子获取更高的学术地位，并最迟在唐穆宗长庆二年（822）正式取代《东观汉记》列入"三史科"。③ 四库馆臣则更直接地将《后汉书》取代《东观汉记》而与《史》《汉》并

---

① （宋）欧阳修、宋祁等：《新唐书》卷二百一《文艺传上·王勃传》，中华书局，1975，第5739页。
② （清）王鸣盛：《十七史商榷》卷二十九，上海书店出版社，2005，第202~203页。
③ 参见雷闻《唐代的"三史"与三史科》，《史学史研究》2001年第1期；窦禄军《唐代三史科及相关史实考论》，《历史教学问题》2017年第1期。

称"三史"的原因,归于"自唐章怀太子集诸儒注范书,盛行于代,此书(指《东观汉记》——笔者注)遂微"①。从上述背景出发,刘知幾将"班荀二体"和"范袁二家"作为皇朝史典范提出,又可理解为是"汉书学"极盛风潮之下的产物了。

三 编年、纪传均可为"史之正用"

从中国古代史学发展的情况来看,编年体史书和纪传体史书各自发展,形成史学两大宗门,这从魏晋南北朝隋唐间有关皇朝史的撰述即可窥见一斑。② 史学的多途发展和官修正史制度的正式确立,刺激人们展开了关于史学实践的辩难。这一场辩难,从王充、张辅等人评断马、班优劣,③ 到北魏李彪、高允等人争论国史"条例",④ 再到刘知幾撰写《史通·二体》篇,其间经过了六百余年的思想积累。从史学批评史上看,关于编年、纪传孰优孰劣的辩难发展至唐代已然成为一个多年聚讼的问题,中国史学上长期存在的"良史"观也在这场辩难中产生了更为

---

① (清)永瑢等:《四库全书总目》卷五十《史部·别史类》,中华书局,1965,第446页下。
② 参见瞿林东《中国史学史》,北京师范大学出版社,2010,第136~141页。
③ 东汉王充甲班而乙马。晋人张辅为之辩驳,其论曰:"迁之著述,辞约而事举,叙三千年事唯五十万言;班固叙二百年事乃八十万言,烦省不同,不如迁一也。良史述事,善足以奖劝,恶足以监诫,人道之常。中流小事,亦无取焉,而班皆书之,不如二也。毁贬晁错,伤忠臣之道,不如三也。迁既造创,固又因循,难易益不同矣。"[(唐)房玄龄等:《晋书》卷六十《张辅传》,中华书局,1974,第1640页]
④ 其论曰:"自(魏)成帝以来至于太和,崔浩、高允著述《国书》,编年序录,为《春秋》之体,遗落时事,三无一存。彪与秘书令高祐始奏从迁固之体,创为纪传表志之目焉。"[(北齐)魏收:《魏书》卷六十二《李彪传》,中华书局,1974,第1381页]

具体而丰富的内涵。[1] 史学批评家所关注的问题是，如何写出一部既符合统治需求，也符合社会需要，同时能够彰显撰述者本人意旨的历史著作。史体史例以其在历史撰述实践中的重要性而成为批评、讨论的核心环节，这也是《史通》以《六家》《二体》冠盖全书的用意所在。

在《史通·古今正史》篇，刘知幾视编年、纪传二体皆为"正史"，这与《隋书·经籍志·史部》将纪传体史书列为"正史"的做法截然不同。浦起龙指出，《二体》篇意在"揭二体之两行"，而非"评诸书之优劣"[2]，可以说是将刘知幾的思想阐释得十分确切了。尽管刘知幾对《汉书》体例的某些方面提出了批评，但他总体上对《汉书》显示出一种由衷的赞赏。他特别强调《汉书》断代为史的创举，称其"究西都之首末，穷刘氏之废兴，包举一代，撰成一书"；他还十分欣赏《汉书》的文风，称其"言皆精练，事甚该密"，是为后世纪传之"正途"。[3] 那么，作为《汉书》衍生之作的《汉纪》，与《汉书》并立为"二体"之首便是自然而然之论了。[4]

刘知幾之前，"二体"的观念已然形成，刘知幾将其作为一

---

[1] 朱露川：《试论唐人的史学批评与"良史"观念》，《人文杂志》2016年第10期。
[2] （唐）刘知幾：《史通》卷二《二体》浦起龙按语，（清）浦起龙通释，上海古籍出版社，2009，第27页。
[3] （唐）刘知幾：《史通》卷一《六家》，（清）浦起龙通释，上海古籍出版社，2009，第20~21页。
[4] 白寿彝论中国历史体裁的演变时曾指出："编年、纪传二体之确切的建立，是第一时期历史体裁的主潮。这个时期，从鲁哀公十四年孔子作《春秋》起到汉建安五年《汉纪》成书时止，当于西元前四八一至西元二零零年，约共六百八十年。"（《白寿彝史学论集》（下），北京师范大学出版社，1994，第653页）

个理论问题提出,并与"六家"之说上下顶接,这是史学发展至较高阶段的产物,反映了中国古代史学之理论自觉的提升。刘知幾之后,中唐学者皇甫湜撰《编年纪传论》对编年、纪传的长期辩难作了进一步总结。唐玄宗时期,裴光庭和萧颖士极力推崇编年而极度贬抑纪传并得到统治者的支持,与贞观君臣力倡纪传为"正史"大相异趣。站在这样一个史学批评发展上的转折点,皇甫湜对史书体裁之论争表现出一种冷静、兼容的态度,他写道:

> 湜以为合圣人之经者,以心不以迹;得良史之体者,在适不在同。编年、纪传,系于时之所宜、才之所长者耳,何常之有!夫是非与圣人同辨,善恶得天下之中,不虚美、不隐恶,则为纪、为传、为编年,是皆良史矣。①

这里,皇甫湜着重强调了"良史之体"的是非观、善恶观、不虚美、不隐恶四条原则,史体之别不能用于衡量良史与否,不可简单地以编年抨击纪传,或以纪传取代编年。只要掌握正确的方法,那么用纪传体或编年体写史,都可称"良史之体",这是针对魏晋以来关于史书体裁的论辩而作的总结。

可以看到,皇甫湜应是认同并发挥了刘知幾并举编年、纪传为"正史"之观点,进而承认了"班荀二体"和"范袁二家"的经典地位。在此基础上,皇甫湜针对历史撰述提出"尽事之本末"的要求,可以看作对一种新的史书形态的呼唤,比之于刘知幾"后来作者,不出二途"的观点,更显开明。三百余年后,南宋袁枢以编年体史书《资治通鉴》为底本,修撰

---

① (清)董诰编《全唐文》卷六百八十六,中华书局,1983,第7030页。

《通鉴纪事本末》，开创史书叙事重在揭示"事之本末"的新格局，成为皇甫湜提出"尽事之本末"在史学上的积极践行者。

第二节 "班荀二体"开创的叙事格局

一 皇朝史产生的历史背景与史学条件

史学是人类社会发展至较高阶段的产物，皇朝史是封建社会历史条件下的产物。作为中国历史上首部皇朝史，《汉书》的出现，适应了封建社会发展的现实，成为历代"正史"典范。这里说的"皇朝史"，与秦汉以后封建皇朝的历史形势所对应，或有学者称其为"王朝史"。从历史发展分期出发，夏、商、周三代为王朝，而公元前221年以后的秦是中国历史上第一个封建皇朝。所谓"皇朝史"，就是对封建皇朝历史进行记载和编纂的历史著作。皇朝史既可以是纪传体，也可以是编年体。就本书的研究对象来看，《汉书》是中国历史上首部皇朝史，也是第一部纪传体皇朝史，《汉纪》是第一部编年体皇朝史，《后汉纪》《后汉书》分别踵接其后，四者被刘知幾提炼为纪传、编年"二体"皇朝史典范。[①]

《汉书》的主要作者是班固，他在父亲班彪所作《（史记）后传》的基础上撰述成篇，后又由班昭及其弟子陆续修成总稿。《汉

---

① 刘知幾谈到的"国史"，既包括《春秋》《左传》等先秦史书，也包括两汉魏晋南北朝时期的皇朝史，缺少了进一步的划分。而他所谈到的"正史"又与唐代官方倡导的经籍分类标准不一。根据刘知幾《史通》的相关论述，"国史"应是当时之人写当朝之事的历史撰述；"正史"则系历代所修朝代史。在此标准下，《汉书》和《汉纪》是"正史"也是"国史"；《后汉纪》和《后汉书》是"正史"而非"国史"。本书提倡用"皇朝史"来统一说明四者的性质。

书》开创了皇朝史，是中国史学发展史上一件具有里程碑意义的事，这一影响重大的史学变革由多种因素合力促成。

首先，两汉大一统的政治局面客观上为产生盛大规模的历史著作提供了物质上和思想上的条件。[①] 这是史学能够在两汉时期正式建立，以及以《史记》《汉书》为代表的史学巨著能够出现，进而史学家能够开创皇朝史撰述形态的深刻的历史背景。

从公元前 207 年冬十月刘邦接受秦王子婴投降，到公元 9 年王莽篡汉，是为西汉皇朝。从公元 25 年夏六月刘秀即皇帝位于鄗（今河北柏乡北），到公元 220 年刘协禅位于曹丕，是为东汉皇朝。两汉之间，有王莽所建立的新莽政权前后十五年，以及公元 23 年刘玄称帝的更始政权首尾三年。从西汉建立至东汉衰亡近四百三十年的时间里，是中国统一多民族国家形成的重要时期。[②] 在社会生产力的发展上，两汉时期铁犁、牛耕得到普及，水利灌溉工程和漕运航道得到修建，煮盐、冶铁、纺织、漆器、建筑、造船等手工业皆有新的发展，这些情况表明，两汉间的社会生产生活已然极大地丰富了。封建关系方面，以等级制为特点的封建土地所有制与其相应的阶级构成确立下来，随之而起的是世家地主、豪族地主和高资地主彼此之间，以及他们与农民之间的矛盾、冲突与妥协。在中央与地方的关系上，刘汉皇朝继承了由秦始皇开创的统一的中央集权制度，在地方施行郡县、封国并行的制度，影响了后世连绵不断的皇朝统治。在民族关系方面，两汉朝廷通过对周边少数民族地区的联姻、征战和

---

① 参见瞿林东主编《中国史学史》，高等教育出版社，2019，第 5 页。
② 关于中国古史的分期，本书依据的是白寿彝主编《中国通史》（上海人民出版社，1999）的观点。

贸易往来，促进了民族交流、汉民族形成和国家统一，汉族的名称在此时正式形成。思想文化领域，在儒家大一统思想的统治下，人们关于天人关系、古今关系的认识有了新的进展，人在历史中的地位被充分发掘和确立。阴阳五行学说、法家思想也在政治统治中发挥着重要作用，朴素的唯物主义思想正在酝酿之中。就史学发展而言，两汉史学不但重视记述和颂扬大一统政治，而且蕴含着丰富的"大一统"思想，这是史学与时代交相互动所形成的学术现象。① 与此同时，秦皇朝和西汉皇朝的相继覆灭，也会促使史学家不得不深入探索皇朝盛衰兴亡背后的运作规律，从而激发以一个皇朝为主体展开叙事的撰述形态。

其次，司马迁《史记》天才般地创立"综合体"的撰史格局，以人物为中心展开叙事，其在撰述上的诸多特点、优点为《汉书》提供了借鉴，这是史学自身发展为班固《汉书》提供的动力。② 司

---

① 关于两汉史学的"大一统"观念，参见瞿林东主编，许殿才、汪高鑫、王志刚著《历史文化认同与中国统一多民族国家》第1卷，河北人民出版社，2013，第194~229页。
② 关于"综合体"撰述形式，白寿彝指出："从历史编纂学的发展来看，《史记》应该说是综合体。它把过去记载历史的各种体裁都综合起来了。虽然其中任何一种历史体裁都不是独创，但经过综合提炼，使它们相互配合成为一种完整的形式，却又是新的东西。""司马迁综合了长期历史发展过程中形成的各种历史体裁，写成《史记》，在书中又继承了战国以来的传统，通过历史事件发挥了自己的政治主张。从体裁上说，'本纪'是从编年体来的。'世家'是记各国诸侯的历史，是从各国史来的。《史记》有很多学术方面的传记，这是独到的，后来的《汉书》在这方面不及它。以前《诗经》的《生民》《公刘》以及战国时期史家所纂言行录之类，都是传记。《史记》的'列传'继承了这种体裁。'表'就是根据战国时期的谱牒而来的。'书'是综合论述的形式，也有一些纪事本末的形式，记述典章制度。《顾命——康王之诰》记典礼。《周礼》也是一部记载西周典章制度的书。这些都是《史记》中的'书'体的来源。"（《史学遗产六讲》，北京出版社，2004，第144、152页）

马迁本人提出的"究天人之际,通古今之变,成一家之言"的撰述宗旨,使历史撰述所承担的时代使命和社会责任被极大地发现。《史记》关于西汉前期历史的具体叙述,以及司马迁对各方面史料的广泛搜集、运用,也为《汉书》的撰述提供了文献和方法上的参考。

与此同时,作为中国古代纪传体史书的开山之作,《史记》成书后,仿效者蜂起,补史者至十数家,处在两汉之际的班彪便是其中突出的一位。班彪重视史学功用,他认为:"夫百家之书,犹可法也。若《左氏》《国语》《世本》《战国策》《楚汉春秋》《太史公书》,今之所以知古,后之所由观前,圣人之耳目也。"他的具体作法是:"今此后篇,慎核其事,整齐其文,不为世家,唯纪、传而已。"[1] 可见,班彪虽然批评司马迁"采经摭传,分散百家之事,甚多疏略,不如其本,务欲以多闻广载为功,论议浅而不笃"[2],但并未全然推翻《史记》的撰述格局。当然,班彪对《史记》内部结构作了一个十分重要的调整,即删去"世家",由此奠定了《汉书》的撰述格局。

再次,家学传统是中国古代史学传承的重要路径之一,这在司马谈、迁父子身上已经显示出深刻的影响,进而在汉晋隋唐之间影响了一代代杰出的史学世家。这种来源于历史撰述主体的家学素养一再地推动了中国古代史学的发展。班固之父班

---

[1] (南朝宋)范晔:《后汉书》卷四十上《班彪列传上》,中华书局,1965,第 1326~1327 页。
[2] (南朝宋)范晔:《后汉书》卷四十上《班彪列传上》,中华书局,第 1325 页。

彪喜好历史撰述,"才高而好述作,遂专心史籍之间"①。班彪及其子女两代人(包括班昭的弟子们)倾注了他们毕生的学识与精力,成就了《汉书》这部巨制。班氏家族的历史知识底蕴及班固本人在历史撰述上所显示出的创造力,应被视为第一部皇朝史《汉书》由班氏而非其他家族创立的内在因素。

班固大致继承了班彪《后传》的内部体例,同时又作出一个创举,即撰写包举一代的西汉皇朝史。班固自述其断代为史的初衷是:"汉绍尧运,以建帝业,至于六世,史臣乃追述功德,私作本纪,编于百王之末,厕于秦、项之列。太初以后,阙而不录,故探纂前记,缀辑所闻,以述《汉书》,起元高祖,终于孝平、王莽之诛,十有二世,二百三十年,综其行事,旁贯《五经》,上下洽通,为春秋考纪、表、志、传,凡百篇。"② 这里可以看出,班固编纂《汉书》,具有十分清晰的断限,即"起元高祖,终于孝平、王莽之诛",这在当时是一种新颖的历史视野和撰史格局,使他的史学成就高于同时期的其他史家而与太史公马迁齐名。

最后,引发人们思考的是,为什么同样宣传汉承尧运的班彪、固父子二人,在历史撰述格局上的态度和做法却有着如此区别?为什么是班固,而不是他的父亲班彪开创了皇朝史的叙事格局?答案也许正来源于时与势对创作主体的塑造:据《汉书·叙传》班彪出生于汉平帝元始三年(3)至元始四年(4)之间,卒于光武帝建武三十年(54),享年五十二岁。根据班彪的生活时代来看,他的父亲班稚曾任汉广平相。再往前追溯,

---

① (南朝宋)范晔:《后汉书》卷四十上《班彪列传上》,中华书局,1965,第1324页。
② (汉)班固:《汉书》卷一百下《叙传下》,中华书局,1962,第4235页。

他的祖父班况曾任汉越骑校尉,姑姑被汉成帝立为婕妤。由此可见,在班彪生命中的前半个阶段,他的家族世代为西汉朝廷效忠。故此,班彪对西汉皇朝有着一种强烈的归属感和认同感,这在他为规劝隗嚣而作的《王命论》中表现得十分鲜明。当班彪身处建武初年天下三分的历史形势之中,他提出王命当归于刘汉,显示出对西汉皇朝国祚延续的追念和信心。

与班彪不同的是,班固生于光武帝建武八年(32),卒于汉和帝永元四年(92)。他出生之时,上距王莽的"篡汉"已经过去了24年,他的青少年时代,是在光武帝刘秀平荡天下、完成统一的历史进程中度过的。班固出仕之后,东汉皇朝在汉明帝、汉章帝两代君主的努力下,蒸蒸日上。可以认为,对于班彪而言的那个切切实实生活过的大汉盛世,在班固眼中只是一段需要被追忆和尊崇的历史。班彪对西汉皇朝的那种强烈的归属感,在班固身上是难以见到的。如果说班彪的"汉承尧运",是为了恢复西汉的光辉统治,那么班固的"汉绍尧运",便是直接面向着东汉大一统的政权而为其服务。据此,身处不同历史时期的父子二人,在史学实践中自然会产生差异,他们笔下的汉史,便会呈现出不同的撰述格局。概括来说,两汉之际的社会矛盾和政治形势的变化,使班彪、班固父子二人看待历史、撰写史书的眼光产生了分野。这些历史形势和历史观上的变化,影响了史学家观察历史的眼光从会通转向断代,从而为皇朝史的出现提供了充足的思想准备。

一言以蔽之,是时与势赋予了班固这样一种历史机遇,使他得以有机会、有平台发挥他的创造力,撰写出历史上第一部皇朝史。

二 《汉书》奠定的皇朝史叙事格局

清人赵翼有言："盖著作之事创者难，而踵而为之者必更精审也。"① 从叙事形式上看，《史记》的可贵之处，在于归纳运用本纪、世家、列传、表、书五种体例于一部史著，以综合体的形式对汉武帝以前的历史作了一次梳理和总结。《汉书》改变《史记》叙事的格局，上起汉高祖刘邦，下迄孝平、王莽之世，改通史为断代史。从现存《汉书》的面貌来看，是书继承了《史记》所创立的综合体的形式，保留了纪、传、表三体，删去世家，改书为志，形成了四种体例组合而成的新的综合体，由此奠定了纪传体皇朝史叙事的格局，成为"历代正史的典范"。② 在体例上，《汉书》彰显出严谨和规范的风格，所谓"精审"者也。

明人茅坤在总结《史记》《汉书》文风时，指出二者各有千秋，《史记》"以风神胜"，《汉书》"以矩矱胜"，"矩矱"就是"规划布置"，"首尾节奏之密"。③ 清人章学诚曾以"圆而神"和"方以智"分别对应《史记》《汉书》，"方以智"表现为"赅备无遗""体有一定""官礼之意""一成之义例"，遂成"不祧之宗"。④《汉书》叙事十分重视逻辑规范，书中尤其注重对于制度

---

① （清）赵翼：《陔馀丛考》卷五，曹光甫校点，上海古籍出版社，2011，第92页。
② 刘家和主编《中西古代历史、史学与理论比较研究》，北京师范大学出版社，2013，第237页。
③ （明）茅坤：《刻汉书评林序》，《茅坤集》卷十四，张大芝、张梦新校点，浙江古籍出版社，1993，第494页。
④ （清）章学诚：《文史通义·书教下》，叶瑛校注，中华书局，2014，第58~59页。

演变之转折点的强调,例如,"立学校之官,州郡举茂才孝廉,皆自(董)仲叔发之"①;"先是,汉常以列侯为丞相……(无爵)至丞相封,自弘始也"②;"公主贵人多踰礼制,自董偃始"③;"汉之号令班西域矣,始自张骞而成于郑吉"④;"公府不案吏,自(丙)吉始"⑤;"郡国二千石病赐告不得归家,自此始"⑥;任章夜入庙门,行刺皇帝,事发觉伏诛,"故事,上常夜入庙,其后待明而入,自此始也"⑦;等等。《汉书》运用史料也有层次划分,"凡属传闻类的生活小故事,几乎全部置于篇末,很少有例外者"⑧。这些都说明了《汉书》体制整齐规范的叙事格局。

在篇帙安排上,班固《汉书》设置与《史记》相同数量的十二篇纪和七十篇传。在表和志的数量上,《汉书》将《史记》"十表八书"数字倒置而设立"八表十志"。这些数字与《史记》"五体"、《汉书》"四体"的结合,在一定程度上是两汉时盛行的宇宙观在人们关于社会历史发展的思想以及叙事语境中的投射。⑨ 更显著的一个变化是,《汉书》去掉了《史记》五体之一的"世家",这个体例上的调整,在更深的层面上反

---

① (汉)班固:《汉书》卷五十六《董仲舒传》,中华书局,1962,第2525页。
② (汉)班固:《汉书》卷五十八《公孙弘卜式儿宽传》,中华书局,1962,第2620~2621页。
③ (汉)班固:《汉书》卷六十五《东方朔传》,中华书局,1962,第2857页。
④ (汉)班固:《汉书》卷七十《傅常郑甘陈段传》,中华书局,1962,第3006页。
⑤ (汉)班固:《汉书》卷七十四《魏相丙吉传》,中华书局,1962,第3145页。
⑥ (汉)班固:《汉书》卷七十九《冯奉世传》,中华书局,1962,第3304页。
⑦ (汉)班固:《汉书》卷八十八《儒林传》,中华书局,1962,第3600页。
⑧ 袁行霈总主编,聂石樵、李炳海分主编《中国文学史》第1卷,高等教育出版社,2014,第222页。
⑨ 参见向燕南《从历史到史学》,北京师范大学出版社,2010,第34~43页。

映出历史撰述形式适应历史发展形势的规律。①

表2-1 《史记》《汉书》内部体例

	本纪	表	书/志	世家	列传
《史记》	十二	十	八	三十	七十
《汉书》	十二	八	十		七十

《汉书》四体的具体作法是：

其一，以"十二帝纪"总列西汉一朝的历史大纲。班固将《汉书》十二帝纪称为"春秋考纪"，意思是按照《春秋》纪年

---

① 司马迁《史记》设立"世家"，反映的是世卿世禄的分封制和西汉初年所封诸侯的历史。秦汉时期，随着统一的封建皇权体系的建立，土地制度和阶级结构都有了发展、变化。班彪、班固生活的时代，对于"世家"的理解已与司马谈、迁父子不同。班彪批评《史记》"进项羽、陈涉而黜淮南、衡山，细意委屈，条例不经"[（南朝宋）范晔：《后汉书》卷四十上《班彪列传上》，中华书局，1965，第1327页]。故在模仿、补续《史记》的同时，舍去"世家"。《汉书·地理志》则进一步指出："汉兴，立都长安，徙齐诸田，楚昭、屈、景及诸功臣家于长陵。后世，世徙吏二千石、高訾富人及豪杰并兼之家于诸陵。盖亦以强干弱支，非独为奉山园也。是故五方杂厝，风俗不纯。其世家则好礼文，富人则商贾为利，豪杰则游侠通奸。"[（汉）班固：《汉书》卷二十八下《地理志下》，中华书局，1962，第1642页]这里说的"世家""豪杰""高訾富人"，都是当时地主阶级中的主要构成（参见白寿彝、高敏、安作璋主编《中国通史》第4卷《中古时代·秦汉时期（上册）》，上海人民出版社，1995，第486~553页）。这便是历史形势的变化，引起史学家历史思想的变化，进而影响了史书叙事形式的变化。刘知幾谓："当汉氏之有天下也，其诸侯与古不同。夫古者诸侯，皆即位建元，专制一国，绵绵瓜瓞，卜世长久。至于汉代则不然。其宗子称王者，皆受制京邑，自同州郡；异姓封侯者，必从宦天朝，不临方域。或传国唯止一身，或袭爵才经数世，虽名班胙土，而礼异人君，必编世家，实同列传。而马迁强加别录，以类相从，虽得画一之宜，讵识随时之义？盖班《汉》知其若是，厘革前非。"[《史通》卷二《世家》，（清）浦起龙通释，上海古籍出版社，2009，第38页]刘知幾固然看到了历史形势变迁对史学面貌的影响，但他以《汉书》体制否定"世家"一体，又失于偏颇，未能以平等的眼光看待《史》《汉》。

的方式，记叙西汉十二朝君主的重大事项（包括吕后执政的八年）。刘知幾于本纪体例特别推崇《汉书》作法，指出："盖纪之为体，犹《春秋》之经，系日月以成岁时，书君上以显国统。"这几句实际是对"春秋考纪"说法的延伸，①"纪者，既以编年为主，唯叙天子一人。有大事可书者，则见之于年月；其书事委屈，付之列传"，浦起龙释之曰："盖言用其纪年，纪其时事也。"② 这是对纪、传的功能作出了细致划分，尤以纪的部分来突出皇朝君主为核心的史事。

其二，以"八表"勾陈西汉诸侯王、功臣、外戚史事，纵向上补充"帝纪"记载。《汉书》八表有：《异姓诸侯王表》《诸侯王表》《王子侯表》《高惠高后文功臣表》《景武昭宣元成功臣表》《外戚恩泽侯表》《百官公卿表》《古今人表》。其中，《外戚恩泽侯表》取《史记》诸表武帝以前内容并续作成篇，意在"昭黜见戒"③，警示外戚之祸。《百官公卿表》《古今人表》为《汉书》首创，前者详细记载秦汉官职沿革及汉代官职选任，成为后世正史职官表、百官志修撰上的典范；后者按九品之序网罗古今人物，彰显是书《叙传》所言"通古今"的撰述旨趣。《汉书》八表均以简明序言开篇，总论历史形势变迁，如

---

① 关于班固《汉书·叙传》此处断句，这里沿用唐代颜师古的说法，即"春秋考纪，谓帝纪也"。学界另有一说，以"为春秋"作为"汉人习用语，即撰续史书之义"，故将此句断为"……上下洽通，为春秋，考纪、表、志、传，凡百篇"。参见吕世浩《从〈史记〉到〈汉书〉——转折过程与历史意义》，（台北）台大出版中心，2009，第153页。
② （唐）刘知幾：《史通》卷二《本纪》，（清）浦起龙通释，上海古籍出版社，2009，第34、35页。
③ （汉）班固：《汉书》卷一百下《叙传下》，中华书局，1962，第4241页。

《外戚恩泽侯表》开篇中写道:"汉兴,外戚与定天下,侯者二人。故誓曰:'非刘氏不王,若有亡功非上所置而侯者,天下共诛之。'是以高后欲王诸吕,王陵廷争;孝景将侯王氏,脩侯犯色。卒用废黜。是后薄昭、窦婴、上官、卫、霍之侯,以功受爵。其余后父据《春秋》褒纪之义,帝舅缘《大雅》申伯之意,浸广博矣。"① 这段序文与《外戚传》所论"序自汉兴,终于孝平,外戚后庭色宠著闻二十有余人,然其保位全家者,唯文、景、武帝太后及邛成后四人而已"② 前后呼应,共同指向外戚在西汉皇朝历史变迁中的运途。

其三,以"十志"铺叙典章制度、经济发展、地理沿革、学术流变,横向上展现社会历史生活的丰富性。《汉书》的《律历》《礼乐》《食货》《郊祀》《天文》《沟洫》六志均在《史记》"八书"基础上重新命名、编次。《刑法》《五行》《地理》《艺文》四志为新创。在结构上,《律历志》为首,目的是提供一套完整的通史体系,从而在"十志"中发挥"总导论"的作用。③《刑法志》紧衔《礼乐志》,是因为"爱待敬而不败,德须威而久立,故制礼以崇敬,作刑以明威也","威实辅德,刑亦助教"。④《五

---

① (汉)班固:《汉书》卷十八《外戚恩泽侯表》,中华书局,1962,第678页。
② (汉)班固:《汉书》卷九十七下《外戚传下》,中华书局,1962,第4011页。
③ 刘家和指出:"《律历志》必须放在其他九志之前,因为它是《汉书》十志的定音鼓、奠基石,它的具体内容虽然是律历,但是在原则上它实际又是为十志总体产生着总导论的作用的。"[《论断代史〈汉书〉中的通史精神》,《北京师范大学学报》(社会科学版)2012年第3期]
④ (汉)班固:《汉书》卷二十三《刑法志》、卷一百下《叙传下》,中华书局,1962,第1079、4242页。

行志》接续《天文志》，记诸家五行学说，借天文、灾异现象"告往知来"①，考辨天人关系。《地理志》与《沟洫志》相配合，讲述地理沿革、物产风俗以及人与自然的关系。《艺文志》总汇古今百家学术，置于"十志"之末，旨在"正文字，惟学林"，起总括之效。②《汉书》"十志"较《史记》"八书"而言，在编次上显示出更加严整的逻辑结构，在内容上收集了更加丰富的历史资料，对后世书志体的发展产生了重要的影响。在具体的叙述中，《汉书》还处理了"上下洽通"和"包举一代"的关系，其诸表序和十志皆有"通古今"的旨趣，是断代中蕴含着通识的表现。③

其四，以七十篇"传"呈现西汉时期的历史人物和民族地区面貌，配合帝纪、表、志三体，形成"包举一代"的叙事格局。《汉书》诸传在继承《史记》列传作法的基础上又有所规划，章

---

① （汉）班固：《汉书》卷一百下《叙传下》，中华书局，1962，第4243页。
② 刘咸炘在批评王鸣盛对《汉书》十志的改排时曾指出："按班书《律历》居首，重授时也，黄钟为万事根本。次之以《礼乐》《刑法》《食货》《郊祀》，皆制度也，礼不行而刑始生，货财盛而淫祀始兴，平准均输，则酷刑所由起也。次《天文》而《五行》联，次《地理》而《沟洫》联，皆有源流，无定制者也。《艺文》为学术总汇，而《天文》《五行》《地理》《沟洫》皆专家之学，实统于《艺文》也。"（《汉书知意》，《刘咸炘学术论集·史学编（上）》，广西师范大学出版社，2007，第187页）
③ 刘家和《论断代史〈汉书〉中的通史精神》指出："《汉书》在体例上是断代史，而班固著书的自我期许却是横罗多重学术、纵贯古往今来，这似乎是矛盾的。其具体表现就是十二帝纪为断代史，而八表、十志则充满通史精神。"文中将《汉书》八表分为三类展开论述，并指出《律历志》居十志之首是"寄有深意"，论证了"《汉书》要呈现的是西汉时期文明的有机构成，所以才有通史精神，政治史只是其划段标志而已"［《北京师范大学学报》（社会科学版）2012年第3期］。

法严密：一是整齐列传编次，对汉武帝太初之前的人物重新划分并作了增加，又于《史记》所记下限之后补充百三十年间的人物史事，大致以传首人物生活年代为序，这是《汉书》列传编次的首要原则；二是以事类相从的原则统叙人物，"虽次时之先后，亦以事类相从"①，这是对前一条编次规则的补充；三是于合传内以人物官爵位次由高至低排列，以符合"叙帝皇，建诸侯，列官司"的撰述旨趣；四是处理各传之间的次序，总体上以专传、合传为先，以类传、民族传记续之。此外又于《叙传》前连续设置《外戚》《元后》《王莽》三传，用以揭露王莽篡汉与外戚干政的内在联系，从而将历史的进程一直写到"世祖即位，然后宗庙社稷复立，天下艾安"②，实现两汉政权的"合理"过渡。

《史通·六家》篇称："《尚书》等四家，其体久废，所可祖述者，唯《左氏》及《汉书》二家而已。"③这就是说，《史记》之本纪、世家、列传、表、书"五体"的结构早已"荒废"而成"绝响"，由"四体"架构起的《汉书》成为事实层面的纪传史典范。纪、表、志、传内部"四体"相互配合，彰显出博洽的特点，所谓"马、班曲备，皆为纪传之祖也"④，正

---

① （汉）班固：《汉书》卷三十一《陈胜项籍传》，中华书局，1962，第1758页。
② （汉）班固：《汉书》卷九十九下《王莽传下》，中华书局，1962，第4193页。
③ （唐）刘知幾：《史通》卷一《六家》，（清）浦起龙通释，上海古籍出版社，2009，第22页。
④ 清人章学诚指出："迁书一变而为班氏之断代，迁书通变化，而班氏守绳墨，以示包括也。就形貌而言，迁书远异左氏，而班史近同迁书。盖左氏体直，自为编年之祖；而马、班曲备，皆为纪传之祖也。"（《文史通义·书教下》，叶瑛校注，中华书局，2014，第59页）

说明《汉书》在奠定皇朝史叙事格局方面所作出的贡献。从《史记》"五体"到《汉书》"四体"（这里所说"五体""四体"的"体"是体例，即史书的内部结构，与《史通·二体》篇之"体"指史书的外部面貌内涵不同），纪传体皇朝史的叙事格局因《汉书》而正式确立。

三 《汉纪》改变《汉书》的叙事面貌

皇朝史的撰述是为大一统政权的历史形势应运而生的，这一项工作由班固《汉书》开创，由荀悦《汉纪》所承接而在魏晋南北朝时期迎来撰述上的高潮。

荀悦，字仲豫，颍川颍阴（今河南许昌）人。他曾为曹操府所辟，后迁黄门侍郎，与荀彧、孔融侍讲禁中，累迁秘书监、侍中。荀悦切身经历着东汉的衰落，"志在献替，而谋无所用，乃作《申鉴》五篇"[①]。他十分重视史学功用，认为："古者天子、诸侯有事，必告于庙。朝有二史，左史记言，右史记动。动为《春秋》，言为《尚书》。君举必记，臧否成败无不存焉。下及士庶，苟有茂异，咸在载籍。"[②] 他在汉献帝迁都于许之后进言提倡恢复古史官制度，在一定程度上推动了献帝朝起居注的撰写，为后人了解建安时局留下了宝贵的线索。

《汉纪》开创了中国历史上编年体皇朝史先河，这既来源于荀悦本人的创造力，亦受到最高统治者的支持和推动。东汉中后期，统治者已经开始干预或掌控历史撰述活动，兰台校书

[①] （南朝宋）范晔：《后汉书》卷六十二《荀韩钟陈列传》，中华书局，1965，第2058页。

[②] （汉）荀悦：《申鉴·时事》，（明）黄省曾注，中华书局，2012，第105页。

郎杨终曾受诏删《太史公书》为十余万言是为一证，可惜其书未传。删书进献给统治者业已开其先例，如应奉"删《史记》、《汉书》及《汉记》三百六十余年，自汉兴至其时，凡十七卷，名曰《汉事》"，奉子劭又曾删定汉律令为《汉仪》于建安元年进献。① 汉献帝迁都许昌以后，绵延了四百余年的刘汉政权摇摇欲坠，"政移曹氏，天子恭己而已"②，正是对当时严峻形势的深刻写照。献帝在现实世界中的种种谋划未能改变自身的困境，便急迫地希望从西汉一朝统治经验中寻求政治转机，碍于《汉书》"文繁难省"，故命荀悦"依《左氏传》体以为《汉纪》三十篇"，又诏尚书提供纸笔、虎贲将军协助抄史。③ 可以说，是汉献帝出于现实的需要直接地推动了《汉纪》的撰述。

荀悦没有辜负献帝的信任，于建安三年（198）受命，五

---

① 以上参见（南朝宋）范晔《后汉书》卷四十八《杨李翟应霍爰徐列传》及章怀注引袁山松《后汉书》，中华书局，1965，第1599、1608、1612～1613页。
② （南朝宋）范晔：《后汉书》卷六十二《荀韩钟陈列传》，中华书局，1965，第2058页。
③ （南朝宋）范晔：《后汉书》卷六十二《荀韩钟陈列传》，中华书局，1965，第2062页。南宋陈傅良认为，《左传》"依经以作传，附著年月下，苟不可以发明笔削之旨，则亦不录也。后作者顾以为一家史体，谓不释经，故曰荀、袁二子为之也。"（《徐得之左氏国纪序》，《止斋先生文集》卷四十，乌程刘氏嘉业堂藏明弘治十八年刊，商务印书馆缩印，第204页下）这是以《左传》作为解经之书，而不承认它是一种史体，进而反对以"两汉纪"上承《左氏》体。从今天的研究来看，《左传》的作者既非左丘明，亦非《国语》作者，它里面包含的一些解经的话，"但跟经文不相连属，当系后来经师们加上去的"（参见白寿彝《中国史学史》第1卷《先秦时期 中国古代史学的产生》，上海人民出版社，2006，第151页）。《左传》的总体面貌是编年体史书，但也包含着传记、纪事本末的形式，这也为"两汉书"所继承，显示出不同的历史撰述形式之间的交叉空间。

年(200)书成进献,首尾三年,便在八十余万言《汉书》的基础上改写成了一部十八万余言的《汉纪》,彰显出史学家驾驭历史资料的雄才与匠心。

班固和荀悦都有"宣汉"思想,与班固相比,荀悦的历史鉴戒思想更加突出。受皇命所托,《汉纪》明确地要为最高统治者提供历史经验,从而实现汉献帝、荀悦君臣理想中的"拨乱反正"。《汉纪·序》讲是书断限:"凡《汉纪》,十二世,十一帝,通王莽二百四十二年。"[1] 这里所说的"二百四十二年",按照《汉纪》实际的叙事范围来看,并不相符,应是彰显该书有意追踪《春秋》之义,详见本节附论。如果说汉献帝提出的"依《左氏传》体"为荀悦撰述《汉纪》规定了外在的表现形态,那么,"二百四十二年"的说法更能反映出荀悦在叙事过程中对《春秋》的致意,显示出史学家在叙事中处理形式、内容和思想时的主体抉择。这一方面固然是由于《春秋》也是编年史的形态,另一方面则是由于《汉纪》与《春秋》一样,具有"惩恶而劝善,奖成而惧败"的撰述追求。

与《史记》取诸家先秦撰述形式而作综合体相近,《汉纪》也是在对前代历史撰述的继承和创新中完成的。从《汉纪·序》《后汉书·荀悦传》等文献中可以清楚地看到,汉献帝和荀悦具有明确的体裁意识,这就是"依《左氏传》体",编年记事。虽然按照汉献帝的诏命,《汉记》应以《左传》体例为宗,但荀悦凭借突出的史学才能,还吸收了包括《春秋》《史记》《汉书》等典籍在内的多种撰述形式。从编

---

[1] (汉)荀悦:《汉纪·序》,《两汉纪》上,中华书局,2017,第1页。

年体的发展线索来看,"正如《汉书》发展了《史记》的体例而创立了断代的纪传体,《汉纪》发展了《春秋经》和《左传》的体例而建立了断代的规模具备的编年体"①。《史记》《汉书》中的本纪、帝纪体例,则大致影响到《汉纪》书名、标目的设置。

在西汉十二帝纪的篇幅编排上,《汉纪》改变了《汉书》的布局并作出了明显的主次划分。论者指出:

> 《汉纪》比《汉书》更能突出各个皇帝治政的优劣,更能表现西汉由兴至盛、又由盛转衰的变化过程。荀悦在高祖、文帝、武帝、宣帝、元帝、成帝六纪中所采用的笔墨,占全书四分之三的篇幅。其中武帝一纪就占全书五分之一的篇幅,重点突出,脉络清楚。《汉纪》能得到历代学者的重视,甚至一度与《汉书》相匹敌,这就是主要的原因。②

从所占篇幅来看,《汉书》帝纪以高祖、武帝、宣帝为前三,《汉纪》则以武帝、成帝、宣帝为前三,这表明后出的《汉纪》有意识地改变了《汉书》帝纪的叙事重点,着意于叙述西汉一代的转折时期。

《汉纪》编年记事的具体方法是:"约集旧书,撮序《表》《志》,总为帝纪,通比其事,列系年月。"③ 所谓"约集旧

---

① 《白寿彝史学论集》(下),北京师范大学出版社,1994,第756~757页。
② 周天游:《荀悦与〈汉纪〉》,《西北大学学报》(哲学社会科学版)1979年第4期。
③ (汉)荀悦:《汉纪·序》,《两汉纪》上,中华书局,2017,第1、2页。

书",是因该书主要材料均采自《汉书》,在纪年形式、地理沿革、典章制度、民族关系、思想文化等方面,都继承了《汉书》的内容。所谓"通比其事,列系年月",是在说编年体史书叙事的具体形式,荀悦于《汉纪》编年记事之下,往往连类列出相关联的史事,又时常连带出事迹、身份或思想相近的历史人物,形成了以时系事、以事系人的叙事结构,正所谓"易人物本位为时际本位"①。可以说,"列系年月"是"通比其事"的框架,"通比其事"是"列系年月"的具体展开。

《汉纪》的问世标志着中国史学上一种崭新的撰述形态——编年体皇朝史的产生,充分彰显出中国古代史学自身发展的生命力。作为第一部编年体皇朝史,《汉纪》的内容虽主要依据《汉书》,但不失为中国史学发展中的一次创举。它在体制上还有一个开创,即于书首明确提出修史所遵循的义例。对于这一体例上的影响,金毓黻指出:

> 荀书之可贵者,不在内蕴,而在义例……吾国谈史法者,始于刘知幾,谈史义者,始于章学诚。抑知荀氏于千余年前,已深明其会通之旨,而于《汉纪》一书著其法式,其有功于史学为何如。②

在《汉纪》之前,《史记》和《汉书》皆于书尾表明全书叙事主题和各篇主旨大意。《汉纪》则开创了把"序例"放在史书

---

① 梁启超:《中国历史研究法》,《饮冰室合集》第10册《饮冰室专集之七十三》,中华书局,1989,第19页。关于《汉纪》写人物的方法详见第四章第二节的讨论。
② 金毓黻:《中国史学史》,上海古籍出版社,2013,第54~55页。

开篇的撰述体例，进而推动了魏晋南北朝时期"史例中兴，于斯为盛"①之局面的形成。此后，预先制订义例成为编年体史书编纂的一种普遍作法。

正是《汉纪》在结构上的继承和创新，才在中国史学上促成了"班、荀二体，角力争先"的格局，《汉纪》也因此被刘知幾列为编年体史书的典范，而与《汉书》齐名。《汉纪》在编年体撰述上的成功，激荡起后世编年体史书发展的浪潮，张璠、袁宏、孙盛、干宝、徐广、裴子野、吴均、何之元、王劭等历代史家著书，或以"春秋"为名，或以"纪""典""志""略"为题，北宋大史学家司马光更是"推本荀悦《汉纪》以为《通鉴》"②，这些都印证了《汉纪》开创编年体皇朝史叙事格局的深远影响。

附 荀悦《汉纪》书年辨误三则

中华书局点校本《汉纪》目录后载有一段题为"汉纪序"的文字（下称《汉纪·序》），署名"汉秘书监侍中荀悦"。书中还有两篇以"序"体写成的文字，首卷开篇"昔在上圣，唯建皇极……如其得失，以俟君子焉"一段（可视为《汉纪·小序》）；尾卷卷末"凡汉纪，其称年本纪、表、志、传者……综往昭来，永监后昆"一段（下称《汉纪·后序》），署"侍中悦上"。《汉纪·序》及《汉纪·后序》书年有三误，逐条辨析如下。

其一，"二百四十二年"之误及致误原因。《汉纪·序》起

---

① （唐）刘知幾：《史通》卷四《序例》，（清）浦起龙通释，上海古籍出版社，2009，第81页。
② （宋）王应麟：《玉海》卷四十九《艺文》，（台北）大化书局，1977，第983页上。

首记："凡《汉纪》十二世，十一帝，通王莽二百四十二年。"① 按：此句交代《汉纪》记事断限，所言"十二世，十一帝，通王莽"，应取汉元年（前206）至王莽新朝地皇四年（23），首尾二百二十九年，清人王鸣盛据此算法称序首当言"二百三十年"，② 这一说法与班固自述《汉书》断限一致。③ 从文字抄写来看，"二百四十二"很难是"二百二十九"或"二百三十"的形讹。查《汉纪》实际记事年限，起"秦二世胡亥元年秋七月"（前209），讫王莽新朝"十五年十一月"（23），首尾二百三十二年；若将计算下限推至光武帝刘秀即位之年（25），首尾合二百三十四年史事，仍与"二百四十二年"之说相差八年。

　　二百四十二年，系孔子修《春秋》的记事断限，十二岁"能说《春秋》"的荀悦自然很清楚"二百四十二年"在学术史上的渊源和意义。《汉纪·孝元皇帝纪中》引刘向论天人感应，讲述春秋"二百四十二年之间"的灾异现象和周室之祸；④ 同书《孝元皇帝纪下》引京房论灾异，称"《春秋》纪二百四十二年灾异，以示万世之君"⑤。这两段叙事，都通过载言方式

---

① （汉）荀悦：《汉纪·序》，《两汉纪》上，中华书局，2017，第1页。
② （清）王鸣盛：《十七史商榷》卷二十八，上海书店出版社，2005，第200页。
③ 《汉书·叙传》自述断限："起元高祖，终于孝平、王莽之诛，十有二世，二百三十年……"又《汉书·律历志》载平帝、孺子、王莽、更始至光武帝著纪，云"自汉元年讫更始二年，凡二百三十岁"。分别见（汉）班固《汉书》卷一百下、卷二十一下，中华书局，1962，第4345、1024页。
④ （汉）荀悦：《汉纪》卷二十二，《两汉纪》上，中华书局，2017，第384页。此处材料出自《汉书·楚元王传》及《天文》《五行》二志。
⑤ （汉）荀悦：《汉纪》卷二十三，《两汉纪》上，中华书局，2017，第398页。此处材料出自《汉书·京房传》。

第二章 述者相效：变动中相联系的叙事格局

交代春秋时期的"灾异"现象，进而宣扬天人感应思想。西汉时擅言灾异者又有董仲舒、刘歆、眭弘、夏侯胜等人，《汉书·五行志》条析众论，"讫于王莽，举十二世，以傅《春秋》，著于篇"①。关于"傅《春秋》"，颜注称："傅读曰附，谓比附其事"。联系到《汉纪·序》以"二百四十二年"交代是书断限，并随之罗列西汉一代"祥瑞""灾异"的作法，可以认为，其文本背后表现出继承《汉书·五行志》"傅《春秋》"的思想倾向，由此，序文开篇所书"二百四十二年"是一种隐喻，意在冠盖序文临近结语处强调的"惩恶而劝善，奖成而惧败"之旨。

从行文内容及风格上看，这篇题为《汉纪·序》的文字显然撰于《汉纪》书成之后，与《汉纪》其书或非一体。陈启云认为此文是荀悦在《汉纪》书成后所撰"书目摘要"，曹魏时郑默等人编《中经》时对其注释、再编，在后来的流传过程中被错置于《汉纪》目录中。正如《汉纪》中的"论曰"不知何时被改为"荀悦曰"，由于《汉纪》在宋以后几经辑佚、校刻，尚缺少直接证据判断今本《汉纪·序》有多少内容出于荀悦之笔。② 在清人姚振孙所见版本中，这段序文被录于全书卷末目录之后，标目未明。③ 可以肯定的是，《汉纪·序》中的

---

① （汉）班固：《汉书》卷二十七上《五行志上》，中华书局，1962，第1317页。
② 参见陈启云《荀悦著述的文本和语境问题：〈汉纪〉与〈申鉴〉》，《儒学与汉代历史文化——陈启云文集（二）》，广西师范大学出版社，2007，第169~172页。
③ 姚氏《隋书经籍志考证》指出："此见《汉纪》卷末《目录》之后，不知何人所作。其文凡七百余言，其体大似刘向《别录》，疑王俭《七志》之文，后人录入卷后者欤？"见王承略、刘心明主编《二十五史艺文经籍志考补萃编》第15卷，清华大学出版社，2014，第573页。

"二百四十二年",并非简单的讹误,无论是荀悦所作,还是后人所改,其背后均透露出以《汉纪》"傅《春秋》"的意图,进而彰显荀悦在《汉纪》和《申鉴》中一再致意的"鉴戒"意识。至于有的记载录为"二百四十三年"或"二百四十一年",当属流传过程中抄写讹误所致。①

其二,"四百有一十六载"当作"四百有六载"。《汉纪·序》记:"……会悦迁为侍中,其五年书成乃奏,记云四百有一十六载,谓书奏之岁,岁在庚辰。"此句中"其五年"指汉献帝建安五年(200),即《汉纪》成书之年。按:从汉元年(前206)到建安五年(200),首尾四百零六年,与序中"四百有一十六载"相差十年。又据《汉纪》书年形式,应作"四百一十六载"或"四百一十有六载",而非"四百有一十六载","一十"二字显为后人所增。王鸣盛据《后汉书》荀悦本传,参校黄姬水刻本后即持此说。②但是,王氏所据出自《后汉书》荀悦本传,这在今本《汉纪》中属于《汉纪·后序》部分。

其三,"四百二十有六载"应系"四百有六载"。《汉纪·后序》记:"……惟汉四百二十有六载,皇帝拨乱反正,统武兴文……于是乃作考旧,通连体要,以述《汉纪》。"③如前所

---

① (宋)郑樵:《通志·二十略·艺文略三》,中华书局,1995,第1530页;谢保成:《增订中国史学史·先秦至唐前期》,商务印书馆,2016,第300页。
② 清人王鸣盛指出:"'四百有一十六载',本传无'一十'两字,据高祖元年数至献帝庚辰,恰四百有六载,'一十'两字后人误加之。"(《十七史商榷》卷二十八,黄曙辉点校,上海书店出版社,2005,第199~200页)
③ (汉)荀悦:《汉纪》卷三十,《两汉纪》上,中华书局,2017,第547页。

述，从汉元年（前206）到《汉纪》书成之年，应为四百零六年。从汉元年到汉献帝建安二十五年（220），合四百二十六年。荀悦辞世于建安十四年（209），他绝不可能预见到曹丕在公元220年正式代汉称帝，更不可能写下"四百二十有六载"这样的记载。与上一条所辨相近，此条亦应作"四百有六载"。王鸣盛所据，即源于此。

出现上述讹误的原因在于，在《汉纪》的流传史上，书序面貌有两个文本系统。

一是《汉纪》传抄本、刻本系统。按：《汉纪》自北宋天圣年间已无善本，① 郑樵《通志·艺文略》称是书"几乎泯矣"。② 南宋绍兴十二年（1142）王铚据北宋祥符年间钱塘刊版，"用诸家传本校其异同，拨其讹误"，重刊《两汉纪》。明嘉靖二十七年（1548）黄姬水据王铚合刊本再刊。此后大部分版本或以黄本为底，或与黄本对校，包括：明万历二十六年（1598）南京国子监刊印本；清康熙三十五年（1696）乐三堂本；清光绪二年（1876）学海堂本。20世纪以来有龙溪精舍本、四部丛刊本，以及中华书局点校本。据中华本"点校说明"，时有未见本：明正德十六年（1521）何景明、翟清刊刻，吕柟校正本；清瞿镛藏影印宋抄本（见《铁琴铜剑楼藏书目录》，黄丕烈曾以此本参校黄姬水刻本，傅增湘又据黄丕烈校本撰《校汉纪书后》，收于《藏园群书题记》）；国图（原北图）藏明抄本《汉记》三册（扉页题"影宋旧抄别本"，卷首

---

① （宋）马端临：《文献通考》卷一百九十三，中华书局，2011，第5593页。
② （宋）郑樵：《通志·二十略·艺文略三》，王树民点校，中华书局，1995，第1530页。

有"铁琴铜剑楼"印,版式与傅氏所见"每叶二十六行,行二十四字,末卷有校书人官衔一行""每五卷后皆有校书人官衔"相同)。查检上述诸本,三处书年皆误。

二是以范晔《后汉书》荀悦本传所记为依据的文本系统。《后汉书》本传记载荀悦撰《汉纪》,称其"辞约事详,论辩多美",并载入一段序文。与今本《汉纪》对照,《后汉书》本传所载序文分为两个部分:"昔在上圣……其揆一也",见于今本《汉纪》首卷开篇;"汉四百有六载……亦足以观矣",见于今本《汉纪·后序》。从《汉纪》的本来面貌考虑,很有可能是范晔杂糅了这两部分内容,择其要旨载入荀悦本传,清人严可均、王先谦均持此说。[1] 传世文献中《玉海》卷四十七、《通志·荀悦传》、高似孙《史略》等皆沿《后汉书》所载。

就前文所辨内容来看,《后汉书》荀悦本传所载较《汉纪》抄、刻本更为准确。

综上,今本《汉纪·序》所书"二百四十二年",虽与事实不符,但不排除是荀悦原文的可能。《汉纪·序》所书"四百有一十六载"、《汉纪·后序》所书"四百二十有六载",应系流传中的讹误,最迟出现于北宋祥符、天圣年间,明代抄本、正德刻本、黄姬水刻本、南监本,以及以黄氏本为底的乐三堂本、学海堂本、四部丛刊本、中华书局点校本等诸家刊行本,

---

[1] 清人严可均指出:"《后汉荀悦传》引《汉纪·序》,校之本书,颇有删改,并移易其次第,录此一篇,足见史家所载不尽合本书也。"(《全上古三代秦汉三国六朝文·全后汉文》卷六十七,校语,中华书局,1958,第842页)王先谦《后汉书集解》亦持此说。

皆沿其误，并影响到今人研究、征引，应予勘正。

第三节 "范袁二家"叙事形态的变迁

一 《后汉纪》发展《汉纪》的内部结构

自《汉纪》开编年体皇朝史之先，便与《汉书》并传于世，编年、纪传"二体"并行，推动了魏晋南北朝时期皇朝史修撰的高潮。从历史背景看，这是因为那些不以统治者意志为转移的朝代更迭，刺激了皇朝史的产生和兴盛。[1] 在诸家东汉史之中，袁宏《后汉纪》追随荀悦《汉纪》，成为编年体东汉史的代表。二书在中国史学发展史上并称"两汉纪"，在南宋以后以《两汉纪》的形式合刊流传，表明它们在整体面貌上是相近的编年体史书。在史学家袁宏眼中，荀悦是"少有才理，兼综儒史"[2] 的一代良史。袁宏称

---

[1] 瞿林东指出："自《史记》奠定了纪传体史书的基础，《汉书》开皇朝史撰述的先声，继而又有《东观汉记》和《汉纪》的行世，于是后世史家极重皇朝史的撰写。魏晋南北朝时期，由于封建政权的割据和频繁更迭，出现了大批的皇朝，虽兴替匆匆，然皆有修其史。这是这一时期史家撰写皇朝史出现高潮之史学上的和历史上的原因。"(《中国史学史纲》，北京师范大学出版社，2010，第136页) 朱维铮指出：从秦朝统一到清朝灭亡的2132年间，不断出现以朝代更迭为标志的"周期性的社会危机"，"这种危机作为一种客观存在，必定要被中世纪史学家所感觉，所反映。由东汉到清朝，史学家们编写的大量王朝史，包括纪传体断代史和编年体断代史，便是他们提供的中世纪历史进程中各个阶段的矛盾运动的例证。前者由《汉书》开先例，后者以《汉纪》为滥觞。"(《中国史学史讲义稿》，廖梅、姜鹏整理，复旦大学出版社，2015，第112页)

[2] （晋）袁宏：《后汉纪》卷二十九《孝献皇帝纪》，周天游校注，天津古籍出版社，1987，第827页。

赞《左传》和《汉纪》的编年形态，他本人也采用编年史的方式来写东汉史。

袁宏撰史，有一个核心宗旨，即"通古今而笃名教"。他在思想上主动继承《左传》《史记》之义，他说的"笃名教"，落脚点在于"帝王高义"。《后汉纪》有近二分之一的篇幅叙述东汉的建立和汉末的纷乱，这是以皇朝兴衰的历史作为主体来"弘敷王道"。书中无论是对隐士、谏官群像的叙述，还是对功臣、孝子之属的"类书"，皆在于通过对历史人物群像的描绘，"略举名教所归"①。

袁宏讲"通古今而笃名教"，不仅是要以名教的标尺去叙述和评价东汉时人，还要将这种名教标尺从古代移置于他所生活的现实世界，用以规范时人的行为准则。袁宏同荀悦一样清楚地了解史学的鉴戒功能，他在《后汉纪·孝献皇帝纪》中专门摘录荀悦《申鉴》论政治得失之"四患""五崇"大义，并选载荀悦论史官职分的内容，突出强调"善人劝焉，淫人惧焉"的历史鉴戒思想。② 这是由于，袁宏生活在桓温当权的时代，他对桓温图谋篡夺晋氏政权的野心感到愤懑，所以在《后汉纪》中极力地批判曹操，便是借古讽今地批判了桓温，这是他的名教观念与史学思想紧密结合的突出事例。这些，都是《后汉纪》对《汉纪》及前世史学的发展，是东晋时局在史学上的直接映照。

---

① 以上所引，见（晋）袁宏《后汉纪》原序，周天游校注，天津古籍出版社，1987，第1~2页。
② （晋）袁宏：《后汉纪》卷二十九《孝献皇帝纪》，周天游校注，天津古籍出版社，1987，第825~826页。

第二章 述者相效：变动中相联系的叙事格局

袁宏能够撰成编年体后汉史的典范之作，其背后还有东晋时期编年体史书得到官方支持而大为流行的深刻背景。论者指出，东晋时期历次官方修史都能与某一编年体的晋史著作相对应，"存在一个编年体官修史序列"，而这一序列使东晋时期的编年史数量多于其他时代。[1] 东晋的另外两位著名史家干宝和孙盛，前者继荀悦《汉纪》之旨提出"五书"论，力倡修撰晋史"宜准丘明"，时人"莫不宗之"；[2] 后者撰有《魏氏春秋》和《晋阳秋》两部皇朝史，"在编年史纂修的整体规划、史料考异上取得开创性成就"，也成为"这一时期编年史家的杰出代表"。[3] 但因撰述对象、流传面貌等因素的影响，均未取得如袁宏《后汉纪》一般的典范地位。

从中国古代史书叙事的发展历程来看，袁宏所撰《后汉纪》因其扩大了编年体史书写人物的叙事空间，而具有重要价值和代表性。作为《汉纪》的"追随者"，《后汉纪》内部体例大致遵循了《汉纪》"通比其事，列系年月"的编纂形式。同时，为了在编年记事的格局下纳入更多东汉历史人物群像，《后汉纪》又运用了"言行趣舍，各以类书"[4] 的撰述方法，即古往今来的历史人物行迹不同、流派各异，撰史者要依据人们言行品性进行分类叙述。其中，"言行趣舍"是"各以类书"的前提，只有做到了"言行趣舍"，才有可能"各以类书"。与《汉纪》的

---

[1] 聂溦萌：《编年史与晋宋官修史运作》，《中国史研究》2020年第1期。
[2] （唐）刘知幾：《史通》卷二《载言》，（清）浦起龙通释，上海古籍出版社，2009，第31~32页。
[3] 乔治忠：《孙盛史学发微》，《史学史研究》1995年第4期。
[4] （晋）袁宏：《后汉纪》原序，周天游校注，天津古籍出版社，1987，第2页。

"通比其事,列系年月"相较,《后汉纪》的"言行趣舍,各以类书"更加突出群体在历史中的作用。《后汉纪》在叙事形式上的创造,就在于它以"言行趣舍,各以类书"的形式网罗历史人物群像,并通过细节描写、载言、载文等途径,达到"观其名迹,想见其人"的叙事目的,这是以往史书中少见的,也是《后汉纪》对编年体史书叙事形态的重要发展。

总体上,《后汉纪》一书,在编年记事的格局之中,以"言行趣舍,各以类书"为主要方法,以"观其名迹,想见其人"为撰述目的,以"名教"观念作为叙述和评价历史人物的准则,切实贯彻了"通古今而笃名教"的撰述宗旨。这三个方面的结合,构成了《后汉纪》叙事的风格和主要特点,显示出从《汉纪》到《后汉纪》,同一种叙事形态内部的发展、变化过程。

二 《汉书》《后汉纪》直接影响下的《后汉书》

中国古代史学发展至范晔所生活的南朝刘宋时期,在史书体裁上已有成熟的编年、纪传"二体",在史学批评上也提出了一些重要范畴。范晔曾论编年、纪传优劣,指出:"《春秋》者,文既总略,好失事形,今之拟作,所以为短。纪传者,史、班之所变也,网罗一代,事义周悉,适之后学,此焉为优,故继而述之。"[1] 这表明,他对编年体和纪传体的特点有比较明确的判断,故能在充分权衡二者长短的基础上,选择"网罗一代,事义周悉"的纪传体而展开撰述。

《后汉书》在撰述形态上往往体现出对班固《汉书》的有意

---

[1] (唐)魏徵等:《隋书》卷五十八《魏澹传》,中华书局,1973,第1419页。

第二章 述者相效：变动中相联系的叙事格局

追踪。范晔明确说到要对《史》《汉》"继而述之"，反映了中国古代史学"述者相效"的发展特点。他又以自己所撰《后汉书》与班固《汉书》相较，自称"博赡不可及之，整理未必愧也"①，他依据所见到的多种后汉史撰述，对它们整理、删定、重述，实有整理之功。范晔在《后汉书·西域传》的序言写道："班固记诸国风土人俗，皆已详备《前书》。今撰建武以后其事异于先者，以为《西域传》，皆安帝末班勇所记云。"② 这表明，他写《后汉书·西域传》是自觉地上接《汉书·西域传》的，从文本流变上充分显示出《汉书》对《后汉书》的引导作用。

司马迁、班固以综合体形式撰史，实非易事。根据表2-2所列书目，在《汉书》与《后汉书》之间，曾有多部纪传体皇朝史问世，它们有的有"表"，有的有"志"，有的变换了"类传"名目，还有的增加了"载记"一体，但极少能够做到如《史》《汉》一样综合运用多种史书体例。总体上看，只有"纪""传"两个部分作为固定形式流传下来，书志体例亦受重视，可惜所成书者大多散佚。

表2-2 诸家纪传体后汉史内部结构

书名	表	志	类传	其他
《东观汉记》	五表（诸王、王子侯、功臣、恩泽侯、百官）	八志（律历、礼、乐、郊祀、天文、地理、朝会、车服）		载记（王常、刘盆子、樊崇、吕母、隗嚣、王元、公孙述）

---

① （南朝梁）沈约：《宋书》卷六十九《范晔传》，中华书局，1974，第1830页。
② （南朝宋）范晔：《后汉书》卷八十八《西域传》，中华书局，1965，第2912~2913页。

续表

书名	表	志	类传	其他
谢承《后汉书》		五志（礼仪、五行、郡国、兵、刑）	循吏、酷吏、宦者、儒林、文苑、独行、方术、逸民、列女、风教	
司马彪《续汉书》		八志（律历、礼仪、祭祀、天文、五行、郡国、百官、舆服）	循吏、酷吏、宦者、儒林、文苑、独行、逸民	
华峤《后汉书》			孝子	
谢沈《后汉书》		五志（礼仪、祭祀、天文、五行、郡国）		
袁山松《后汉书》		八志（律历、礼仪、祭祀、天文、五行、郡国、百官、艺文）		

资料来源：表中所列《东观汉记》据吴树平校注本（中华书局，2008），其余诸家后汉史据周天游辑注本（上海古籍出版社，1986）。

与此相应，最迟在南北朝时期，人们已经习惯用"纪传"之名简称综合体皇朝史。① 从现存《后汉书》的面貌来看，范

---

① 黄永年指出，唐代时有人称《史》《汉》所开创的历史记载体裁为"纪传体"（《史部要籍概述》，江苏教育出版社，2008，第9页）。唐以前，范晔曾论纪传、编年优劣；刘勰曾谓"纪传为式，编年缀事"（《文心雕龙》卷四《史传》，范文澜注，人民文学出版社，1958，第286页）；北齐魏收有云："鲁史既修，达者贻则，子长自拘纪传，不存师表，盖渊源所由，地非企及。"［(唐)魏徵等：《隋书》卷五十八《魏澹传》，中华书局，1973，第1419页］表明最迟在南北朝时期，人们已经用"纪传"指称综合体皇朝史。唐代刘知幾提出班、荀"二体"之论，皇甫湜又撰《编年纪传论》，"纪传"之名渐成定式。

晔完成了本纪、列传的撰写，这是沿循马、班传统。范晔也有意撰写志的部分，他自称"欲遍作诸志，《前汉》所有者悉令备"①，可惜其"志"未成，或有所成之篇也遗憾散佚。由于《后汉书》只有本纪、列传而无表、志，故它在实际层面上与"纪传体"之名相符。但是，诚如范文澜曾指出的："只有纪传没有志书，不能说是完整的国史。"② 南朝梁人刘昭为《后汉书》作注，便取司马彪《续汉书》八志缀入《后汉书》。出于对皇朝史内部体例之完整性的追求，历代学者又陆续撰有《补后汉书年表》《后汉书补表》《东汉外戚侯表》等。③

范晔撰史，因其博采诸家后汉史之长，故又自然地受到诸史作者观念的影响。《后汉书》中所表达的对于一些人物群体之社会作用的看法，与袁《纪》的观点有着千丝万缕的联系。同时，《后汉书》着力于类传编纂，不能不说是受到"言行趣舍，各以类书"之编纂方法的影响。

在继承前人的基础上，《后汉书》有三个重要的开创。

其一，以更加丰富的类传反映东汉社会面貌。与《汉书》相比，范晔在《后汉书》中，新设立党锢、宦者、文苑、独行、方术、逸民、列女七种类传，每传皆作序阐述该群体的产生、流变及其在东汉一朝的政治、社会影响，这是在《史》《汉》所设类传和荀、袁二《纪》"类书"人物基础上的再创

---

① （南朝梁）沈约：《宋书》卷六十九《范晔传》，中华书局，1974，第1831页。
② 范文澜、蔡美彪等：《中国通史》第三册，人民出版社，2015，第102页。
③ 参见熊方等《后汉书三国志补表三十种》，刘祜仁点校，中华书局，1984。

造,显示出史书在写人物方法上的新的成就。尤其是《文苑》一传的设立,开创了"文苑入史"之例,被后人"奉为成规",①在中国史学上树立起一种新的叙事典范。

其二,拓展历史评论的表现形式。《后汉书》中的议论,往往设置在传主生平事迹之后,如果一卷之内写有数人,则撰写多条"论曰"。《后汉书》又在篇末设"赞",写下一段骈体形式的评论,这便使该书的叙事和议论更紧密地互动,以便更好地总结"一代得失",达到"以文传意"的叙事效果。

其三,明确提出史书叙事"以意为主"。范晔出身于世族却在政治上郁郁不得志,他在书中很突出地以正在衰落的门阀观念来总结东汉一朝的历史。他认为撰史应"以意为主",反映出他自觉地通过叙事传达治史所得的精意深旨。他说的"意",应该看作对孟子所论《春秋》之"义"的继承和发展,其落脚点在于通过总结一代得失实现"转得统绪"。②

这几个方面,是范晔《后汉书》在撰述形式上为后人留下的宝贵经验。

小　结

刘知幾《史通·摸拟》篇提出了一个重要的命题:"夫述者相效,自古而然。"这是说自古史家著述就包含着对前贤的

---

① (清)章学诚:《文史通义·和州志前志列传序例中》,叶瑛校注,中华书局,2014,第631~632页。
② 以上所引见(南朝梁)沈约《宋书》卷六十九《范晔传》,中华书局,1974,第1830页。

仿效、追踪，其根本原因是"史臣注记，其言浩博，若不仰范前哲，何以遗厥后来？"① 对于这条撰述路径，刘知幾以前的史家早有揭示。班固在讲到历史撰述的因循关系时写道：

> 自古书契之作而有史官，其载籍博矣……及孔子因鲁史而作《春秋》，而左丘明论辑其本事以为之传，又纂异同为《国语》。又有《世本》，录黄帝以来至春秋时帝王公侯卿大夫祖世所出。春秋之后，七国并争，秦兼诸侯，有《战国策》。汉兴伐秦定天下，有《楚汉春秋》。故司马迁据《左氏》《国语》，采《世本》《战国策》，述《楚汉春秋》，接其后事，讫于天汉。②

这段文字出自《汉书·司马迁传》后论，因其发挥刘向、扬雄、班彪等人有关司马迁"良史之才"的论断而成为中国史学批评史上一篇经典的文献。从本章的论述对象来看，这段评论首先就点明了司马迁撰《史记》对前人著述的因循。此后，班固本人据《史记》而创《汉书》，也就是自觉地继承这种相因相循的治史路径。

班、荀、袁、范四家著述之间，既有面貌上的因循和创新，亦有各自彰显出的历史撰述的时代特征。在这四部史书辩证发展的历程中，《汉书》发挥着引领、主导的作用。荀悦继承班固

---

① （唐）刘知幾：《史通》卷八《摸拟》，（清）浦起龙通释，上海古籍出版社，2009，第203页。
② （汉）班固：《汉书》卷六十二《司马迁传》，中华书局，1962，第2737页。

"宣汉"思想,撰《汉纪》"以副本书,以为要纪"①,是《汉书》的直接追随者;袁宏称"班固源流周赡,近乎通人之作"②;范晔称"详观古今著述及评论,殆少可意者,班氏最有高名"③;等等,均可视为史书叙事格局在《汉书》体制影响下的流变。

从《汉书》到《汉纪》,从《汉纪》到《后汉纪》,再从《后汉纪》到《后汉书》,一条由纪传到编年,再由编年到纪传的史书叙事格局之正—反—合的辩证发展脉络清晰可见。在这条脉络中,既有编年、纪传"二体"各自内部的发展、扬弃,亦有二者之间的相互借鉴、吸收,表明对于同一历史时期历史进程的叙述,可以通过不同的形式表现出来,正可谓"各有其美,并行于世"④。

---

① (汉)荀悦:《汉纪》卷首,《两汉纪》上,中华书局,2017,第1页。
② (晋)袁宏:《后汉纪》原序,周天游校注,天津古籍出版社,1987,第2页。
③ (南朝梁)沈约:《宋书》卷六十九《范晔传》,中华书局,1974,第1830页。
④ (唐)刘知幾:《史通》卷二《二体》,(清)浦起龙通释,上海古籍出版社,2009,第26~27页。

第三章
裁成汉典：皇朝史书事体要的确立

史，记事者也。这里所说的"事"，是指历史撰述的对象，记事就是要对过去发生的种种历史存在进行记述。从整体面貌来看，中国古代史书记事的范围很广泛，从天象运动到人事变迁，从学术流变到典章经制，从一国盛衰到社会百态，都是史书叙述的对象，可谓包罗万象。史学家根据叙述对象的性质、特点，确定史书叙事的核心内容和基本宗旨。当具体到某一部历史著作时，叙事范围往往受到史家见识、旨趣的牵引，所叙之"事"有大小、轻重之分。"两汉书"和"两汉纪"的撰述者们各以"包举一代""立典五志""弘敷王道""转得统续"选事立意，从不同的侧面推动"二体"皇朝史形成以反映一代治乱兴亡为主题的叙事线索，进而影响中国古代史家关于"书事体要"之一般原则的认知。

面对纷繁浩瀚的历史进程，史学家需要筛选、拣择出那些能够反映历史发展过程的历史资料，再将历史资料整合、编纂成历史事实。对于这一路径，中国古人用"书事"与"采撰"等概念加以概括。前章已经讨论，《汉书》在班、荀、袁、范四家著述之相因相循的发展轨迹中发挥着主导作用，《汉书》作者提出"探纂前记，缀辑所闻"的采撰方法时时体现在其他三部史著的编纂中。从《汉书》的"探纂前记"到《汉纪》的"存其大体"，再从《后汉纪》的"撰集"前史到《后汉书》的"详观古今"，因所叙对象集中于两汉政权变迁，四者之间形成了相互关联的文本结构，共同实现了"裁成汉典"的创举。当然，受到体裁的规定，编年、纪传二体显示出采撰的不同面向，这在对载文的处理上表现得十分鲜明。

这里，我们将通过考察这四部相互关联的皇朝史如何采择史料、确立叙事主题，呈现朝代史"书事体要"的建立之路，进而结合中国史学上的概念和术语，揭示"书事"和"采撰"作为历史撰述两个关系密切的环节之相互制约的关系。

第一节 皇朝史叙事之"事"的品格

一 聚焦"国之大事"的书事原则

在关于如何确立史书叙事主题的问题上，中国古代史家提出了"书事"理论。所谓"书事"，就是撰写史事，这里的"书"指撰述行为，"事"指撰述对象即经由史学家博览善择之后排比成篇的史实，它们是在"文直""事核"传统中展开的"事"。

先秦两汉时期，人们在撰述实践中已经涉及对史书"所当书者"的思考，这首先是与何为影响历史进程之主要动因的思考联系在一起的。如《左传》讲道"国之大事，在祀与戎"①，是出于先秦时期尤其是春秋战国之际诸侯国彼此征战的历史局面而言；司马迁说的"网罗天下放失旧闻"②，是出于"汉兴，海内一统"的时代格局而言；班固称自己"探纂前记，缀辑所闻"以为大汉"独立一史"，是出于东汉中兴的历史形势而言；等等，都还不能算是从理论上对"所当书者"加以概括。

汉献帝朝，传承治史家学的应劭指出了"国之大事"与"载籍"之间的关系：

夫国之大事，莫尚载籍。载籍也者，决嫌疑，明是非，赏刑之宜，允获厥中，俾后之人永为鉴焉。③

这里面讲"国之大事，莫尚载籍"，使后人"永为鉴"，与不久之后荀悦在《汉纪·后序》中写下"中兴已前一时之事，明主贤臣，规模法则，得失之轨，亦足以鉴焉"，又称《汉书》百篇，"以综往事"，"庶几来者亦有鉴乎此"等文字表现出一致的鉴戒旨趣。应劭的这段话是他向皇帝呈献自己删定律令而成的《汉仪》时所奏，事在建安元年（196）。汉献帝很有可能正是从应劭删定律令为《汉仪》以明赏刑之宜、朝政得失，"俾

---

① 《左传》成公十三年，《十三经注疏》，中华书局，1980年影印版，第1911页中。
② （汉）司马迁：《史记》卷一百三十《太史公自序》，中华书局，2014，第4027页。
③ （南朝宋）范晔：《后汉书》卷四十八《应奉附子劭传》，中华书局，1965，第1612页。柳从辰指出，"允获厥中"之"获"，《晋志》作"执"，见王先谦《后汉书集解》卷三十八，中华书局，1984，第571页下。

后之人永为鉴焉"的撰述经验中得到了启示，遂于建安三年（198）命荀悦抄撰《汉书》。

在关于史书"所当书者"的思考上，荀悦又较应劭前进了一步，他于《汉纪》卷首论"立典有五志"，即明确提出达道义、彰法式、通古今、著功勋、表贤能五条线索作为叙事主题，他又在《申鉴》中强调了"不书诡常"的史官书法。东晋史家干宝深受"立典有五志"论影响，以"体国经野之言则书之，用兵征伐之权则书之，忠臣烈士孝子之节则书之，文诰专对之辞则书之，才力技艺殊异则书之"为"五志"释语并撰成《晋纪》，这段释语就出自该书"叙例"。① 《汉纪》的追踪者《后汉纪》的作者袁宏也在"自序"中表明，是书叙事将围绕"名教之本"和"帝王高义"展开。《后汉纪》《晋纪》都是与《汉纪》体制相近的编年体皇朝史，它们都突出了以"国之大事"为叙事主线的作法。另一位与干宝时代相近的史家常璩，② 虽也继承了荀悦的观点，以达道义、章法式、通古今、表功勋、旌贤能作为"书契五善"，但他强调前四者的目的都在于"旌贤能"，③ 他的《华阳国志》着重叙述巴蜀之地的圣贤事迹、地理沿革，表现了与皇朝史不同倾向的叙事主题。

刘知幾接续荀悦和干宝关于"五志"的论述，将人们关于

---

① 干宝之论见（清）刘知幾《史通》卷八《书事》，（清）浦起龙通释，上海古籍出版社，2009，第212页。
② 任乃强推测常璩生于晋惠帝元康元年（291），卒于晋穆帝升平五年（361），卒时约七十岁左右。（《华阳国志校补图注》前言，上海古籍出版社，1987，第2~3页）
③ （晋）常璩：《华阳国志》卷十二《序志》，刘琳校注，巴蜀书社，1984，第895页。

史书"所当书者"为何的思考，提升为历史编纂的"书事"理论。刘知幾尝试在荀、干之论的基础上，"广以三科，用增前目"，"三科"是叙沿革、明罪恶、旌怪异，其具体内涵是："礼仪用舍，节文升降则书之；君臣邪僻，国家丧乱则书之；幽明感应，福祸萌兆则书之。"这是就书事之"事"的范围作出扩展。他还在综合考察前人所撰朝代史的基础上，提出"国之大事，不可阙如""有关时政，不可阙书"的书事原则，意在强调朝代史应以政治上的得失成败为叙事主题。① 这些观点，无疑是把前人关于"书事之体"的讨论扩充、深化了，从一定意义上讲，《书事》篇代表了当时人们在这一问题上所能达到的认识高度。

由编年体史书撰述实践中凝炼而来的"书事"原则，也为纪传体史书所吸纳。南北朝时，范晔撰《后汉书》就强调"正一代得失"，刘勰评议史传也讲道"原夫载籍之作，必贯乎百氏，披之千载，表征盛衰，殷鉴兴废；使一代之制，共日月而长存，王霸之迹，并天地而久大"②，这都是强调以一代兴衰大事为历史编纂的主要线索。可见，以"国之大事"为书事体要并不受史书体裁左右。北宋时期，大史学家司马光撰《资治通鉴》，不仅体裁上"推本荀悦《汉纪》"③，在内容上更是"专取关国家盛衰，系生民休戚，善可为法，恶可为戒者"④，表明

---

① 以上所引见（唐）刘知幾《史通》卷八《书事》《人物》，（清）浦起龙通释，上海古籍出版社，2009，第213~215、222页。
② （南朝梁）刘勰：《文心雕龙》卷四《史传》，范文澜注，人民文学出版社，1958，第286页。
③ （宋）王应麟：《玉海》卷四十九《艺文》，（台北）大化书局，1977，第983页上。
④ （宋）司马光：《进书表》，《资治通鉴》附录，中华书局，2011，第9739页。

由朝代史撰述实践中得到的"书事"经验也为通史修撰所接受和发挥。

总之,聚焦于"国之大事"的书事原则首先在编年体史书的修撰实践中被发现,进而为纪传体朝代史所接受,再经史学理论家的提炼而成为中国古代史学家有关"书事体要"的一般认知。

二 "博闻"而能"从善"的采撰理念

在中国古代史学话语体系中,"采撰"是与"书事"关系十分密切的概念。"采撰"即史料的采辑和撰集,是修撰史书的首要工作。在中国史学上,"采撰"一词,较早见于袁宏《后汉纪》中记载班固"采撰前纪,缀集所闻,以述《汉书》"[1]。这句话是对班固自述"探纂前记,缀辑所闻"的改写。采,"捋取也",段玉裁谓"采、捋同训",采有摘取、选取之意。撰,与纂近义,纂,"似组而赤",段玉裁谓"近人用为撰集之称"[2]。所谓"采撰",就是指史家对"前纪""所闻"的选取、集合和编纂。

在"采撰"作为一个史学理论范畴正式提出以前,史学家们在具体的撰述活动中已经开始了对史料采辑方法和原则的思考。司马迁写《史记》,称自己要"网罗天下放失旧闻,考之行事,稽其成败兴坏之理"[3]。班固称赞太史公"博物洽闻",

---

[1] (晋)袁宏:《后汉纪》卷十三《孝和皇帝纪上》,周天游校注,天津古籍出版社,1987,第382页。
[2] (清)段玉裁:《说文解字注》,中华书局,2013,第270、660页。
[3] (汉)班固:《汉书》卷六十二《司马迁传》,中华书局,1962,第2735页。

而他自己也收获了"文赡而事详"的美誉。范晔以自己所撰《后汉书》与班固《汉书》相较,自称"博赡不可及之,整理未必愧也",虽是一种自我安慰,也表现出对"博赡"传统的推遵。荀悦、袁宏以编年体撰史,虽是"粗表大事",但也分别收获了"辞约事详""号为精密"的赞誉。可见,为了反映社会生活和历史进程的各个方面,史学家需要进行大量的阅读、考察工作,在这个过程中,中国史学上逐渐产生了"博洽"且"务实"的采撰理念。

刘知幾《史通·采撰》篇对史料采择工作作出了理论上的阐释,他提出的总体要求是:博览善择。其中,博览是善择的基础,善择是信史的保障。《史通·采撰》篇以"采撰宜慎"的观念冠盖全文,① 刘知幾指出,自古以来史有阙文,因此博雅君子要采摭群言,著成一家之书,故应以博物洽闻为其追求。在博洽的基础上,还应采用"雅言",即不正不实之事,盖不取之,如此方能"取信一时"。刘知幾批评魏晋南北朝以来"务多为美,聚博为功"的修史风气,对于"郡国之纪、谱牒之书",必须"别加研核","详其是非"。在诸多类型的史料中,刘知幾首肯"国史"的可信度,批评有些史家"喜出异同,不凭国史,别讯流俗"的作法。他在该篇结尾处语重心长地写道:"异辞疑事,学者宜善思之。"②

---

① 魏应麒认为,刘知幾所说的"采撰"二字,就是采辑、撰集史料,见《中国史学史》,山西人民出版社,2014,第149页。
② 以上所引见(唐)刘知幾《史通》卷五《采撰》,(清)浦起龙通释,上海古籍出版社,2009,第106~109页。浦起龙释:"此节提出丘明、马、班诸史,非不博征,必求雅正,所以可贵也。"表明"博"与"信"直到注重考据的清代还是史书采撰的标准。

刘知幾并非完全拒绝旁引杂史，而是要求史家要有鉴识、辨别的能力，这个观点比后来洪迈批评"野史不可信"更显持中均平之理。《史通·杂述》篇引孔子"多闻，择其善者而从之"之语，指出："书有非圣，言多不经，学者博闻，盖在择之而已。"① 又同书《惑经》篇提出："君子以博闻多识为工，良史以直书实录为贵。"② 这里，博闻多识做好了是"工"，直书实录做好了才是史之为"贵"。凡此，皆与刘知幾论"史才三长"时提出的知识积累、治学能力和历史见识之辩证统一具有思想上的联系。总之，刘知幾对历史著作尤其是朝代史采撰提出"博览善择"的要求，当不能脱离包括班、荀、袁、范在内的历代史家在实践中积累起来的成功经验。

中国古代史学关于"采撰"的思想，到了北宋时期又有新的发展。《册府元龟·国史部》设立"采撰"为仅次于"选任"的第二条目，这个作法表明，北宋时人总结国史修纂经验，是将"采撰"明确作为历史撰述之首要程序来看待的（选任修史官尚未进入史书纂修程序）。《国史部》作者首先突出论述了"信史"之于"采撰"的意义并奉《史记》为圭臬，所谓"信史者，不越子长之矩矱矣"，进而指出班固、范晔继承了《春秋》《史记》善于考辨真伪、论次其事的采撰传统，是谓"得良史之体，为作者之雄也"③。遵循着这样的思路，《国

---

① （唐）刘知幾：《史通》卷十《杂述》，（清）浦起龙通释，上海古籍出版社，2009，第257页。
② （唐）刘知幾：《史通》卷十四《惑经》，（清）浦起龙通释，上海古籍出版社，2009，第381页。
③ （宋）王钦若等：《册府元龟》卷五百五十五《国史部一·采撰》，中华书局，1960，第6662页上。

史部·采撰》大致记载了五代以前历代国史修撰所据史料情况。可以认为,《册府元龟》将"采撰"设立为国史纂修首要环节的作法及其序中所论,是继《史通·采撰》篇之后,中国古代史学关于"采撰"的一次理论升华。至于两宋时人笔记中常见的关于"采撰"的讨论,① 不能不说是受到《史通》《册府元龟》思想的影响。

三 "切于世事"的载文标准

载文是中国古代历史编纂的重要方法。载文在体例上的要求,是选载有用之文,如反映一代军政大事、个人生平遭遇、文学家思想家代表作品等文章。② 这一传统之形成,还要从《汉书》的"多载有用之文"说起。

《汉书》叙事,多收入历史人物文辞,成为一大特点。清人赵翼《廿二史札记》卷二有"《汉书》多载有用之文"条,其论曰:

> 晋张辅论《史》《汉》优劣,谓司马迁叙三千年事惟五十余万言,班固叙二百年事乃八十余万言,以此分两人之高下。然有不可以是为定评者,盖迁喜叙事,至于经术之文,干济之策,多不收入,故其文简。固则于文字之有关于学问,有系政务者,必一一载之,此其所以卷帙多也。③

---

① 参见丁海燕《宋人史料笔记关于史书采撰的几点认识》,《辽宁大学学报》(哲学社会科学版)2013年第5期。
② 白寿彝主编《史学概论》,宁夏人民出版社,1983,第180页。
③ (清)赵翼:《廿二史札记》卷二,王树民校证,中华书局,2013,第30页。

自《史记》《汉书》先后问世，探讨"史汉优劣"、比较"史汉高下"成为中国学术史上一个久论不衰的问题，论者或甲班乙马，或扬马抑班，或在详细分析二书叙事特点后提出不得以繁简定史之优劣的观点。赵翼此论，进一步从《汉书》载文的技艺驳斥张辅之论，指出那些《史记》所无而《汉书》增载者"皆系经世有用之文"，《汉书》于汉武帝以后诸传也"多载有用章疏"，由此得出结论："总计《汉书》所载皆有用之文。"①

《汉书》载文入史，有其遵循的准则，而赵翼颇能体会并揭示出撰述者的匠心。以关于贾谊、东方朔文辞的载录为例，我们看到，太史公在为《秦始皇本纪》所作的史论中，大篇幅地引用贾谊《过秦论》，用以说明强秦兴亡之势。《汉书》则将《史记》中的《秦始皇本纪》与《项羽本纪》史论杂糅，置于《陈胜项籍传》的"赞"中，这都是借他人之论来表达撰述者观点的作法。《史》《汉》都为贾谊作传，述其生平，载其辞赋。不过，从二书为贾谊本传所作的史论中可以看到，司马迁旨在抒发对屈原、贾谊"作辞以讽谏，连类以争义"之情志的仰追；而班固在总结贾谊政治思想得失之后，明确告知读者该篇载文的体例："凡所著五十八篇，掇其切于世事者著于传云。"②《汉书》贾谊本传载其所作《吊屈原赋》《鵩鸟赋》，不仅直观地反映了贾谊汉赋上的造诣，也写出了他对屈原投江的追伤以及对个人经历的自伤，由此烘托出他的悲情命运；同传又节选《陈政事疏》(《治安策》)的重要段落，并于《食货》

---

① （清）赵翼：《廿二史札记》卷二，王树民校证，中华书局，2013，第31页。
② （汉）班固：《汉书》卷四十八《贾谊传》，中华书局，1962，第2265页。

《礼乐》二志载入贾谊论积贮、谏铸钱、论定制度兴礼乐的相关奏疏，揭示出他在西汉初年政坛上所发挥的关键作用，增添了史书叙事记人的生动性和丰富性。唐颜师古注《汉书》时也十分称赞是书专门选载"切于世事"之文入史的作法，"盖史家直取其要切者耳"①，这当成为史书载文的一条准则。

《汉书·东方朔传》也大量地运用了载文方法，作者还特别在该篇后论阐述了他关于载文功能的理解：

> 刘向言少时数问长老贤人通于事及朔时者，皆曰朔口谐倡辩，不能持论，喜为庸人诵说，故令后世多传闻者……朔之诙谐，逢占射覆，其事浮浅，行于众庶，童儿牧竖莫不眩耀。而后世好事者因取奇言怪语附著之朔，故详录焉。②

这是向读者说明，该传详细载录东方朔言辞，是由于世人多以奇异之论妄附于朔，故作者要通过详细的载文，重新辨明"传所不记，皆非其实"。可见，在《汉书》作者看来，处置得当的载文有益于实现史书叙事的"实录"旨趣。

《汉书》载文，使史事丰赡而不失典实之风，反映出撰述者开阔的历史眼光。一向自负于文笔的范晔在评价《汉书》叙事时也称其："赡而不秽，详而有体，使读之者亹亹而不厌，信哉其能成名也。"③ 从《贾谊传》《东方朔传》等具体篇章中

---

① （汉）班固：《汉书》卷四十八《贾谊传》，中华书局，1962，第2260页。
② （汉）班固：《汉书》卷六十五《东方朔传》，中华书局，1962，第2873、2874页。
③ （南朝宋）范晔：《后汉书》卷四十下《班彪列传下》，中华书局，1965，第1386页。

可以看出,《汉书》作者已经自觉地意识到载文在皇朝史叙事中的功用,并有意识地运用这项叙事方法,在具体的撰述实践中,不仅提出了"切于世事"的载文标准,而且还将载文与史书叙事的"实录"追求联系起来。

通过选载"有用之文"展现出政治、经济、军事、文化等多方面历史内容,是《汉书》构筑起秩序之美和结构之美的重要方面,也影响了中国古代历史编纂学上关于"载文"原则的认知。西晋时陈寿为杜恕立传,就继承了《汉书》作法,将杜恕有关考课之制和人才选拔的奏疏,"掇其切世大事著于篇",展现了这位传主"在朝八年,论议亢直"的直臣形象。[1] 刘宋时期范晔撰《后汉书》也继承了《汉书》多载有用之文的传统,如选载王符《潜夫论》和仲长统《昌言》篇,呈现二人的"一家之言",是为由"史中有文"到"文中见史"的精彩篇章。清人牛运震曾批驳《后汉书》此篇叙事称:"王符《潜夫论》、仲长统《昌言》,世多传布,其书似不必载之传中,只可略纪之曰'文多不载'而已。如此必欲悉载,东汉人著述之书多矣,岂能一一载之耶?"[2] 牛运震此论,不解范书载文深意,只是针对史文多寡而作出的表面判断,并不可取。范晔本人已经表明,他对王符之文只选取五篇以"观见当时风政",而对仲长统之文"简撮其书有益于政者"以"略载之",[3] 这实在

---

[1] (晋)陈寿:《三国志》卷十六《魏书·杜恕传》,中华书局,1959,第507页。
[2] (清)牛运震:《读史纠谬》卷三,李念孔等点校,齐鲁书社,1989,第144页。
[3] (南朝宋)范晔:《后汉书》卷四十九《王充王符仲长统列传》,中华书局,1965,第1630、1646页。

是一番详简得宜的考量。

刘知幾对史书载文的原则还作了进一步的凝炼，《史通·载文》篇提出"盖山有木，工则度之"，史家应"拨浮华，采贞实"，取"文皆诣实，理多可信"者入史，达成"去邪从正之理，捐华撷实之义"①。这就明确了载文要以《惑经》篇提出的"实录直书"为准则，以《叙事》篇提出的"叙事之工者，以简要为主"为审美追求。

在中国史学史上，随着重人事的叙事传统的形成，撰述者多采人物言论、文辞入史，在载文以外，又有载言以反映人物个性、思想、智慧与对话各方见识之高下。由于刘知幾论史倾向于"尚简"，所以他曾提出在纪、传、表、志等体裁之外制作"制册"和"章表书"，专收传主之制、册、诰、令以及群臣之章、表、移、檄。对此，精研《史通》的浦起龙提出反对意见，他驳斥了刘知幾对于史家载贾谊、晁错、董仲舒、东方朔等人文章入传的批评，提出：诸人"未作要官，无他政迹，其生平不朽，正在陈书、对策、诗颂、论著等文，设检去之，以何担重？"②这是对刘知幾史学批评的再批评，也是对《汉书》"多载有用之文"之传统的继承和发扬。

一般说来，史书中的载言、载文相互交叉而又各有侧重。载言应重在表现人物性格特点，进而揭示事物的发展过程；载文则应发扬《汉书》"多载有用之文"的传统，反映人物生平

---

① （唐）刘知幾：《史通》卷五《载文》，（清）浦起龙通释，上海古籍出版社，2009，第117~118页。
② （唐）刘知幾：《史通》卷二《载言》，浦起龙释语，（清）浦起龙通释，上海古籍出版社，2009，第32页。

遭际，系于一代时事。要之，载文、载言入史，可以为史书叙事增添广度和活力。载文的得当与否，不仅关联着史书叙事的审美表现，而且直接影响史书叙事的真实性原则，这对于今人治史、撰史仍有启示。

第二节 皇朝史叙事之"事"的范围

一 "包举一代"史事的《汉书》

《汉书》被后人誉为"包举一代"史事之著作形态的"不祧之宗"①，这样的评价是对《汉书》著作宗旨的精准概括，符合《汉书》作者之意。班固自言其书"起元高祖，终于孝平王莽之诛"，即点明了《汉书》叙事断限。那么，《汉书》是如何从这二百三十年间的历史进程中"综其行事""缀辑所闻"，又是如何确立全书叙事主题，进而实现"独立一史"之旨的呢？②作者在《叙传》结尾详细介绍了是书叙事的主题，回答了读者可能产生的疑问：

> 凡《汉书》，叙帝皇，列官司，建侯王。准天地，统阴阳，阐元极，步三光。分州域，物土疆，穷人理，该万

---

① 这两个评价分别来自中国古代最杰出的史学理论家——刘知幾和章学诚。
② "大汉当可独立一史"，语见（唐）徐坚等《初学记》卷二十一《文部·史传第二》，中华书局，2004，第503页；又见《太平御览》卷六百三《史传上》引《后汉书》。陈其泰认为此系班固语，见《历史编纂学视角展现的学术新视域——以〈汉书·刑法志〉为个案的分析》，《天津社会科学》2008年第4期。按：徐坚与刘知幾志同道合，他欣赏《汉书》"独立一史"的作法，与刘知幾推崇是书"包举一代"是一以贯之的思路，此句应为《初学记》转述范晔《后汉书·班彪列传》载班固撰《汉书》意旨。

方。纬《六经》，缀道纲，总百氏，赞篇章。函雅故，通古今，正文字，惟学林。述《叙传》第七十。①

详细剖析这段文字，我们将明白《汉书》书事体要之所在。这段内容可以分为五个部分来理解：

——"叙帝皇，列官司，建侯王。"这是《汉书》叙事的核心内容，其具体作法是：以十二帝纪写皇帝为中心的编年大事，即"叙帝皇"；以《百官公卿表》谱列西汉官职设置及其历史沿革，其序曰"略表举大分，以通古今，备温故知新之义云"②；以《异姓诸侯王表》《诸侯王表》《王子侯表》《高惠高后文功臣表》《景武昭宣元成功臣表》及《外戚恩泽侯表》反映西汉时期诸侯王及辅弼功劳之臣的事迹。这里未提及的是《古今人表》，该篇以九等之序，考经传记载，依次列叙上古至秦末人物，读者可据之而评价是书所叙之帝皇、所列之官司、所建之侯王，故其表虽不记汉代之人，却对《汉书》的人物观作了总结，盖"总备古今之略要"。③ 由此观之，《汉书》继承了《史记》所确立的以人为本的叙事传统，重视在历史叙述中记载人的活动，其中，又以帝王将相的活动为主，凸显了统治阶级的历史地位。《汉书》的列传部分，大致叙述从中央到地方参与行政的人物事迹，其对少数民族政权的记载，也是以统治阶层的活动为主。

——"准天地，统阴阳，阐元极，步三光。"这是对事物

---

① （汉）班固：《汉书》卷一百下《叙传下》，中华书局，1962，第4271页。
② （汉）班固：《汉书》卷十九上《百官公卿表上》序，中华书局，1962，第722页。
③ （汉）班固：《汉书》卷二十《古今人表》序，中华书局，1962，第861页。

发生本源、发展规律及变化动因作出探讨。《汉书》的具体作法是：以《律历志》记载乐律历法，阐述星辰度数，交代德运周始，论证君权神授、汉为尧后；以《礼乐》《刑法》二志，统摄阴阳，贯彻"六经"之教，定尊卑长幼之序、君臣上下之纲、父子夫妇之纪，从而起到"制礼以崇敬，作刑以明威"①的教化作用；以《天文》《五行》二志，讨论日、月、星三光的运行规律，记载自然灾异，阐述天人感应思想。

——"分州域，物土疆，穷人理，该万方。"这是对社会生产之多方面内容进行概括。《汉书》的作法是：以《地理志》交代汉皇朝统治地域、封国、郡县行政区域的划分及各地区风土人情；以《沟洫志》记叙禹夏以来百川流变，反映人对自然界的利用，其思想核心是"爱及沟渠，利我国家"②；以《食货志》交代治国安民，应重视土地制度的经济思想；以《郊祀志》集中记载历朝君主的祭祀活动，分列神明与人理，强调"神民之官，各司其序，不相乱也"，"祖宗之制盖有自然之应，顺时宜矣"③。《汉

---

① （汉）班固：《汉书》卷二十三《刑法志》序，中华书局，1962，第1079页。
② （汉）班固：《汉书》卷一百下《叙传下》，中华书局，1962，第4244页。
③ （汉）班固：《汉书》卷二十五上《郊祀志上》，中华书局，1962，第1189、1271页。《郊祀志》序中的观点，当与班彪之徒王充有关"自然之义"的主张有思想上的相承。侯外庐指出："（王充）不仅批判地继承了古代道家天道自然的思想……也尖锐地指出了道家论说'自然'的缺点……在王充的理论体系中，'自然之义'不是像道家那样安置在唯心主义的基础上，而是几乎完全撤弃了'道'的范畴，把'自然之义'与古代朴素唯物主义结合起来，同时又和他的一切通过事实检验的那种认识方法统一起来……以此作为批判神学目的论的有力的理论武器。"不过，王充过分强调"自然之义"的绝对性，这又使他在看待社会现象时"陷入了命定论"。（《中国思想史纲》，上海书店出版社，2008，第148~150页）

书》又以《洪范·八政》引入《食货》《郊祀》二志，表明此二篇皆是对国家职能的讨论，反映出皇朝统治安排对于社会历史发展的重要性。篇中对于中央与地方关系的揭示，以及对于经济发展及社会各阶级生活情况的叙述，为人们分析这一时期的社会性质提供了重要的参考依据。

——"纬《六经》，缀道纲，总百氏，赞篇章。"这是对学术思想、学术流变、学术风尚的总结，其具体作法是设《艺文志》记载百家术艺发展，突出儒家为指导思想。班彪曾批评司马迁《史记》，称其"采经摭传，分散百家之事，甚多疏略，不如其本，务欲以多闻广载为功，论议浅而不笃"[1]。基于这样的认识，班彪提出"整齐其文"的愿望。班固进而在刘向、刘歆父子文献整理工作的基础上整齐百家学说，并在目录学中确立了儒家六艺为尊的学术架构。[2]

——"函雅故，通古今，正文字，惟学林。"其大意是选择古往今来的雅训典故进行叙述，由此成为东汉学林"正文

---

[1] （南朝宋）范晔：《后汉书》卷四十《班彪列传》，中华书局，1965，第1325页。

[2] 对于诸子十家（儒家、道家、阴阳家、法家、名家、墨家、纵横家、杂家、农家、小说家），《汉书》作者认为它们"皆起于王道既微，诸侯力政，时君世主，好恶殊方，是以九家之术蜂出并作，各引一端，崇其所善，以此驰说，取合诸侯。其言虽殊，辟犹水火，相灭亦相生也。仁之与义，敬之与和，相反而皆相成也。《易》曰：'天下同归而殊涂，一致而百虑。'今异家者各推所长，穷知究虑，以明其指，虽有蔽短，合其要归，亦《六经》之支与流裔。使其人遭明王圣主，得其所折中，皆股肱之材也。仲尼有言：'礼失而求诸野。'方今去圣久远，道术缺废，无所更索，彼九家者，不犹愈于野乎？若能修六艺之术，而观此九家之言，舍短取长，则可以通万方之略矣"（《汉书》卷三十《艺文志》，中华书局，1962，第1746页）。

字"思潮下的典范,背后蕴含着大一统背景下的意识形态建设及学术话语权建构的意图,详见第六章第二节。

以上五个方面,是《汉书》作者围绕"独立一史"的叙事形态所确立的叙事主题。概括说来,《汉书》主要叙述的对象首举王侯将相事迹,次阴阳五行运转规律,次社会生活,次制度沿革,次学术源流,这几个方面相互参照,网罗一代、备载人伦,架构起中国历史上第一部皇朝史。

二 以"五志"立成国典的《汉纪》

与《汉书》在《叙传》中交代全书的内容和宗旨不同的是,《汉纪》作者于全书卷首开宗明义对史书叙述对象作出明确规划,提出了著名的"立典有五志"说。典,《说文解字》释为"五帝之书"①。《左传》昭公十三年记左史倚相"能读三坟、五典、八索、九丘",是为其义。② 典又泛指典籍、典范。荀悦在《汉纪》中讲到"典"有这样几重含义:

其一,"典籍",泛指书籍、著作,如讲到皇帝命他"爰著典籍,以立旧勋"。

其二,"国典",荀悦称汉献帝"拨乱反正,统武兴文,永惟祖宗之洪业,思光启于万嗣,阐综大猷,命立国典,以及群籍"③,这是说强调以国家典章制度为主要内容的典籍。

---

① (清)段玉裁:《说文解字注》,中华书局,2013,第202页上。
② 《左传》昭公十二年,《十三经注疏》,中华书局,1980年影印版,第2064页中。
③ (汉)荀悦:《汉纪》卷三十《孝平皇帝纪》,《两汉纪》上,中华书局,2017,第547页。

第三章 裁成汉典：皇朝史书事体要的确立

其三，"古之令典"，即以"晋之《乘》，楚之《梼杌》，鲁之《春秋》，虞、夏、商、周之《书》"为楷模的典籍，也就是历史上真实存在过的那些"国典"，它们的功能是"立之则成其法，弃之则坠于地"[①]。这里荀悦是继承了《汉书·叙传》中班固的说法，即"固以为唐虞三代，《诗》、《书》所及，世有典籍，故虽尧、舜之盛，必有典谟之篇，然后扬名于后世，冠德于百王"[②]，袁宏则称"记载废兴谓之典谟"[③]。

其四，"立典有五志"，这是荀悦据皇帝之命对自己的撰述任务作出明确划定，是对前几种"典"的综合，即通过模仿古之令典，撰成一部承载西汉皇朝的"国典"。

"立典有五志"论曰：

> 昔在上圣，唯建皇极，经纬天地，观象立法，乃作书契，以通宇宙，扬于王庭，厥用大焉。先王以光演大业，肆于时夏，亦惟翼翼，以鉴厥后，永世作典。夫立典有五志焉：一曰达道义，二曰彰法式，三曰通古今，四曰著功勋，五曰表贤能。于是天人之际，事物之宜，粲然显著，罔不备矣。世济其轨，不陨其业，损益盈虚，与时消息，虽臧否不同，其揆一也。是以圣上穆然，惟文之卹，瞻前顾后，是绍是继。臣悦职监秘书，摄官承乏，祗奉明诏，窃惟其宜。谨约撰旧书，通而叙之，总为帝纪，列其年月，

[①] （汉）荀悦：《汉纪·序》，《两汉纪》上，中华书局，2017，第2页。
[②] （汉）班固：《汉书》卷一百下《叙传下》，中华书局，1962，第4235页。
[③] （晋）袁宏：《后汉纪》卷十二《孝章皇帝纪下》，周天游校注，天津古籍出版社，1987，第337页。

比其时事，撮要举凡，存其大体，旨少所缺，务从省约，以副本书，以为要纪。未克厥中，亦各其志；如其得失，以俟君子焉。①

这段内容可以分成三个部分来理解：第一部分从"昔在上圣"到"永世作典"，是从远古说起，强调历史撰述对于弘扬圣人功绩大业的重要性，其要点在于撰成典谟，垂鉴往后。第三部分从"臣悦职监秘书"到"以俟君子焉"，是说荀悦本人受命作史，以及他具体的撰述方法。第二部分从"夫立典有五志焉"到"是绍是继"，是这段文字的主体部分，就是在这里，荀悦提出了著名的"立典有五志"说。所谓"立典有五志"，是说修撰史籍所应具有的五个具体目标，这五个目标，也就分指是书叙事的五个主要方面：一是"道义"，二是"法式"，三是"古今"，四是"功勋"，五是"贤能"。具体说来：

——"达道义"，是通过历史撰述达到以儒家伦理纲纪作为教化标准的目标。什么是"道义"？荀悦在《申鉴》中说："放邪说，去淫智，抑百家，崇圣典，则道义定矣。"② 针对汉文帝即位之初，贾谊、晁错上疏论贵粟安民、重农抑商的建议，荀悦指出："圣王之制，务在纲纪，明其道义而已。若夫一切之计，必推其公义，度其时宜，不得已而用之，非有大故，则不由之。"③ 这里反映出《汉纪》作者与《汉书》作者以及贾

---

① （汉）荀悦：《汉纪》卷首，《两汉纪》上，中华书局，2017，第 1 页。
② （汉）荀悦：《申鉴·时事》，（明）黄省曾注，中华书局，2012，第 56 页。
③ （汉）荀悦：《汉纪》卷七《孝文皇帝纪上》，《两汉纪》上，中华书局，2017，第 97 页。

谊、晁错关于治道的不同理念。① 荀悦又说："阴阳之节在于四时五行，仁义之大体在于三纲六纪……于是在上者则天之经，因地之义，立度宣教以制其中，施之当时则为道德，垂之后世则为典经，皆所以总统纲纪，崇立王业。"② 这些情况表明，荀悦所说的"道义"，是以儒家纲纪为根本的帝王之制。以"达道义"为"五志"之首，充分反映了荀悦受命"立典"的撰写背景：为统治者提供帝王之道的历史鉴戒。

——"彰法式"，是在历史叙述中彰显皇朝统治的成规和经验，突出那些能够起到正面作用的国家纲纪、制度，其中心思想是维护皇权。③ 荀悦在《汉纪》和《申鉴》中有几处讲到

---

① 班固认为："理民之道，地著为本。"（《汉书》卷二十四上《食货志上》，中华书局，1962，第1119页）荀悦处于政移曹氏的东汉末期，他自然强调君臣父子纲纪对于统治的重要性；班固处于刚刚经过战乱的东汉初期，更希望效法西汉之初的政策。
② （汉）荀悦：《汉纪》卷二十五《孝成皇帝纪二》，《两汉纪》上，中华书局，2017，第437页。
③ 关于"彰法式"的内涵，众说纷纭。例如，金毓黻指出："所谓章法式，即修史之成法，《左传》所举之五十凡，《史通》所论之史法，皆此物也。"（《中国史学史》，上海古籍出版社，2013，第54～55页）白寿彝认为："所谓'达道义'、'彰法式'不过是宣扬封建统治的义理和法制。"（《中国史学史论集》，中华书局，1999，第125页）刘隆有对"法式"一词作词源梳理，指出："所谓'彰法式'，就是突出封建统治者中间的正面典型和典章制度中间的成功部分，即他在《汉纪·序》中说的——多记'祖宗功勋，先帝事业，国家纲纪。'"（《〈汉纪〉"彰法式"释义之商榷》，《贵州文史丛刊》1986年第2期）瞿林东进一步提出：彰法式，"是要维护汉皇朝的成规，中心是维护皇权"（《中国史学史纲》，北京师范大学出版社，2010，第127页）。许殿才认为："'彰法式'是要求史学通过记载社会秩序的规范和制度来彰显社会运作与国家统治的范式。"（《中国史学史》第2卷《秦汉时期 中国古代史学的成长》，上海人民出版社，2006，第283页）乔治忠指出："'彰法式'是要史籍彰明国家纲纪与符合纲纪的制度，这当然也包括批评不合纲纪的鄙陋政体，但主要还是突出记述正面的内容。"（《中国史学史》，中国人民大学出版社，2011，第95页）

"法式"的地方，或许可以帮助我们更好地理解"彰法式"的内涵。其一，于汉武帝太初元年（前104）"改历"事下选载、缩写《汉书·律历志》的有关内容，指出："物与权均而生衡，衡运而生规，规圆而生矩，矩方而生绳，绳直而生准，物定矣，是谓五则。君臣用焉，以定国礼。百工由焉，以为法式。"① 这里的"法式"，当作规矩、准绳之义。其二，提出史官书事准则为"不书诡常，为善恶书，言行足以为法式则书"，这里的"法式"，是指人物言行的准则，孙启治校补《申鉴》词条指出："《老子》二十八章'为天下式'，王弼注'式，模则也。'法式犹准则。"② 据此，"彰法式"，就是宣扬西汉一朝以君主为核心的统治阶级的行为准则，进而与"鉴戒"的旨趣相应。

——"通古今"，总体上是要通过叙述西汉一朝的兴衰成败，为汉献帝复兴汉室提供经验和智慧，即勾画出"西汉盛世→东汉中兴→献帝中兴"这条理想进程。③ 这是荀悦通过修史实现"献替"理想的路径，他希望汉献帝掌握历史上的帝王之道，重振并延续刘汉皇朝的统治。荀悦认为，古代史官，"君举必记，臧否成败，无不存焉。下及士庶，苟有茂异，咸在载籍。或欲显而不得，或欲隐而名章。得失一朝，而荣辱

---

① （汉）荀悦：《汉纪》卷十四《孝武皇帝纪五》，《两汉纪》上，中华书局，2017，第241页。
② （汉）荀悦：《申鉴·时事》，（明）黄省曾注，中华书局，2012，第105、108页。荀悦所说的"不书诡常"，是对《春秋》"常事不书"传统的发展，乔治忠认为这是排斥了那些"不利于或无关于朝廷政治统治的历史现象"，所记范围"十分狭窄"（《中国史学史》，中国人民大学出版社，2011，第95页）。笔者认为，这种"狭窄"也是书事体要进一步凝炼的表现。
③ 详见第五章第二节。

千载"①。这就是说，历史上上至君王、诸侯，下至庶民百姓，其言行得失虽在一朝一夕，却由于史官执笔记载而荣辱千载。由此，荀悦所说的"通古今"，是沟通了个人荣辱与国家利益的古今关联，国家为先，个人为后，个人的荣辱系于国家的荣辱，其目的还是在于"鉴戒"，同时又显示出东汉末期人的个体意识的进一步觉醒。这是《汉纪》在《史记》《汉书》之后，对"通古今"内涵的发展。

——"著功勋"和"表贤能"可以放在一起来理解，都着重在写历史人物。"著功勋"是要彰著文武功臣的历史功绩，"表贤能"是要表现有才能、德行的人物行迹，使他们的事迹流传后世，贻鉴将来。荀悦说，《汉纪》要写"明主贤臣，命世立业，群后之盛勋，髦俊之遗事"②，这是中国古代史学首次明确提出要在编年体史书中着重地写历史人物，不能不说是受到《史记》所开创、《汉书》所发挥的人本主义史学精神的影响。"著功勋"在前，"表贤能"在后，表明荀悦首先看重历史人物对国家兴衰的贡献。这种贡献，不可能是单个人的贡献，因此他采用了"通比其事"的方式突出地叙述群体行为。

"立典有五志"隐含着从宏观到微观的逻辑结构。"达道义"和"彰法式"是从国家纲纪、制度措施的大方面来谈，"著功勋"和"表贤能"是从具体人物的行为、事迹来谈，结合起来，是在说一个皇朝的得失成败，与个人的言行举止休戚相关，个人荣辱和国家兴衰休戚相关。"通古今"居其中，不

---

① （汉）荀悦：《申鉴·时事》，（明）黄省曾注，中华书局，2012，第105页。
② （汉）荀悦：《汉纪·序》，《两汉纪》上，中华书局，2017，第2页。

仅是写朝代的兴衰，也是要沟通国家与个人的关系。荀悦在"立典有五志"后写道："于是天人之际，事物之宜，粲然显著，罔不备矣。"这就是说，"立典有五志"的根本目标在于彰显天人之际、事物之宜，即着眼于事物发展的根本动因。

三 以"弘敷王道"为主线的《后汉纪》

《汉书》《汉纪》都着意于撰述一代兴衰，这为《后汉纪》的作者袁宏所发明，并分别称赞班《书》和荀《纪》是"通人之作""嘉史"，"大得治功"。在此基础上，袁宏提出"弘敷王道"作为他撰写后汉史的指归，围绕这一指归，《后汉纪》对编年体皇朝史叙事之"事"的范围作出了新的调整。

袁宏在评论前人修史时指出，皇朝史的撰述应该围绕"名教之本，帝王高义"展开，撰述的终极目的在于"弘敷王道"。前已论述，《汉书》有"叙帝皇"的内涵，《汉纪》有"达道义"的追求。袁宏高举"名教之本，帝王高义"，并斥责前代史家"韫而未叙"，这表明，《后汉纪》于"帝王高义"的着眼点是与《汉书》之"叙帝皇"、《汉纪》之"达道义"有区分的。

根据袁宏自己的表述，《后汉纪》所要大力敷扬的"王道"，将围绕君道、臣道和君臣关系三个方面展开。[①] 袁宏认为："夫君位，万物之所重，王道之至公。所重在德，则弘济于仁义；至公无私，故变通极于代谢。"是以古之圣人，"大建

[①] 有的学者认为，袁宏是一个玄学史家，故他的书中表现出注重人物品评的特点。实际上，袁宏作史正是反玄学思潮中的一环，他重点讨论君道、臣道和君臣关系，其理论更应视为是传统儒学史家对玄学提倡的个人主义的一种规劝。见第五章第三节的有关论述。

名教"，"以德相传"。若是君上失德，则"君理既尽，虽庸夫得自绝于桀、纣，暴虐未极，纵文王不得拟议于南面，其理然也"。据此来分析东汉末年的形势，他指出："刘氏之德未泯，忠义之徒未尽"，故"魏不可取。"① 在上者有德，是为君道；在下者尽忠守义，是为臣道。君臣之道各行其轨，便是实现了"名教之本"。

在君道、臣道和君臣关系之中，君道居于首。袁宏指出："编述名迹，谓之《春秋》。然则经籍者，写载先圣之轨迹者也。圣人之迹不同如彼，后之学者欲齐之如此，焉可得哉！……圣人所以存先代之礼，兼六籍之文，将以广物惯心，通于古今之道。"② 这就是说，经籍所载，必以圣王轨迹为先。

《后汉纪》卷三专门记载光武帝建武元年（25）史事：刘秀即天子位后，仿效汉高祖封官受爵，先是"以野王卫徙也，玄武水神也，大司空水土之官也"，封野王令王梁为大司空，又因听信谶语，而任命平狄将军孙臧（咸）行大司马事，其旨颁发后，引起众人不满，大家都认为"吴汉、景丹应为大司马"③。针对这一系列举措，袁宏提出批评：

> 若夫谶记不经之言，奇怪妄异之事，非圣人之道。世祖中兴，王道草昧，格天之功，实赖台辅。不徇选贤，而

---

① （晋）袁宏：《后汉纪》卷三十《孝献皇帝纪》，周天游校注，天津古籍出版社，1987，第862~863页。
② （晋）袁宏：《后汉纪》卷十二《孝章皇帝纪》，周天游校注，天津古籍出版社，1987，第337~338页。
③ （晋）袁宏：《后汉纪》卷三《光武皇帝纪三》，周天游校注，天津古籍出版社，1987，第65页。

> 信谶记之言，拔王梁于司空，委孙臧于上将，失其方矣。苟失其方，则任非其人，所以众心不悦，民有疑听，岂不宜乎？梁实负罪不暇，臧亦无所闻焉。易曰："鼎折足，覆公餗。"此之谓也。①

从这段内容可以看出，袁宏认为"帝王之道"的一个重要表现在于选贤举能，任用合适的官员，才能愉悦人心、巩固统治。结合建武初年的官员任免情况，就应提拔与刘秀并肩作战的"台辅"之臣，而非王梁、孙臧等用谶之属。②

或许是担心"众大不悦"而影响到政权的稳固，光武帝很快作出了解释和调整，以吴汉为大司马，任景丹为骠骑大将军，又在不久之后任命德行高尚、视民如子而又年近耄耋的卓茂为太傅，封褒德侯。对此，袁宏又作了一番赞赏之论：

> 夫帝王之道，莫大于举贤。举贤之义，各有其方。夫班爵以功，试历而进，经常之道也。若大德奇才，可以光昭王道，弘济生民，虽在泥涂，超之可也……卓公之德，既已洽于民听，光武此举，所以宜为君也。③

---

① （晋）袁宏：《后汉纪》卷三《光武皇帝纪》，周天游校注，天津古籍出版社，1987，第66页。

② 东汉一朝谶纬之说盛行的原因之一，即在于光武帝本人的思想倾向。赵翼指出："谶记所说实于光武有征，故光武尤笃信其术，甚至用人行政亦以谶书从事……是当时所谓图谶者，自夏贺良等实有占验外，其余类多穿凿附会，以惑世而长乱。乃人主既信之，而士大夫亦多有留意其术者。"（《廿二史札记》卷四，王树民校证，中华书局，2013，第89~90页）

③ （晋）袁宏：《后汉纪》卷三《光武皇帝纪》，周天游校注，天津古籍出版社，1987，第77~78页。

行文于此，袁宏从正、反两个方面论证了"帝王之道，莫大于举贤"，他认为"王道"的第一要义就是要选贤举能，所选之臣又必须是恪尽臣道之人。故《后汉纪》特别突出地记载历史人物的才能、德行、功绩。

如果说"名教之本"更多的是思想上的统摄，那么"帝王高义"就是袁宏《后汉纪》所要着重铺陈的内容。"王道"之弘敷，必须通过"义教"之略举才能实现。袁宏修史，在上写君主之名迹，在下写臣属之行踪，兼顾君与臣的和谐关系，由此构成《后汉纪》不同于前贤著述的叙事主题。

四 "正一代得失"动力下的《后汉书》

皇朝史作为一种撰述形态，至南朝宋时已发展得较为成熟，其叙事主题也愈加明确，即以皇朝得失兴亡为主线。范晔把洞察、理解一代之史即所谓"正一代得失"作为撰述的动力。《后汉书》未竣而范晔下狱身死，他在狱中写了一封给诸甥侄的书信，沈约载之入《宋书》本传，被视为范晔自叙。[①] 信中谈到《后汉书》的一些撰述旨趣，可以为人们认识《后汉书》的主旨和内容提供一些启发。同时，范晔曾为《后汉书》撰写

---

① 宋人晁公武认为范晔《与甥侄书》有"叙其作书之意"（《郡斋读书志》卷五，孙猛校证，上海古籍出版社，1990，第179页）。宋云彬指出："范晔来不及像《史记》有《太史公自序》和《汉书》有《叙传》那样，给《后汉书》写一篇自序。他在狱中写过一封信给甥侄们，详细叙述自己的治学态度，并对未完成的《后汉书》表示自己的看法。这封信含有自序的性质，殿本《后汉书》就用《自序》作标题，附刊在全书之末，现在我们改用《狱中与诸甥侄书》的标题，把它附在后面。"（《后汉书》校点说明，中华书局，1965，第2页）

纪、传例（一说《序例》），今人可从零碎的史料中推敲其面貌。①

范晔把两汉视为一个整体，由于《汉书》于前汉史事悉以详备，故他就要写《后汉书》上接《汉书》。范晔在《后汉书·孝献帝纪》的后论中写道："献生不辰，身播国屯。终我四百，永作虞宾。"② 他不承认新莽政权，而认为那只是两汉间的一段波动，"炎正中微，大盗移国……乌赫有命，系隆我汉"③。联系范晔在《狱中与诸甥侄书》所说的"《前汉》所有者悉令备"④，以及他在《后汉书》之《皇后纪》《西域传》等篇目中屡次致意要接续《汉书》的史学意图，可以认为，范晔作史有意使叙事内容上接《汉书》，从而沟通两汉正统。

---

① 《后汉书·光武帝纪上》章怀注引范晔《序例》曰："帝纪略依《春秋》，唯字彗、日食、地震书，余悉备于志。"《后汉书·孝安帝纪》章怀注引《序例》曰："凡瑞应，自和帝以上，政事多美，近于有实，故书见于某处。自安帝以下，王道衰缺，容或虚饰，故书某处上言也。"（《后汉书》卷一上《光武帝纪上》章怀注、卷五《孝安帝纪》章怀注，中华书局，1965，第39、225页）刘知幾《史通·序例》篇直言"魏收作例，全取蔚宗（范晔）"（浦起龙通释，上海古籍出版社，2009，第82页）。又范晔《狱中与诸甥侄书》自言"纪、传例为举其大略耳，诸细意甚多"（《宋书》卷六十九《范晔传》，中华书局，1974，第1831页）。盖范晔《后汉书》本于纪首、传首各有《序例》，唐以后逐渐失传，近似今天所见魏收《魏书》帝纪卷首《序纪》形态。
② （南朝宋）范晔：《后汉书》卷九《孝献帝纪》，中华书局，1965，第392页。
③ （南朝宋）范晔：《后汉书》卷二《光武帝纪下》，中华书局，1965，第87页。
④ （南朝梁）沈约：《宋书》卷六十九《范晔传》，中华书局，1974，第1831页。

《后汉书》在确定书事范围上,又有两点与《汉书》明显不同。

第一,于诸帝纪之后,设立《皇后纪》,考列后族行迹。① 范晔认为,自古以来,"后正位宫闱,同体天王","女史彤管,记功书过。居有保阿之训,动有环佩之响。进贤才以辅佐君子,哀窈窕而不淫其色。所以能述宣阴化,修成内则,闺房肃雍,险谒不行也"。后本与君主一体,有德之后能够辅佐君主统治。范晔在《皇后纪》序中总述东汉一朝后妃之制,并指责汉章帝以下,"渐用色授,恩隆好合,遂忘淄蠹"②。《后汉书·皇后纪》是为接续《汉书·外戚传》而作,而《汉书·外戚传》实际上是改续《史记·外戚世家》而成。《后汉书·皇后纪》的设立在体例上曾受到一些诟病,但是,从司马迁到班固再到范晔,他们对于纪传体史书如何写"外戚"的意见和作法所表现出的差异,正是"外戚"在两汉政治发展中所起作用不断变化的体现。这是由于,外戚这一自古以来影响政治统治的重要因素,在东汉皇朝兴衰过程中的影响表现得尤其突出。范晔突破本纪专写帝王的作法,于《后汉书》中设立《皇后纪》,其目的在于考列后族行迹,与西汉外戚事迹上下贯通,得其统绪。

---

① 在纪传体皇朝史中设立《皇后纪》,范晔并非首创。华峤《后汉书》"起于光武,终于孝献,一百九十五年,为帝纪十二卷、皇后纪二卷、十典十卷、传七十卷及三谱、序传、目录,凡九十七卷。峤以皇后配天作合,前史作外戚传以继末编,非其义也,故易为皇后纪,以次帝纪"〔(唐)房玄龄等:《晋书》卷四十四《华表传附华峤传》,中华书局,1974,第1264页〕。
② 以上所引见(南朝宋)范晔《后汉书》卷十上《皇后纪上》,中华书局,1965,第397、400页。

第二,《后汉书》在延续纪传体史书人本主义的撰述精神的同时,又擅长通过更加丰富的类传设置,以人物群体反映时代特点和社会风貌。范晔自夸诸类传序文,"笔势纵放,实天下之奇作。其中合者,往往不减《过秦》篇"①。这显示出他对类传的重视和撰写类传序、论的得意之情。《后汉书》有党锢、循吏、酷吏、宦者、儒林、文苑、独行、方术、逸民、列女十种类传,它们有的继承于《史记》、《汉书》及诸家后汉史的体例,有的是范晔的开创。这些类传的设置,通过一个个社会群体呈现出东汉政治社会生活的荦荦大者。其中,《党锢》《循吏》《酷吏》《宦者》四传主要反映政治统治和斗争;《儒林》《文苑》二传主要写东汉时期的思想文化;《方术》《独行》《逸民》《列女》四传以反映社会风气为主,充分彰显了范晔看待历史变迁的深邃视野。

范晔原本还计划写"志","欲遍作诸志,《前汉》所有者悉令备。虽事不必多,且使见文得尽"②。所谓"欲遍作诸志",应是面向着他所见到的各种后汉史著述中的《志》而言。所谓"《前汉》所有者悉令备",则是说《汉书》十志所囊括的内容,《后汉书》也要写尽。根据《皇后纪》《光武十王列传》《蔡邕列传》的一些互见文字,③ 范晔的撰述计划中有《百

---

① (南朝梁)沈约:《宋书》卷六十九《范晔传》,中华书局,1974,第1830~1831页。
② (南朝梁)沈约:《宋书》卷六十九《范晔传》,中华书局,1974,第1831页。
③ 相关记述有:"其职僚品秩,事在《百官志》";"语在《礼乐》《舆服志》";"事在《五行》《天文志》"。见(南朝宋)范晔《后汉书》卷十下《皇后纪下》、卷四十二《光武十王列传》、卷六十下《蔡邕列传下》,中华书局,1965,第457、1433、1998页。

官》《礼乐》《舆服》《天文》《五行》五志。其余五志，学者推测是律历、郡国、刑法、食货、郊祀。按《汉书》并无《百官》《郡国》《舆服》等志，由此可以证明，范晔所说的"欲遍作诸志"，就是要囊括《汉书》诸志而在其基础上进行合并、改造和创新，正如班固对《史记》八书所进行的继承和改造一般。可惜其志未成而范晔下狱身亡，传闻他的友人谢俨将范晔所撰诸志"蜡以覆车"，遂至失传，一代引为憾事。①

由于《狱中与诸甥侄书》所提供的信息有限，所以我们需要从现存《后汉书》纪传的内容中总结出范晔撰史的着重之处。总体上，《后汉书》所正之"得失"，大致包括教化与刑罚、如何妥善地安置功臣、如何看待外戚与宦官对政治统治的侵害，如何吸取两次党锢的教训，如何考镜学术文化的演进与发展，如何看待社会思潮之入与隐的矛盾性，如何看待中原皇朝与少数民族的交通往来，等等。"这些方面的得失，有的是同前朝相比较而总结出来的，有的则是通过本朝的政治后果而揭示出来的。"② 通过对这些关系的详细探究，范晔得以裁成汉典，进而实现"转得统绪"。

---

① 《后汉书·皇后纪》章怀注引沈约《谢俨传》云："范晔所撰十志，一皆讬俨。搜撰垂毕，遇晔败，悉蜡以覆车。宋文帝令丹阳尹徐湛之就俨寻求，已不复得，一代以为恨。其志今阙。"(《后汉书》卷十下《皇后纪下》章怀注，中华书局，1965，第457~458页）然今本《宋书》无《谢俨传》，论者指出"一皆讬俨"云云，或系章怀注中的讹误。（参见刘汉忠《说范晔〈后汉书〉之"志"》，《文献》1997年第4期）
② 瞿林东、李珍：《范晔评传》，南京大学出版社，2006，第120页。

第三节　皇朝史叙事之"事"的采择

一　从"涉猎广博"到"存其大体"

班固评司马迁撰《史记》,"据《左氏》、《国语》,采《世本》、《战国策》,述《楚汉春秋》,接其后事,讫于天汉……亦其涉猎者广博,贯穿经传,驰骋古今,上下数千载间,斯以勤矣"①。这里提出"涉猎者广博,贯穿经传,驰骋古今",称赞了《史记》采择史料的广泛性,这也可视为《汉书》作者所奉行的采撰准则。《汉书》叙事,"文赡而事详",发扬了《史记》涉猎广博的优点。

班固称自己"探纂前记,缀辑所闻"②,他修《汉书》时所依据的史料来源,可以概括为这样几个方面:

第一,班彪《后传》是《汉书》最直接的撰述依据。《后汉书·班彪列传》载:"彪既才高而好述作,遂专心史籍之间。武帝时,司马迁著《史记》,自太初以后,阙而不录,后好事者颇或缀集时事,然多鄙俗,不足以踵继其书。彪乃继采前史遗事,傍贯异闻,作后传数十篇,因斟酌前史而讥正得失。"③是知班彪曾据诸家补《史记》之书,广采异闻,作《后传》纪、传。今本《汉书》中的《韦贤传》《翟方进传》《元后传》

---

① (汉)班固:《汉书》卷六十二《司马迁传》,中华书局,1962,第2737页。
② (汉)班固:《汉书》卷一百下《叙传下》,中华书局,1962,第4235页。
③ (南朝宋)范晔:《后汉书》卷四十上《班彪列传上》,中华书局,1965,第1324页。

三篇赞语均题"司徒掾班彪曰",又《元帝纪》和《成帝纪》赞语分别有"臣外祖兄弟为元帝侍中""臣之姑充后宫为婕妤"等文,知其为班彪所作。由此可知,班固撰《汉书》,于元、成二帝事多采班彪《后传》。据班超所言,班固《汉书》本就是为续班彪《后传》而作。① 《史通》称班彪"作《后传》六十五篇","其子固以父所撰未尽一家,乃起元高皇,终乎王莽,十有二世,二百三十年,综其行事,上下通洽,为《汉书》纪、表、志、传百篇"②。由此,《汉书》采《后传》事明。又班彪之徒王充《论衡》称:"班叔皮续《太史公书》百篇以上,记事详悉,义浃理备。"③ 可知《汉书》采《后传》之处,实应广于元、成帝纪及韦贤、翟方进、元后传等篇。

第二,对《史记》的继承和改编。班彪作《后传》不仅接续《史记》太初以后史事,还对《史记》所载内容进行了"慎核其事,整齐其文,不为世家,唯纪、传而已"④ 的修改、补

---

① 古人讥班固"盗窃父名"。顾颉刚有《班固窃父书》一文以《汉书·叙传》不载班彪撰《后传》之事批驳。但是,《后汉书·班彪列传下》已明载"固以彪所续前史未详,乃潜精研思,欲就其业。既而有人上书显宗,告固私改作国史者,有诏下郡,收固系京兆狱,尽收其家书。先是扶风人苏朗伪言图谶事,下狱死。固弟超恐固为郡所核考,不能自明,乃驰诣阙上书,得召见,具言固所著述意,而郡亦上其书。显宗甚奇之,召诣校书部,除兰台令史"。刘知幾《史通·古今正史》篇谓班超"言固续父所作,不敢改易旧书"。盖班固《汉书》续父作而成,在当时已明。
② (唐)刘知幾:《史通》卷十二《古今正史》,(清)浦起龙通释,上海古籍出版社,2009,第314页。
③ (汉)王充:《论衡·超奇》,张宗祥校注,郑绍昌标点,上海古籍出版社,2010,第283页。
④ (南朝宋)范晔:《后汉书》卷四十上《班彪列传上》,中华书局,1965,第1327页。

充工作。受到《后传》的影响,《汉书》记汉武帝太初年间之前的史事,主要是在《史记》原文基础上的增补、删减和移置。《汉书》中大约有一半内容是在《史记》基础上写的,其情况主要有四种:一是对《史记》原文的照抄;二是对同一篇目下的记事作顺序上的调整;三是增补《史记》未载材料;四是对《史记》原文重新整合,散入各卷。汉武帝太初以后事,为班彪、班固及班昭等人所撰。《汉书》成书后,曾因其对《史记》的因习而遭诟病,批驳激烈者称其"班固者,浮华之士也,全无学术,专事剽窃"①。这样的观点,显然有失公正。

第三,着重参考、选用刘向、刘歆的著述。刘知幾称《汉书》"自太初已后,又杂引刘氏《新序》《说苑》《七略》之辞。此并当代雅言,事无邪僻,故能取信一时,擅名千载"②。按《汉书·艺文志》,本于《七略》;路温舒、于定国、枚乘、吾丘寿王、霍光、胡建、杨王孙等传载文,多引《说苑》;赵广汉、尹翁归、韩延寿三传,及《韩安国传》记马邑诱匈奴事,多本《新序》。又,《汉书·楚元王传》或出自刘向、歆父子之《续补史记》《自序》。③ 又,《汉书·东方朔传》篇末记:"朔之文辞……其余有《封泰山》、《责和氏璧》及《皇太子生禖》、《屏风》、《殿上柏柱》、《平乐观赋猎》,八言、七言上

---

① (宋)郑樵:《通志总序》,《通志·二十略》,王树民点校,中华书局,1995,第2页。
② (唐)刘知幾:《史通》卷五《采撰》,(清)浦起龙通释,上海古籍出版社,2009,第106页。
③ 此据杨树达说。参见杨树达《〈汉书〉所据史料考》,载陈其泰、张爱芳主编《汉书研究》,瞿林东总主编《20世纪二十四史研究丛书》第4卷,中国大百科全书出版社,2009,第203页。

下,《从公孙弘借车》,凡刘向所录朔书具是矣。世所传他事皆非也。"① 颜注"刘向《别录》所载",是知该篇材料多取刘向《别录》。又,《汉书·贾谊传》后论首引刘向评贾谊"言三代与秦治乱之意,其论甚美"之言,末了交代贾谊"凡所著述五十八篇,掇其切于世事者著于传云"②,是知该篇载文亦本于刘向《别录》。又,《汉书·律历志》序谓:"汉兴,北平侯张苍首律历事,孝武帝时乐官考正。至元始中王莽秉政,欲耀名誉,征天下通知钟律者百余人,使羲和刘歆等典领条奏,言之最详。故删其伪辞,取正义,著于篇。"③ 卷中又载刘歆《三统历》及《谱》文,是知《律历志》亦本刘氏。

第四,考核征用诸家补续《史记》之作。司马迁《史记》因记事止于汉武帝太初年间获麟,又有十篇有录无文,故"后好事者颇或缀集时事",欲踵继其书。李贤等人指出:"好事者谓扬雄、刘歆、阳城衡、褚少孙、史孝山之徒也。"④ 刘知幾谓:"其后刘向、向子歆及诸好事者,若冯商、卫衡、扬雄、史岑、梁审、肆仁、晋冯、段肃、金丹、冯衍、韦融、萧奋、刘恂等相次撰续,迄于哀、平间,犹名《史记》。"⑤ 刘说中的

---

① (汉)班固:《汉书》卷六十五《东方朔传》,中华书局,1962,第2873页。
② (汉)班固:《汉书》卷四十八《贾谊传》,中华书局,1962,第2265页。
③ (汉)班固:《汉书》卷二十一上《律历志上》,中华书局,1962,第955页。
④ (南朝宋)范晔:《后汉书》卷四十上《班彪列传》及章怀注,中华书局,1965,第1324、1325页。
⑤ (唐)刘知幾:《史通》卷十二《古今正史》,(清)浦起龙通释,上海古籍出版社,2009,第314页。

卫衡，即李说中的阳城衡，刘说中的史岑，即李说中的史孝山。按今《汉书》中《司马相如传》和《司马迁传》两篇后论推崇扬雄观点，《张汤传》后论引冯商语，《赵尹韩张两王传》后论称"冯商传王尊（事迹），扬雄亦如之"①，则《汉书》采扬雄、冯商之文明矣。又，杨树达据《韦贤传》叙祖先事详尽，推其为韦融所作，又称《卫青传》《武五子传》增补褚少孙《外戚世家》《三王世家》史事。② 这些情况表明，虽然班彪批评诸好事者之著述"多鄙俗"，但他和班固并未摒弃诸家所作，而是对它们进行了采择、撰集，录入《后传》和《汉书》。

以上四个方面，大致可以概括班固所"探纂"的"前记"，按重要性（而非篇幅）排序，当首举班彪《后传》，次司马迁《史记》，再次刘向、歆之《新序》《别录》《说苑》《七略》，最后为冯衍、扬雄等人补续《史记》之作。此外，由于班固被汉明帝诏任兰台令史，得览官府文献，故其可用于修史者亦为班固所取。③ 班固身卒之后，汉和帝诏固妹昭至东观藏书阁，"踵而成之"④，其后由昭之弟子马融及马续撰成的八表及《天文志》，也多依赖于官府提供的文献。

与《汉书》博采诸家相较，荀悦撰《汉纪》的史料来源相

---

① （汉）班固：《汉书》卷七十六《赵尹韩张两王传》，中华书局，1962，第3239页。
② 陈其泰、张爱芳主编《汉书研究》，中国大百科全书出版社，2009，第203、205页。
③ 如孔祥军指出《汉书·地理志》史源主要是当时天下郡府所上计书。（《从新出土湖南郴州苏仙桥晋简看〈汉书·地理志〉之史源》，《南京晓庄学院学报》2014年第4期）
④ （南朝宋）范晔：《后汉书》卷八十四《列女传》，中华书局，1965，第2784~2785页。

对稳定，即以《汉书》作为最主要也是最重要的采撰对象。荀悦在《汉纪》开篇表明，此书就是对《汉书》的删繁举要，"约撰旧书，通而叙之"，"撮要举凡，粗表大体"，当然这是一种自谦，《汉纪》其书，事虽简略，义却极深。荀悦自称："凡《汉纪》，其称年本纪、表、志、传者，《书》家本语也。"① 这表明，《汉纪》对于《汉书》内部四种体例所记内容皆有所选取，并将它们分别散入各帝纪编年之下。从这个角度来看，《汉纪》史料来源的主要方面当与《汉书》一致，所以历史上有学者作出"《汉纪》三十卷，其事皆出《汉书》"和"荀《纪》无《汉书》外事"的误判。②

为了实现"立典有五志"之旨，表现西汉一代的法式、鉴戒、废乱、持平、兵略、政化、休祥、灾异、华夏之事、四夷之事、常道、权变、策谋、诡说、术艺、文章，《汉纪》取材在依据《汉书》的同时，又超出《汉书》所载范围，主要有两个方面。

一是借用《史记》或其他材料，补充《汉书》未载录的内容，所涉有帝王、官吏、天文、律历、灾异、官制、民歌、西域等方面。③ 当我们将眼光投注于荀悦修《汉纪》的历史条件，就能联想到东汉刚刚经历过董卓之祸，致使经籍散佚严重的现实情况。史载：

---

① （汉）荀悦：《汉纪》卷三十《孝平皇帝纪》，《两汉纪》上，中华书局，2017，第547页。
② 分别见（唐）颜师古《汉书叙例》，《汉书》书首，中华书局，1962，第4页；司马光《资治通鉴考异》卷二《汉纪中》，见《资治通鉴》卷三十五《汉纪·哀帝元寿元年》，中华书局，2011，第1143页。
③ 参见李书兰《〈汉纪〉补润〈汉书〉例证》，《史学史研究》1990年第1期；《〈汉纪〉选用〈史记〉考》，《史学史研究》1986年第4期。

> 及董卓移都之际，吏民扰乱，自辟雍、东观、兰台、石室、宣明、鸿都诸藏典策文章，竞共剖散，其缣帛图书，大则连为帷盖，小乃制为縢囊。及王允所收而西者，裁七十余乘，道路艰远，复弃其半矣。后长安之乱，一时焚荡，莫不泯尽焉。①

这表明，在建安初年撰修前史，是一个艰巨的任务。而荀悦《汉纪》在本于《汉书》的基础上，扩充了上述诸多方面的内容，采撰之功不言而喻。

二是受到荀爽《汉语》的影响。东汉末年颍川地区已形成一批豪族，时有颍川多智谋之士之识。荀氏是颍川最重要的氏族之一，其家族不仅影响了东汉末年至整个魏晋时期的政治走向，在学术上也以渊博、经世的特点而得到士族精英的认可。在著名的"荀氏八龙"中，荀爽对荀悦的影响最深，荀悦在《汉纪》中记叙东汉时期易学发展的情况时写道，"……及臣悦叔父故司徒爽著《易传》，据爻象承应阴阳变化之义，以十篇之文解说经意。由是兖、豫之言《易》者咸传荀氏学"②，显示出以荀爽之学贯于《易》学之首的意味。荀爽曾"集汉事成败可为鉴戒者，谓之《汉语》"③，其"鉴戒"思想与《汉纪》和《申鉴》所表现出来的鉴戒初衷是如此相近，是以范晔《后汉

---

① （南朝宋）范晔：《后汉书》卷七十九上《儒林列传上》序，中华书局，1965，第2548页。
② （汉）荀悦：《汉纪》卷二十五《孝成皇帝纪二》，《两汉纪》上，中华书局，2017，第438页。
③ （南朝宋）范晔：《后汉书》卷六十二《荀淑传附荀爽传》，中华书局，1965，第2057页。

书》叙荀氏诸人,以荀淑(悦祖)、荀爽、荀悦三人同传,而将荀彧的传记另立一传,大抵也是因为看到了荀悦与叔父荀爽在思想上的一脉相承。①

那么,"集汉事成败可为鉴戒"的《汉语》是否也成为荀悦撰《汉纪》的采撰来源?已有学者关注到这个问题,即据伏俨、孟康、晋灼、颜师古及清代学者对《汉书·文帝纪》中所载文帝遗诏"自当给丧事服临者,皆无践"一句之"践"字的解释,类比《汉纪·孝文皇帝纪下》于此句用"跣"字,又据《汉书》晋灼注指出此字与荀爽《汉语》所记相同,认为荀悦《汉纪》与《汉书》字句不同处,是由于采用了荀爽《汉语》中的一些说法。② 又颜注《汉书》多引晋尚书郎晋灼注,晋注多取荀爽《汉语》之文,③ 可知晋时荀爽《汉语》犹存。荀悦撰《汉纪》时,理应见到他引为榜样的叔父荀爽所作的《汉语》,可以认为,二书之间的联系应不止于思想上的鉴戒旨趣,在取材倾向、表述风格上也必当有所关联。

《汉书》和《汉纪》都把宣扬汉统作为皇朝史叙事的核心内容,

---

① 从范晔的叙述中,可以看到荀爽、荀悦叔侄二人有相近的治学路径。据《后汉书·荀淑传》附传,荀悦"年十二,能说《春秋》",其叔父荀爽"年十二,能通《春秋》《论语》",见(南朝宋)范晔《后汉书》卷六十二,中华书局,1965,第2050、2058页。又袁宏《后汉纪·孝献皇帝纪》记"爽……年十二,太尉杜乔师焉"。周天游据《三国志·荀彧传》裴松之注引张璠《后汉纪》推算,此处当为"年二十,太尉杜乔曰可为人师焉",见(晋)袁宏《后汉纪》卷二十六,周天游校注,天津古籍出版社,1987,第737~738页。
② 参见陈启云《荀悦与中古儒学》,高专诚译,辽宁大学出版社,2000,第177~178页。
③ 分别见(汉)班固《汉书》卷七、卷八、卷六十八,中华书局,1962,第227、252、2934、2951页。

虽然编年、纪传各行其体，但二者采撰都表现出对天人灾异材料的重视。《汉书》中的《律历志》《五行志》《天文志》等篇着重记叙三统历法、阴阳五行学说和灾异现象在人事上的映照。荀悦删八十万余言的《汉书》为十八万余言，应该说，《汉书》中的大量记载都被他删去了，但他对《汉书》中所记载的灾异现象却一一作了详细的编排，散入各帝纪年月记事之下，反映出他与《汉书》作者在历史观上的相近之处。

荀悦在《汉纪·序》中总述西汉一朝祥瑞、灾异情况，① 又提出"有休祥焉，有灾异焉"作为其书的重要内容之一，这是《汉书·叙传》没有明确讲到的。《汉纪》所记的天人感应内容，有时还超出《汉书》所载的内容，例如，书中详记武帝元狩六年获宝鼎尺寸为"大八尺一寸，高三尺六寸"②，这个记载在《史记》《汉书》中均未见，《汉纪》在这里对宝鼎形制作细致记载，更反映出撰述者所欲存之"大体"为何。③

---

① "凡祥瑞：黄龙见，凤凰集，麒麟臻，神马出，神鸟翔，神雀集，白虎仁兽获，宝鼎升，宝磬神光见，山称万岁，甘露降，芝草生，嘉禾茂，玄稷降，醴泉涌，木连理。凡灾异大者：日蚀五十六，地震十六，天开地裂、五星集于东井各一，太白再经天，星孛二十四，山崩三十四，陨石十一，星陨如雨二，星昼见三，火灾二十四，河、汉水大汜溢为人害十，河汜一，冬雷五，夏雪三，冬无冰二，天雨血，雨草，雨鱼，死人复生，男子化为女子嫁为人妇生子，枯木更生，大石自立。"（《两汉纪》上，中华书局，2017，第1页）

② （汉）荀悦：《汉纪》卷十三《孝武皇帝纪四》，《两汉纪》上，中华书局，2017，第223页。

③ 刘隆有总结荀悦记载灾异的方法是："在史料编纂上，他采用天人互叙的办法，或先记灾异及其解说，然后再用史事加以证实；或先记各种人事，然后再记灾异如何对之感应。竭力把所记灾异，同西汉一朝的人事紧紧地粘连在一起，结成一个天命人事的共同体。"（陈清泉等编《中国史学家评传》上，中州古籍出版社，1985，第104页）

总之，荀悦对《汉书》中所反映出的天命思想一概继承而又有所发挥，在成为两汉"正宗史学"的典型的同时，[1] 也表现出历史思想受到时代影响而在选事立言时重符瑞灾异的偏好。

需要指出的是，这里虽重点论述了《汉书》《汉纪》偏重选载灾异、祥瑞、五行等天人感应内容的特点，但并不是说二书在编撰的过程中完全笼罩于神学思想之下。班《书》和荀《纪》在具体的行文中叙述了各种各样的历史人物，也时时观照"人道""人事"在历史进程中的作用。《汉书》列传详载反映人物思想特点的奏疏对策、文章辞赋，其目的就是在于彰显"人"在历史进程中的地位；荀悦采用"通比其事"的方式，将性质相近的人物史事连类列举，所谓"著功勋，表贤能"，也是为了说明"人事"的作用。因此，对于《汉书》《汉纪》在"采撰"上的得失，应作具体的分析和评价。

二 "号为精密"和"博采众书"

袁宏《后汉纪》与范晔《后汉书》，一为编年，一为纪传，二者互补，形成"黑白之不相乱，河汉之不相涉"[2] 之势，皆为治东汉史的重要典籍。

据《隋志》著录，关于东汉的皇朝史撰述有：

---

[1] 白寿彝指出："两汉之际正宗史学的建立及折衷主义的历史观的出现，这一方面表示正宗思想已在史学领域内建立了阵地，又一方面则表示正宗思想的危机，它在社会矛盾的剧烈冲击下已显露出其内在的贫困，而不得不谋求某些合理的因素以增加自己的力量。"（《中国史学史论集》，中华书局，1999，第110页）
[2] （宋）王铚：《两汉纪后序》，《后汉纪》附录四，周天游校注，天津古籍出版社，1987，第889页。

汉刘珍等《东观汉记》一百四十三卷；三国吴谢承《后汉书》一百三十卷；晋薛莹《后汉记》六十五卷（本一百卷）、司马彪《续汉书》八十三卷、华峤《后汉书》十七卷（本九十七卷）、谢沈《后汉书》八十五卷（本一百二十二卷）、张莹《后汉南记》四十五卷（本五十五卷）、袁山松《后汉书》九十五卷（本一百卷）；南朝宋范晔《后汉书》九十七卷。以上为纪传体。

又有晋张璠《后汉纪》三十卷、袁宏《后汉纪》三十卷，二者皆为编年体。

由此，袁宏、范晔撰史，所可依据的前记颇多。[1] 除了对诸家后汉史著作的因习、整合，在具体的篇章中，又可以看到二书对其他史籍的采用。[2]

自汉明帝时始修而成书于汉灵帝朝的《东观汉记》，是魏晋南北朝时期诸家后汉史共同的史料来源，这在今本袁宏《后汉纪》、范晔《后汉书》中皆有迹可循。东汉一朝重视修史，汉明帝时，曾命时任兰台令史的班固与陈宗、尹敏、孟异等人共撰《世祖本纪》。[3] 汉安帝永宁元年（120），邓太后诏刘珍、

---

[1] 关于魏晋南北朝时期的东汉史撰述，可参考王仲荦《魏晋南北朝史》，上海人民出版社，2003，第828页表。关于八家后汉书与范晔《后汉书》史料参补，可参考任成良《八家后汉书与范晔〈后汉书〉史料异同之比较》，硕士学位论文，山东大学，2011。另有周天游所编《八家后汉书辑注》，上海古籍出版社，1986。

[2] 如有学者考察《后汉书·高句骊传》史源，指出该篇鲜明地反映了范晔《后汉书》对《三国志》等文献的参考，见郑春颖《〈后汉书·高句骊传〉史源学研究》，《中国边疆史地研究》2010年第1期。

[3] （南朝宋）范晔：《后汉书》卷四十上《班彪列传上附班固传》，中华书局，1965，第1334页。

刘騊駼撰建武已来《名臣传》。① 而后，张衡上疏自请"专事东观，收捡遗文，毕力补缀"②。元嘉年间，汉桓帝下诏命伏无忌、黄景、崔寔等人共撰《汉记》。③ 汉灵帝熹平年间，谏议大夫马日磾、议郎蔡邕、杨彪、韩说等人并在东观，补续《汉记》。④ 由此，《东观汉记》历经前后一百三十余年的撰修，是为秦汉以来史官集体修史的开山之作。

《东观汉记》在体裁上继承马、班，又增加"载记"记述两汉之际曾短暂存在的各方势力。是书由本朝人所纂修，汇集了大量一手材料，成为后代修东汉史最重要的参考。今本袁宏《后汉纪》中所称"本传""本志"，大多引自《东观汉记》。唐章怀太子李贤等人注《后汉书》，亦多以"本传"考证、增补史事。所谓"至于后汉纪传，发源东观"⑤，《东观汉记》实为袁宏《后汉纪》、范晔《后汉书》乃至诸家东汉史著述共享的史源。

《东观汉记》的书志部分，主要成于刘洪、蔡邕之手。《后汉书·蔡邕列传》载："邕前在东观，与卢植、韩说等撰补《后汉记》，会遭事流离，不及得成，因上书自陈，奏其所著《十意》，分别首目，连置章左。"李贤注指出，"十意"，"犹

---

① （南朝宋）范晔：《后汉书》卷八十上《文苑列传上·刘珍传》，中华书局，1965，第2617页。
② （南朝宋）范晔：《后汉书》卷五十九《张衡列传》，中华书局，1965，第1940页。
③ （南朝宋）范晔：《后汉书》卷二十六《伏侯宋蔡冯赵牟韦列传》，中华书局，1965，第898页。
④ （南朝宋）范晔：《后汉书》卷六十四《吴延史卢赵列传》，中华书局，1965，第2117页。
⑤ （南朝梁）刘勰：《文心雕龙》卷四《史传》，范文澜注，人民文学出版社，1958，第285页。

《前书》十志也",注中又引《邕别传》称:

> 邕昔作《汉记》十意,未及奏上,遭事流离,因上书自陈曰:"……臣自在布衣,常以为《汉书》十志下尽王莽而止,光武已来唯记纪传,无续志者。臣所事师故太傅胡广,知臣颇识其门户,略以所有旧事与臣。虽未备悉,粗见首尾,积累思惟,二十余年。不在其位,非外史庶人所得擅述。天诱其衷,得备著作郎,建言十志皆当撰录……臣欲删定者一,所当接续者四,《前志》所无臣欲著者五,及经典群书所宜捃摭,本奏诏书所当依据,分别首目,并书章左,惟陛下留神省察。臣谨因临戎长霍圉封上。"有《律历意》第一,《礼意》第二,《乐意》第三,《郊祀意》第四,《天文意》第五,《车服意》第六。①

后来谢承、司马彪、谢沈、袁山松等人所作律历、礼乐、郊祀、天文等志,都以蔡邕《十意》为据。《十意》自然也成为范晔"欲遍作诸志"的主要参考。

袁宏和范晔修史在采撰上都进一步发挥了《汉书》作者所倡导的"涉猎广博",二者又可互为补充。从后世评价中看,

---

① 以上所引见(南朝宋)范晔《后汉书》卷六十下《蔡邕列传》,中华书局,1965,第 2003、2004 页。王鸣盛认为:"案此下疑脱落四句,即司马氏《志》八篇较此,已有《五行》《郡国》《百官》三种为此目所无,且《前志》所无邕欲著者五,而此六者之中仅有《车服》一种为《前志》所无,其为脱落甚明。"(《十七史商榷》卷三十七,黄曙辉点校,上海书店出版社,2005,第 263 页)按:章怀注所载,确有脱文,文中已列《律历》《礼》《乐》《郊祀》《天文》五者,是蔡邕所言"欲删定者一,所当接续者四"。又《汉书》有《五行志》,故王氏举《续汉书·五行志》不当在蔡邕《十意》之列。

袁《纪》较范《书》略高，这主要是就二书所选材料的性质而言。清四库馆臣进而指出，袁宏作《后汉纪》，"其体例虽仿荀悦书，而悦书因班固旧文，剪裁联络，此书则抉择去取，自出鉴裁，抑又难于悦矣"①。这是强调《后汉纪》的修撰难于删选《汉书》而成的《汉纪》。所谓"比诸家号为精密""抉择去取，自出鉴裁"，②都是在赞美袁宏《后汉纪》采撰的优点。袁《纪》虽是以事系年的编年体史书，但它在保存原始材料方面并不逊于纪传体的后汉史，据袁宏自序所言，他撰述时的参考书有：《东观汉记》③、谢承《后汉书》、司马彪《续汉书》、华峤《后汉书》、谢沈《后汉书》、张璠《后汉纪》，以及《汉山阳公记》《汉灵献起居注》《汉名臣奏》和诸郡耆旧先贤传，凡数百卷。清人王鸣盛据此称赞"宏所采者亦云博矣"。④

对比之下，范晔《后汉书》中的《郎𫖮襄楷列传》《独行列传》《方术列传》等篇，因采应劭《风俗通义》、干宝《搜神记》及葛洪《神仙传》、《抱朴子》等志怪小说和民间传说入史，而受到了后人的批评。刘知幾在称赞范《书》"博采众书，裁成汉典，观其所取，颇有奇工"的同时，又责其"录王乔、

---

① （清）永瑢等：《四库全书总目》卷四十七《史部·编年类》，中华书局，1965，第419页下。
② 分别见（宋）晁公武《郡斋读书志》卷五，孙猛校证，上海古籍出版社，1990，第199页；（清）永瑢等《四库全书总目》卷四十七《史部·编年类》，中华书局，1965，第419页下。
③ 袁宏序作"《汉纪》"，四库馆臣以此为荀悦《汉纪》，周天游以此为《东观汉记》，这里从周说。
④ （清）王鸣盛：《十七史商榷》卷三十八，上海书店出版社，2005，第274页。

左慈、廑君、盘瓠,言唯迂诞,事多诡越"①。宋人晁公武亦承刘氏之说,称:"然世多讥晔创为《皇后纪》,及采《风俗通》中王乔、《抱朴子》中左慈等诡谲事,列之于传,又赞辞佻巧,失史之体云。"② 近代学者或据此说,指出:"史家叙事,以记实为贵,其诡谲而不衷于正者,均在所当屏之列。范书于旧闻轶事,往往不加裁别,而遽为收入,故新奇不经之说,层见叠出。"③ 这些情况皆表明,范晔《后汉书》虽涉猎广博,却也因这种广博而受到非议,以成"美玉之瑕""白圭之玷"。

那么,《后汉书》果然"事多诡越"吗?按六朝时著述之体蓬勃发展,杂记之文不胜枚举,它们为史学家所采,一方面起到补充史事的作用,另一方面又因"小道""异说"的文本定位而被评论家诟病。范晔《后汉书》对志怪小说及旧闻逸事的载录,大体受到同时代人裴松之注《三国志》引据材料的影响。中国古代儒家对待非官方性质的"小说"话语的存在及传播,抱有矛盾态度。从子夏论"虽小道,必有可观者焉,致远恐泥,是以君子不为也"④,到《汉书·艺文志》论"小说家者流,盖出于稗官。街谈巷语,道听途说者之所造也"⑤,再到刘知幾《史通·杂述》篇论"作者恶道听途说之违理,街谈巷

---

① (唐)刘知幾:《史通》卷八《书事》,(清)浦起龙通释,上海古籍出版社,2009,第214页。
② (宋)晁公武:《郡斋读书志》卷五,孙猛校证,上海古籍出版社,1990,第179~180页。
③ 陈功甫:《中国史学史》,载王传编校《中国史学史未刊讲义四种》,上海古籍出版社,2016,第29页。
④ 《论语·子张》,《十三经注疏》,中华书局,1980年影印版,第2531页下。
⑤ (汉)班固:《汉书》卷三十《艺文志》,中华书局,1962,第1745页。

议之损实"①。如果"小说""稗史"有益于补充正史撰述,为政治大一统服务,那么就可以择其善者引入国史撰述;如果不加适当的制约,它们又会成为"潜在的危险和颠覆源",甚至"引起社会混乱和意识形态混乱"。② 在这种思想条件下,袁《纪》似乎更近于"实录"要求。

范晔在《狱中与诸甥侄书》中表现出明确的文、史分途观念,同时,他又是一个倾向无神论者。因此,他引志怪小说入《后汉书》的作法,并不能视为单纯地为了传颂方术神仙故事本身,应该说,这是出于多方面、多角度地揭露东汉政治及社会情势的需要,是应对当时主流价值观念的一种挑战。对此,白寿彝指出:

> 范晔作为世族地主阶级家庭出身的历史学者,还是希望封建统治秩序稳定的。但他的《后汉书》并不在于要求人们如何服从封建统治,而是揭露了统治者的丑恶面目,并称道了那些"激素行以耻威权,立廉尚以振贵势"的人

---

① (唐)刘知幾:《史通》卷五《采撰》,(清)浦起龙通释,上海古籍出版社,2009,第109页。
② 〔美〕鲁晓鹏《从史实性到虚构性:中国叙事诗学》,王玮译、冯雪峰校,北京大学出版社,2012,第47页。这里的"小说"不与英语虚构小说(fiction)概念相对应。郑振铎指出:"在唐以前,我们可以说是没有小说。汉以前的所谓'小说',几乎全部都已亡佚,遗文极少,看不出其性质何若。汉以后的所谓'小说',却只是宇宙间异物奇事的断片的记载和短篇的浑朴少趣的故事的传录而已。"(《中国文学史》,吉林人民出版社,2013,第186页) 又,彭雅玲认为:"刘知幾虽没有改变《汉志》以来轻视小说的传统观念,但明确分别小说、史传本质各异,这显示了唐代小说创作已有蓬勃发展的趋势。"〔《史通的历史叙述理论》,(台北)文史哲出版社,1993,第200页〕这里所说的"唐代小说创作",也与明清以后的"小说"有所区别。

物。这样的态度就是他的异端性格,他的进步性的重要表现,这是符合当时地主阶级中日益明显地分化出来的庶族地主的政治希望和政治利益的。①

这段内容,从社会历史的变化及其作用于社会意识的方法论,揭示了范晔思想中的复杂性,或许可以帮助人们反思有关范撰《书》采撰"言唯迂诞,事多诡越"②之评论的是与非。

三 由载文形成的文本关联

"两汉书"和"两汉纪"分别以纪传、编年"裁成汉典",它们在采撰上往往受到体裁的牵动而显示出不同的侧重点,这在选载人物言论文辞方面表现得尤为突出。例如,对于在汉武帝时代颇受统治者欣赏的司马相如,《汉书》本传载入《子虚赋》《谕巴蜀檄》《难蜀父老》《谏猎疏》《大人赋》《封禅文》诸篇,虽然作者认为《封禅文》"靡而不典",但仍将其"尤著公卿者"载用③,其目的是彰显司马相如的文学造诣。与《汉书》不同,荀悦《汉纪》于相如之文一概未录,只在"汉武帝建元三年"略记相如事迹。可见,荀悦《汉纪》选载董仲舒《天人三策》,是出于为皇朝统治服务的目的,而不载司马相如文,大概是因其"《子虚》《上林》皆言苑囿之美"④,与"立

---

① 白寿彝:《中国史学史论集》,中华书局,1999,第140页。
② (唐)刘知幾:《史通》卷八《书事》,(清)浦起龙通释,上海古籍出版社,2009,第214页。
③ (南朝宋)范晔:《后汉书》卷四十下《班彪列传下》,中华书局,1965,第1375页。
④ (汉)荀悦:《汉书》卷十《孝武皇帝纪一》,《两汉纪》上,中华书局,2017,第163页。

典有五志"之旨不符。这个例子可以说明，在"二体"之中，编年体史书比纪传体史书具有更明确的叙事主题和更集中的叙事线索。受到叙事主题和撰述形态的影响，相同的材料会被剪裁进入不同的叙述线索，这种表面上因运用相同材料而形成的文本关联结构，背后涌动着不同主题之下的叙事暗流。

一个饶有趣味的现象是，作为采取不同体裁、叙述不同历史阶段的皇朝史，班、荀、袁、范四家著述都提到了同一篇重要的文章，这就是班彪的《王命论》。

汉光武帝建武六年（30），关东悉平，天下初定，朝廷决定暂时休兵洛阳。是时，隗嚣据垄，号西州大将军，他听信属将王元、王捷之言，认为天下成败未定，战国纵横局面或将再现于世，故于光武帝和公孙述之间摇摆。班彪、郑兴等儒生持反对意见，尤其是班彪认为周、汉兴废时移世异，民心仰望刘氏，苦口规劝隗嚣忠心事汉，更"著《王命论》以救时难"。《王命论》全文千字有余，以"神器有命"为主旨，从尧、舜、禹受命于"天"讲起，提出上至王公贵族、下至贫民众生皆有其"命"。文中论证刘邦得天下"谓之天授，非人力也"，意在说明刘秀政权的正统地位。面对班彪的劝谏，隗嚣不能醒悟，班彪遂避身河西，后为窦融划策。

《王命论》对于后世认识两汉之际的历史思想和政治思想具有重要的启示，该文被《剑桥中国秦汉史》作者称为"或许是中国文献中表述政治原则最完善和最清楚的文章"[①]。此言虽

---

① 〔英〕崔瑞德、鲁惟一编《剑桥中国秦汉史》，杨品泉等译，中国社会科学出版社，1992，第703页。

有夸大之处,但它确实先后出现在班固《汉书》、荀悦《汉纪》、袁宏《后汉纪》及范晔《后汉书》之中,发挥了不同的叙事功能。我们不妨从史家意旨来看这四部史书载《王命论》的差异。

《汉书·叙传》因循《史记·太史公自序》之体,历叙班氏祖先功业后,作者写到其父班彪二十岁时所经历的历史剧变:"年二十,遭王莽败,世祖即位于冀州。时隗嚣据垄拥众,招辑英俊,而公孙述称帝于蜀汉,天下云扰,大者连州郡,小者据县邑。"① 接着载《王命论》全文,用意在于:借班彪本人口吻讲述这一段亲身经历,同时充分地树立起班氏先人的智者形象,宣扬班氏父子"汉承/绍尧运"的思想。

东汉末年,大厦将倾,荀悦《汉纪》开篇提出"汉兴,继尧之胄,承周之运"②,又以班彪《王命论》一文为殿,由此实现撰述旨趣上的首尾呼应。与此同时,荀悦把班彪著《王命论》置于《孝平皇帝纪》记事之末,有意识地串联起一条关于刘汉正统的叙事线索,即从班彪著《王命论》宣扬"神器有命"到班固著《汉书》提出"汉绍尧运",再到荀悦自己撰《汉纪》"综往昭来,永监后昆"③。从这个角度来看,刘知幾《史通·杂说上》"诸汉史"条批评荀《纪》"忽以东都之事,擢居西汉之中",未免不解荀意,论为例拘。

---

① 以上所引见(汉)班固《汉书》卷一百上《叙传上》,中华书局,1962,第 4207~4212 页。
② (汉)荀悦:《汉纪》卷首,《两汉纪》上,中华书局,2017,第 1 页。
③ (汉)荀悦:《汉纪》卷三十《孝平皇帝纪》,《两汉纪》上,中华书局,2017,第 547 页。

第三章　裁成汉典：皇朝史书事体要的确立

袁《纪》于"建武六年"编年记事下追叙班彪与隗嚣关于天下所归的对话，并全文载入《王命论》。[①] 接着写班彪小传及窦融责让隗嚣不忠等事，彰显出"名教"标尺之下的君臣之义，紧扣全书"弘敷王道"的叙事主线。班彪《王命论》指责隗嚣"苟昧权利，越次妄据，外不量力，内不知命"，加上窦融在信中责让隗嚣"忿悁之间，改节易图，百年累之，一朝毁之，岂不惜乎"，两处连贯着体现了袁宏所赞赏的"忠臣之节"。这样做的好处是：在"编年记事"的体例下将东汉初年各方势力之间微妙的关系揭示出来，写出了历史转折关头隗嚣、窦融、班彪、王元等人所持的不同立场，暗示了诸人此后的历史命运。

在重视"以文传意"的《后汉书》中，范晔对上述内容的处理是多方位的。范晔将建武初年隗嚣、窦融对待汉室的不同态度和举措散入二人传记。嚣《传》写"嚣将王元、王捷常以为天下成败未可知，不愿专心内事"，并载录王元说隗嚣语，又附王元小传于嚣传末。融《传》详写融决策东向前后事，及其"深知帝意，乃与隗嚣书责让之"。彪《传》载彪、嚣二人对话并简略交代彪感嚣言著《王命论》论证"汉德承尧"，以及彪在嚣终不悔悟的情况下"遂避地河西"转而"为融画策事汉"。[②]

[①] 据《后汉纪·光武皇帝纪五》所载，王元反对隗嚣"欲信儒生之语，弃千乘之基"之论在建武六年，周天游校注指出："儒生指班彪、郑兴。班彪作《王命论》以讽嚣；郑兴谏嚣止称王，又阻嚣广置职位以自尊高。"(《后汉纪》卷五《光武皇帝纪五》，周天游校注，天津古籍出版社，1987，第 130 页) 盖班彪作《王命论》当在建武六年以前，《资治通鉴》系之于建武五年 (29)。

[②] 以上所引见 (南朝宋) 范晔《后汉书》卷十三《隗嚣公孙述列传》、卷二十三《窦融列传》、卷四十上《班彪列传上》，中华书局，1965，第 524、531、801、1324 页。

彪《传》不载《王命论》全文，却大篇幅地载录了班彪讥正前史得失的内容。这一方面是因为，对于排斥有神论且在政治上郁郁不得志的范晔来说，他未必欣赏《王命论》所宣扬的"神器有命"说，也未必十分在意"名教"尺度下的忠臣之节，他强调祖宗之"德"与子孙受命之间的联系，明显区别于东汉时流行的"火德"说。[①] 另一方面，从范晔为班彪、固所作赞语中讲到的"二班怀文，裁成帝坟"，"彪识皇命，固迷世纷"来看，他虽明确二人在政治抉择上的差异，但在设传时仍首先以学术成就尤其是史学成就来确立班氏父子的历史地位。关于班彪论史书得失之语，袁《纪》则系于班固作《汉书》事迹前后（记于《孝和皇帝纪》"永元四年"），这便是编年体因时记事，因事记人的结构在发挥作用了。

综观班、荀、袁、范对于《王命论》的安排：《汉书·叙传》载班彪《王命论》全文，主要是出于使班氏先祖留名青史的目的，同时也为了说明"汉绍尧运"这一"智识"的来源；《汉纪·孝平皇帝纪》末载《王命论》全文，意欲实现撰述主旨上的首尾相合和历史发展线索的承上启下；《后汉纪·光武皇帝纪》以追叙方式载《王命论》全文，用意在于彰显名教标尺下的君臣之义；《后汉书·班彪列传》概述《王命论》主旨，既不失采撰博览之旨，又不以班彪的政治思想掩盖其学术地位。从史书叙事的断限上看，袁《纪》、范《书》记东汉一朝史事，故自然涉及班彪、班固生平事迹。包举西汉史事的班《书》、荀《纪》全文载入《王命论》，似于断限有违，但二书载《王

[①] 这在本书第五章第一节、第四节有所讨论。

命论》皆有微意,不能删去。

总之,班、荀、袁、范四家对《王命论》的载用,使人们看到同一段史料在不同史学家笔下如何与其他材料组合成为不同面向的历史情节,从而揭示了纪传、编年两种史书体裁在采撰取舍上的联系与区别。史书体裁的变化、史家意旨之所在皆能影响史书载文的表现形式,而载文体例运用恰当,又能够配合不同的体裁以突出史书叙事的主线。

小　结

中国史书叙事有久远的传统,在叙述之范围、对象之抉择以及确保所叙之事的真实性品格等方面,都有丰富的经验积累和理性的认识,形成了史学特有的品质,跟人们泛泛而谈"叙事"有明显的区别。

在中国古代史学话语体系中,"书事"与"采撰"是紧密相连的一组概念,二者作为史学理论术语的产生、实践及其在理论上的总结,都紧密围绕人们有关朝代史叙事之"事"的探索而展开。"采撰"是史书叙事开始之前材料的准备、甄别和整齐,"书事"涉及一部史书所要叙述之核心内容的确立。从"两汉书"与"两汉纪"叙事主题的确立和展开、史料采择的来源和标准等具体经验中,可以看到,"采撰"和"书事"在历史撰述的实践中是互相配合、互相制约的关系。前者要求博览善择,后者要求简而且详、疏而不漏,只有"采撰"与"书事"合理地结合,才有可能完成一部良史。

从历史到历史资料,再从历史资料到历史事实,"两汉书"

"两汉纪"提供了相当丰富的实践经验,并影响着历史编纂理论的凝炼。《汉书》提出"切于世事"的载文方法,直接影响了中国古代史书选载"有用之文"原则的确立。《汉纪》的"立典有五志"论开魏晋南北朝史例中兴之滥觞,沟通了《左传》作者、应劭、干宝、刘知幾关于以"国之大事"为书事体要的理论探讨。"两汉书"和"两汉纪"的作者们多次提出"探纂前记""探撰前记""采撰前纪""约撰旧书""复探而益之",奠定了中国史学在广阔的基础上开展工作的优良传统,进而影响了"博览善择"之采撰原则的提出。这些都可以从历史撰述之实践与理论反思相结合的角度,揭示出中国古代史家抽绎、凝炼史学理论话语的具体路径,以及中国史学有关史书叙事原则之认知主流的形成过程。

第四章

观其名迹：历史中的人如何"走进"历史叙述

人是历史运动的主体。历史研究，应当把"现实的、可以通过经验观察到的、在一定条件下进行的发展过程中的人"写出来。① 在这个方面，中国史学有悠久的历史，积累了宝贵的经验，这与历史理论领域有关人在历史进程中之作用的认识密切相关。

在中国史学上，自司马迁明确提出"究天人之际，通古今之变"的命题，历代史家不仅积极地把他们对于人的社会历史作用、人在天地间的位置等问题的思考撰述成篇，而且对于叙述何人、怎样叙述人等问题也不断作出探索。司马迁之后，在写历史进程中写出人在历史中的作用，成为中国古代史书叙事的突出风格。《汉书》继承并发扬了这种叙事风格，如对汉惠

---

① 〔德〕马克思、恩格斯：《德意志意识形态》（节选），《马克思恩格斯选集》第 1 卷，人民出版社，2012，第 153 页。

帝以下诸帝，多从他们的政绩和个人言行评论，对其他历史人物也多强调他们所承担的社会责任。此后，荀悦提出"正人事"以说明风俗教化均系人的行为而非鬼神所授；[1] 袁宏指斥光武帝过于迷信谶纬，善为治者应于"神物"以外兼取"人事"，参而用之；[2] 范晔批评"自中兴之后，儒者争学图纬，兼复附以妖言"。[3] 凡此，都鲜明地反映出撰述者轻"天道"、重"人事"的历史观念。

人物与历史撰述，是任何一个从事历史研究与历史撰述的人都会碰到的理论与实践问题。这里所说的人物，是那些在历史活动中的言论、行事产生了一定社会影响和历史影响，可以以其说明历史进程，使后人得到启迪的人。这些人会被史学家所关注、记载，当他们进入历史叙述之中，就成了"历史人物"。对于史学家来说，考察历史上的"人事"，就要通过叙述历史上人的具体行为以对其作出分析和判断。在这个方面，《后汉纪》作者袁宏根据《春秋》"编述名迹"[4] 之义，提出"观其名迹，想见其人"[5] 的撰述旨趣，这八个字，极好地概括了史学家首先从历史典籍中看到贤良事迹，又欲通过自己的叙

---

[1] （汉）荀悦：《汉纪》卷十《孝武皇帝纪一》，《两汉纪》上，中华书局，2017，第159页。
[2] （晋）袁宏：《后汉纪》卷三《光武皇帝纪三》，周天游校注，天津古籍出版社，1987，第66页。
[3] （南朝宋）范晔：《后汉书》卷五十九《张衡列传》，中华书局，1965，第1911页。
[4] （晋）袁宏：《后汉纪》卷十二《孝章皇帝纪下》，周天游校注，天津古籍出版社，1987，第337页。
[5] （晋）袁宏：《后汉纪原序》，周天游校注，天津古籍出版社，1987，第2页。

述使更多读者得观其迹的治史历程。

历史记载中的人,是曾经在历史过程中活生生的人,故史学家不能如小说叙事般无拘地虚构人的角色或人的行为。尽管如此,在具体的叙事结构中,史学家仍可有所发挥,根据撰述主旨,重点纳入某些材料,突出叙述某些事迹,以表明人在历史中的作用。本章讨论纪传体皇朝史对类编纂法的多层次运用,以及类编纂法由纪传入编年而带来的新的史学面貌,都是这方面具体的表现,可以充分说明"二体"之间在有关人的记述上的联动。

第一节 类编纂法在"两汉书"中的多维运用

一 类编纂法的历史渊源

在中国古代,以"类"的观念认识事物发展变化具有悠久的思想传统。甲骨文造字中已经体现出归类倾向和推类思维。[1]《尚书》中常有把同类事件集中起来用以说明一个问题的做法。[2] "方以类聚,物以群分","物各有畴","草木畴生,禽兽群焉,物各从其类也","万物之理以类相动也"[3] 等观点在先秦两汉时期被反复论说,成为一种基本的思维方式。

---

[1] 参见赵晓蕾《甲骨文造字中的"类"思维》,《中国社会科学报》2019年9月17日,第6版。
[2] 参见白寿彝《中国史学史》第1卷《先秦时期 中国古代史学的产生》,上海人民出版社,2006,第216~217页。
[3] 以上见《周易·系辞上》,《十三经注疏》,中华书局,1980年影印版,第76页上;《战国策·齐策三》,何建章注释,中华书局,1990,第372页;《荀子·劝学》,王先谦集解本,中华书局,1988,第7页;(汉)司马迁:《史记》卷二十四《乐书二》,中华书局,2014,第1438页。

这种思维方式对于古人治学产生了重要影响，其最直接的表现就是形成了对学术和学派进行区分类例、考镜源流的治学路径。《庄子·天下》篇、《荀子·非十二子》篇都将"物各从其类"的观念应用到对先秦时期各种学派及其代表人物的评价上。在《史记·太史公自序》中，司马迁载录了其父马谈《论六家要旨》的主要内容。刘向、歆父子则将对于学术流派的追溯、分类和考辨应用到经籍分类工作中，促进了目录学、文献学的形成和发展。班固撰写的《汉书·艺文志》集当时学术之大全，条分缕析、论议兼并，就是充分吸收了刘向、歆父子整理图书的成果，体现出鲜明的分类思想。这种经籍分类方法被后人称为"区分类例"，如隋朝史官许善心曾效仿阮孝绪《七录》编纂《七林》，其做法是："各为总叙，冠于篇首，又于部录之下明作者之意，区分类例。"[①] 南宋学者郑樵尤其重视基于文献分类而对经籍学术进行考镜源流的方法，提出了"类例既分，学术自明，以其先后本末具在"的著名观点。[②] 自此以降，"类例"被视为中国古人治学的一项基本方法，其要义在于"以类相从"。从这个意义上说，史书叙事中的类编纂法，也是类例思想的一项具体的运用，其思想根源之深远，当早于《史》《汉》成书上千年。

从撰述经验上看，"以类相从"在两汉时成为一种流行的撰述方法，为类编纂法在史书叙事中的应用提供了形式上的借

---

① （唐）李延寿：《北史》卷八十三《文苑·许善心传》，中华书局，1974，第2802页。
② （宋）郑樵：《通志·二十略·校雠略》，王树民点校，中华书局，1995，第1806页。

鉴。西汉时，淮南王刘安善为文辞，曾招宾客方术之士数以千人，广收史料，以类相从，作《内书》二十一篇、《外书》甚众，及《中篇》八卷，凡二十余万言。① 刘向的《新序》、扬雄的《法言》也都运用了"以类相从"的编纂方法。东汉应劭删定律例为《汉仪》，自陈撰具《律本章句》《尚书旧事》《春秋断狱》等凡二百五十篇，"又集驳议三十篇，以类相从，凡八十二事"；又撰《风俗通》，"以辩物类名号，释时俗嫌疑"②。东汉时又有儒者景鸾，作《易说》《诗解》，文句兼取《河》《洛》，"以类相从，名为《交集》"③。从这些情况来看，"以类相从"为大部帙的图书编纂带来了相当的便利，这尤其能够为深谙体例的班固所掌握并运用到皇朝史撰述的各个层面。

在众多著述中，太史公《史记》对班固《汉书》影响最大。无论是有关汉高祖至汉武帝太初年间记事的资料来源，还是班彪续写《史记》的夙愿，或者是从班固本人对司马迁"良史之材"的认可，《汉书》的创作都深受《史记》的影响。《史记》以综合体的撰述形式反映"多维历史视野"④，在各种体裁之下"分层类析、相互配合"⑤，把观察历史的几大范畴进

---

① 事见（汉）班固《汉书》卷四十四《淮南王传》，中华书局，1962，第2145页。
② （南朝宋）范晔：《后汉书》卷四十八《应奉附子劭传》，中华书局，1965，第1613、1614页。
③ （南朝宋）范晔：《后汉书》卷七十九下《儒林下·景鸾传》，中华书局，1965，第2572页。
④ 这一提法见陈其泰《多维历史视野与"立体式"著史》，《史学集刊》2016年第5期。
⑤ 参见乔治忠《中国史学史》，中国人民大学出版社，2011，第79页。

一步细化、丰满，而且能够将生活在不同时空范围内而在某些方面有关联的人物"以类相从"，这些都被《汉书》充分吸收、转化而影响到皇朝史叙事记人的形式。

二 "以类相从"的设传原则

刘知幾说："史氏自迁、固作传，始以品汇相从。"① 就纪传体史书来说，以类相从的表现形式有三种：一是设置类传，这是严格意义上的以类相从；二是以事类相近之人合为一传；三是于传中设置二级叙事结构，采用类叙法补充一组历史人物群像。

类传遵行最严格意义上的以类相从。类传由司马迁《史记》开创，班固《汉书》调整《史记》诸类传之间次序，以儒林为先，次循吏、次酷吏、次货殖、次游侠，以佞幸收尾，又将类传统一放在专传、合传之后，民族传记之前。《后汉书》继承《汉书》放置类传的位置，但只保留了《汉书》中已有的三种类传（儒林、循吏、酷吏），并调整了它们之间的顺序，其他类传皆为范晔新增。类传要根据人物身份及其所产生的历史影响确定标目，如政治影响（循吏、酷吏、宦者、党锢、佞幸、外戚）、经济生活（货殖）、社会现象（方术、游侠、逸民、独行、列女）、思想文化（儒林、文苑）。这样，通过一组组人物群像，反映政治形势、思想文化、社会风气等历史发展中的一个个侧面，由此揭示群体在历史进程中所起的重要作用。因此，类传中的叙事遵循纪传体史书最严格意义上的以类相从

---

① （唐）刘知幾：《史通》卷七《品藻》，（清）浦起龙通释，上海古籍出版社，2009，第172页。

原则，传中一般会设总序说明该传所叙人物群体在历史上的由来及所发挥过的作用，卷末作论赞总结，强调卷中诸人的历史影响。范晔著史，有在卷内某人传记之后发论的习惯，但他于诸类传几乎不在卷内发论，这也表明他将同一卷类传中所叙人物视为一个整体，进而以整体性的眼光考察和衡量他们在历史上的作用并对其作出整体的评价。①

以类相从的合传。《汉书》中的合传主要有两种情况，首先是在不打破时序规定之下的合传，这里说的时序规则主要是以某一位君主统治时间为限。东汉服虔论《汉书》诸传"次其时之先后耳，不以贤智功之大小也"即指这类常规合传。这里要着重讨论的是遵循另一种标准的合传，即唐人颜师古指出的："虽次时之先后，亦以事类相从。"② 这样的例子如《汉书》卷三十七将《史记》的《季布栾布列传》和《田叔列传》合编，以活动于楚汉相争至汉初的季布、栾布、田叔三人合传，以其皆有古烈士遗风。又如卷四十五将活跃于西汉初年的蒯通、文景时期的伍被、景武时期的江充、哀帝时期的息夫躬四人合传，其设传初衷是把他们作为辨诈作奸之人的典型，警示"利口以覆邦家"所造成的祸端。可见，颜师古所说的"以事类相从"，是指《汉书》编次合传时在依据人物生活时代、仕宦经历、官职品序等常规标准之外的另一重准则，即依据人物的品格情操

---

① 唯《逸民列传》于高文通事迹后设"论曰"，是因范晔念及其父范泰"尝以讲道余隙，寓乎逸世之篇。至《高文通传》，辍而有感，以为隐者也"（《后汉书》卷八十三《逸民列传》，中华书局，1965，第2769页）。
② （汉）班固：《汉书》卷三十一《陈胜项籍传》，中华书局，1962，第1785页。

或在某一领域的行事做派及其历史影响进行同编合叙,而不论其是否生活在同一朝君主的统治时期。

近人刘咸炘综合服、颜二人之说指出:"按异代同编而以第一人为叙,乃班、马所同,惟班书铨配以品类相合者多,稍异于马耳。"① 所谓"异代同编",即将不是生活在同一个时期的人合编合叙,这就涉及那些打破时序规定的人物合传,从而区别于常规时序之下以类相从的合传。《汉书》以后,这种合传被历代纪传体皇朝史运用,比较有代表性的例子如《后汉书》卷二十五将东汉初年的卓茂、章和时期的鲁恭、和安时期的魏霸、桓灵时期的刘宽四人合传,卷三十一将东汉初年的郭伋、杜诗、孔奋与安帝时期的王堂、苏章,以及桓灵时期的贾琮、陆康等人合传,这是因为作者认为他们或守边域,或善任人,或劲烈刚行,或廉能为治,都是以治行卓立于世的正面人物;卷四十九将生活在东汉初年、中期和末年的王充、王符、仲长统合传,以彰显此三人博学多识、寡淡清净,善著述以讽时俗的历史贡献。

就《史》《汉》相较,《史记》是一部上起轩辕、下讫秦汉的通史,全书所叙人物活跃于上下几千年的历史舞台之上,故"异代同编"是《史记》编纂的一项常例。班固《汉书》包举一代,专记西汉史事,若以《史记》历叙古今的长时段眼光来看待《汉书》列传,则后者所传之人都活动于西汉开国至东汉复兴的时间范围之内,故《汉书》的"异代同编"是以汉

---

① 刘咸炘:《汉书知意》,《刘咸炘学术论集·史学编(上)》,广西师范大学出版社,2007,第194页。

高祖元年（前206）至更始二年（24）的二百三十年为限的。清人赵翼称《后汉书》合传"又有不拘时代，而各就其人之生平以类相从者"①。这里所说的"时代"也是以东汉一朝一百九十六年为限的，可见，"异代同编"的背后其实包含了"通"与"断"两种考察历史的时间观念。这种"异代同编"的合传，打破了纪传体皇朝史编次传记的时序限制，从而使"以事类相从"的原则超越常规准则而成为编次人物合传时的首要规则。②

总体上看，"以类相从"是"两汉书"编次、叙述历史人物的常例，在继承《史记》以行事相从的原则，同时对"类"的划分依据作出了新的探索：身份属性、所行事迹、品格特征、历史作用等，都成为进行人物分类的标准。

三 类叙法的产生及其应用

在中国历史编纂学史上，为了尽可能全面地写出人物群像和群体活动，史学家发明了类叙法，其具体作法是：遵循以类相从原则，对与主要叙事对象（一般指传主）品行事迹相类的人物进行集中叙述。作为附书人物的一种方法，类叙法最早出现于《汉书》列传并被历代纪传体皇朝史沿用，在史学发展过程中也影响到其他史书体裁，促进了不同史体间的吸收、借鉴。

类叙法是中国史学注重"类例"思想的一个具体表现。这

---

① （清）赵翼：《廿二史札记》卷四，王树民校证，中华书局，2013，第81页。
② 当然，"异代同编"对时序的打破，只是就同一卷次内部结构而言，在传与传之间仍然按时序排列，即"以第一人为序"。

样一项历史悠久且被广泛使用的史书叙事方法，引起了乾嘉考证学者的关注。在关于"类叙法"的起源问题上，赵翼提出："类叙之法，本起于班固《汉书》。"① 从目前所掌握的材料来看，这种按照以类相从原则于某人物传记末端集中附写品行、身份相近之人的方法，的确由《汉书》发起。赵翼也曾称赞司马迁《史记》："参酌古今，发凡起例，创为全史。"② 那么，为什么作为历史撰述重要一例的"类叙法"是由班固《汉书》而非司马迁《史记》所开创呢？自《汉书》问世，历代学人莫不评价其体例整齐、叙事宏赡，即撰述者之善于整齐体例的修史才能是"类叙法"产生的原因之一。然而，司马迁整合史料的编纂能力自不逊于班固，与班固生活的同时代人业已熟练运用"以类相从"的方法进行撰述。因此，"类叙法"之由潜在的思想因素转变为一种成熟的撰述方法，当有其更直接的原因，这就是《汉书》断代为史的视野为历史撰述所提供的新的条件。

据研究者统计，《汉书》列传大致记载了337人，③ 这是就《汉书》目录及类传所叙人物而言。当我们深入该书的具体篇章中，就会发现在一些人物传记之末，还存在一层叙事结构，用以写出与传主相类之人，即赵翼所论"类叙法"。赵翼在提出"类叙之法，本起于班固《汉书》"之后，举是书《王贡两龚鲍传》末叙述纪逡、薛方等人事迹为例予以论证。从《汉

---

① （清）赵翼：《廿二史札记》卷九，王树民校证，中华书局，2013，第200页。
② （清）赵翼：《廿二史札记》卷一，王树民校证，中华书局，2013，第3页。
③ 陈其泰主编《中国历史编纂学史》第2卷《中国传统历史编纂学的确立——两汉时期》，国家图书馆出版社，2018，第302页。

《书》此卷叙事结构来看,该卷开篇由孔子称赞伯夷、叔齐"不降其志,不辱其身"讲起,接着写汉初四皓、郑子真、严君平等人皆"近古之逸民",卷中正文叙述五位传主(王吉、贡禹、龚胜、龚舍、鲍宣)或在位清廉,或拒不仕莽,或数谏得失,论证了作者所认可的"或出或处,或默或语"的君子之道。在全卷最后一位传主鲍宣事迹之末,作者提笔写道:

> 自成帝至王莽时,清名之士,琅邪又有纪逡王思,齐则薛方子容,太原则郇越臣仲、郇相稚宾,沛郡则唐林子高、唐尊伯高(颜注:并列其人本土及姓名字也),皆以明经饬行显名于世。[1]

这一段文字,交代了此处类叙诸人的原因在于他们与该卷五位传主都是"清名之士","皆以明经饬行显名于世"。而首句"自成帝至王莽时",则表明作者是在西汉皇朝的历史视野下考察诸人行迹。在该卷后论中,作者提出古之君子的隐显之道在春秋战国至西汉兴起的历史剧变中已然发生变化,以致将相名臣因心恋荣宠而有失其世,"清节之士于是为贵"。因此,该卷五位传主在纷乱动荡的时代仍能保守清节、礼让进退,足为时人和后人称道。卷末类叙纪逡等人行事,正反映出五位传主虽于时代"格格不入",但其"清名之行"仍能在西汉末年激荡起四方共鸣。可以认为,《王贡两龚鲍传》末的类叙之笔,不仅写出了君子进退显隐之道在西汉一代的变化,而且从更广阔的范围上反

---

[1] (汉)班固:《汉书》卷七十二《王贡两龚鲍传》,中华书局,1962,第3095页。

映出西汉末年复杂的历史形势对于社会风气的扭转和影响。

赵翼又举《汉书·货殖传》之后类叙樊嘉、如氏等诸郡富人事迹为例,进一步说明"类叙之法,本起于班固《汉书》"。按上举《王贡两龚鲍传》是合传,而《货殖传》是类传。无论是前者对"清名之士"的类叙,还是后者对天下富人"章章尤著者"的类叙,都是史学家运用类编纂法,于更深入之撰述结构中纳入更广泛之人物事迹的一次成功的尝试。这些人物流传下来的事迹本不甚丰富,单独观之,人人皆为个体,合而观之,却可以发现这些生活于不同空间甚至从无交集之人彼此间存在的联系,进而显示出他们在特定历史范围内的共性。梁任公论史料运用时曾经指出:"大抵史料之为物,往往有单举一事,觉其无足重轻;及汇集同类之若干事比而观之,则一时代之状况可以跳活表现。"[①] 史学是历史的产物,史学家所提炼出的"类",建立在对大量历史事实的分析和归纳的基础上。正是由于这些历史人物身上具有能够反映一时社会风貌的共性,使他们得以收获史家之笔的青睐,化身为史书中那些闪烁在西汉末年的点点星芒,正是"类叙法"为他们打开了垂名青史之门。

"类叙法"产生于断代为史的撰述体例中,它以事迹不甚丰富之人为叙述对象,类叙的对象往往与传主事迹互为呼应。《汉书·王贡两龚鲍传》末叙唐林"数上疏谏正,有忠直节",是与传主王吉、贡禹、鲍宣在朝堂上数次上书、肯谏得失相呼应。同卷后论中作者以薛方的"贞而不谅"与传主龚胜的"守

---

① 梁启超:《中国历史研究法》,《饮冰室合集》第10册《饮冰室专集之七十三》,中华书局,1989,第63~64页。

死善道"相互顶接，彰显作者本人所推崇的君子之道。这样一种处于不同叙事结构之内的人物事迹间的互动关系，在丰富史书内部撰述结构的同时，也将"以类相从"的原则运用到更广泛的社会层面和更深入的叙事结构中，是对古代史学重视"类例"思想传统的一次具体的应用。

四 清人论类叙法的启示

"夫史之有例，犹国之有法。国无法，则上下靡定；史无例，则是非莫准。"[1] 中国史学是重视方法和方法论的。从先秦两汉时人以"类"的视野思考、撰述，到班固《汉书》开创"类叙法"，再到历代史家运用"类叙法"编修史书，最后由清代学者将其作为一项史书叙事方法论提出，中国古代史学在实践和反思中形成了一条从"类叙法"到"类叙法"之论的演进历程。"类叙法"的灵活运用及其为历代史书编纂所提供的便利，深刻表明古代史家治史、修史之用心，而史学评论家颇能读懂、揭示出前人用心之所在，又彰显了中国史家严肃撰史、评史的优良传统。对于这一传统还有待于深入探讨，并予以继承和发扬。

在清人的讨论中，有一种与"类叙法"十分相似的叙事方法，被称为"带叙法"。在赵翼的有关论述中，"类叙法"和"带叙法"具有颇为相近的功能，易致混淆。[2] 从表现形式上

---

[1] （唐）刘知幾：《史通》卷四《序例》，（清）浦起龙通释，上海古籍出版社，2009，第81页。
[2] 赵翼认为，"类叙法"可以解决"盖人各一传，则不胜传，而不立传，则竟遗之"的编纂困难，"带叙法"可以解决"盖人各一传，则不胜传；而不为立传，则其人又有事可传"的编纂困难。（《廿二史札记》卷九，王树民校证，中华书局，2013，第194、200页）

看,"类叙法"和"带叙法"都是史书记人的方法,它们都于传主正文叙事之下设置低一级的叙事结构。二者作为史传附书之例,方便了史学家于同一卷帙之内写入更多的历史人物,充分体现出古代史家铨配史料、采撰得宜的匠心。但是,在叙事的原则和逻辑方面,"类叙法"和"带叙法"明显有别,这是赵翼及同时代人没有说明的。

"类叙法"遵循"以类相从"原则,对与传主相类之人进行集中叙述。类叙之人与传主必然存在某种"共性",正是这种"共性"决定了"类叙法"的表现形式。举例来看,《汉书·鲍宣传》末叙汉成帝至王莽时纪逡、王思、薛方等人,是取众人皆一时"清名之士"为类;① 《后汉书·卓茂传》末叙孔休、刘宣等人事迹,是取诸人志气相投俱不仕莽而"名重当时"为类;同书《刘平传》末叙王望、王扶事迹,《赵孝传》末叙王琳、魏谭、倪萌等人事迹,是取诸人"修身行义"为类;② 《南齐书·褚澄传》末叙时人徐嗣行医事迹,是取徐、褚二人皆精于医术为类;③ 《梁书·何逊传》末叙虞骞、孔翁归、江避等人,是取众人皆"工为五言诗""博学有思理"为类;④ 等等。诸书所叙之人皆以名行品性为类,所叙对象不一定直接参与到传主生平行事之中。可见,类叙法强调的是诸人身上的

---

① (汉)班固《汉书》卷七十二《王贡两龚鲍传》,中华书局,1962,第3095~3096页。
② 见(南朝宋)范晔《后汉书》卷二十五《卓茂传》、卷三十九《赵孝传》,中华书局,1965,第872、1297~1300页。
③ (南朝梁)萧子显:《南齐书》卷二十三《褚渊传附弟澄传》,中华书局,1972,第432页。
④ (唐)姚思廉:《梁书》卷四十九《文学上·何逊传》,中华书局,1973,第693页。

"共性",故史家一般于传主生平事迹之后运用此法。

所谓"带叙法",是要写出与传主生平发生直接关联的人物,其作法是在叙述传主生平之事的过程中附写某人履历。赵翼认为"带叙法"为《宋书》独创,并举《宋书·刘道规传》写道规派刘遵为游军等事因而叙述刘遵生平、同书《刘义真传》写义真被段宏寻救因而叙述段宏生平、《南齐书·文惠太子传》写太子诱降范柏年因而叙述柏年在梁州著威名及其生平履历等例,予以论证。[1] 在《宋书》以前,史家或是于本传之末设置附传,或是在本传之间带叙一笔而不备人物本末,比赵翼生活时代稍早的牛运震就曾在评论《史记·晋世家》叙事时指出其"叙秦灭梁而及梁好土功,亦属过详,失带叙之体"[2]。《宋书》则改变了以往史家于本传之后设置附传的作法,"在叙事中忽以附传者履历入之"[3],同时于带叙之处"叙其履历以毕之",写成了脱离本传叙事而转以所叙之人为中心的人物小传,这是赵翼称其"独创"之原因。[4]

由此可见,区别"类叙法"与"带叙法"的关键,在于判断所叙内容是否与传主事迹相独立。从编纂依据和叙事逻辑来看,"带叙法"要写成首末完整的人物小传;"类叙法"则着重于点明

---

[1] 分别见(唐)沈约《宋书》卷五十一《宗室·刘道规传》、卷六十一《武三王·刘义真传》,中华书局,1974,第1474、1635页;(唐)萧子显《南齐书》卷二十一《文惠太子传》,中华书局,1972,第398页。
[2] (清)牛运震:《读史纠谬》卷一,齐鲁书社,1989,第43页。
[3] (清)赵翼:《廿二史札记》卷九,王树民校证,中华书局,2013,第194页。
[4] 关于"带叙法"的起源,牛运震、赵翼二人分歧在于"带叙法"是否需要写成人物小传。今人聂溦萌持该说,见《南朝纪传体官修史中的编年体痕迹——从〈廿二史札记〉"宋齐书带叙法"条说起》(沈乃文主编《版本目录学研究》第7辑,北京大学出版社,2016)一文。

所取之"类",并用简略文字写出所叙之人如何彰显这种类属,有时只罗列人名而不作小传。从这一点出发,"带叙法"比"类叙法"具有更完整的传记形式,"类叙法"则比"带叙法"更能够揭示出一定时期之个人、群体与社会的联系。当然,无论是"类叙"还是"带叙",都是史家为使事寡之人"攀列传以垂名"[①] 而使用的一种叙事技巧,而这种技巧被史学批评家所反思、消化和提炼,从理论层面揭示了中国古代史书叙事在方法论上的成就。需要注意的是,"类叙法"与"带叙法"虽有诸般优点,但终究不能代替纪传体史书编纂的基本结构,即对于事迹丰富可传之人,应独立成篇,否则会产生所叙之人事迹过满以致"喧客夺主"的现象。[②]

在清人关于"类叙法"和"带叙法"的讨论中,还存在一些界限模糊的情况,也应予以辨析。例如,赵翼称《南史》《北史》善用"夹叙法",即将"于本传初无甚关涉"之事"牵连书之",也起到"事繁文省"之用。但是,他举出的《南史·豫章文献王嶷传》"忽入荀丕小传"之例,[③] 实际上就是"带叙法",可见赵翼并未对自己所论"类叙法""带叙法""夹叙法"进行明确区分。又如,王鸣盛批评李延寿将沈约《宋书》中的一些人物合传更改迁移,有失"因事类叙之法",

---

① (唐) 刘知幾:《史通》卷二《列传》,(清) 浦起龙通释,上海古籍出版社,2009,第43页。

② 赵翼就曾批评《宋书·刘义庆传》"义庆事转少,鲍照事转多,此未免喧客夺主矣",并称《宋书》《南齐书》"立传太少","略其所不当略也"。(《廿二史札记》卷九,王树民校证,中华书局,2013,第194页;并参见《陔余丛考》卷六"《宋书》立传太少"条、卷七"《齐书》立传太少"条)

③ 见(唐) 李延寿《南史》卷四十二《齐高帝诸子上·豫章文献王嶷传》,中华书局,1975,第1064页。

第四章 观其名迹：历史中的人如何"走进"历史叙述

"不以事类为叙，而必使以族属为叙"。① 王氏提倡的"因事类叙之法""以事类为叙"与赵翼所论"类叙法"不同，前者是指《宋书》为王华等"志安社稷"四人以及为徐湛之等"皆为元凶劭所杀"三人设置合传，并不属于附书之例。《南史》《北史》中还设有数量不少的子孙传，有时一个传主之下附传多人，是重家族、重门阀的时代风气在历史编纂上的反映。子孙传是以家族为中心的叙事结构，"类叙法"以人物名行相从，"带叙法"则于传主事迹之外独立成传，三者都是史书记人的方法，彼此之间旨趣不同、界限清晰，可谓貌近而神异。

"类叙法"因其对于史家采撰、书事的便利而成为史书叙事一项基本的方法，作为列传部分更深入的叙事结构，类叙法在一定程度上可以避免叙事重复、立传繁多的现象，对于中国史学审美传统的形成起到了一定的推动作用，对此，赵翼已多有揭示。②"类叙法"作为中国古代历史撰述之一项历史悠久的重要方法，从班固《汉书》开始运用，历经一千七百余年的发展而为乾嘉考据学者提炼成一项史书叙事方法论，鲜明地反映出中国历史编纂学的理论深度和自觉意识，③ 对于当今的史学

---

① （清）王鸣盛：《十七史商榷》卷六十，上海书店出版社，2005，第469~470页。
② 赵翼称赞类叙法有"省人人列传之烦""简而该""传不多而人自备载""事多而文省""简密""不伤于冗"之效。见《廿二史札记》卷四、卷九，王树民校证，中华书局，2013，第82、200页；《陔余丛考》卷十四，曹光甫校点，上海古籍出版社，2011，第236页。
③ 陈其泰在新近出版的多卷本《中国历史编纂学史》第1卷"卷首识语"中提出，中国古代史家具有"历史编纂的理论自觉"，其表现是既重视编纂实践，又重视理论总结。（《中国历史编纂学史》第1卷卷首，国家图书馆出版社，2018，第3页）

研究和历史撰述仍具实践价值。

第二节 类编纂法由纪传入编年的路径

一 "连类列举"的叙事结构

由于《汉纪》是改编《汉书》而成的著作，是书必然受到纪传体史书重视记述历史人物的影响。汉献帝命荀悦"依《左氏》体"删减《汉书》，不仅是要认识牵引国之大事的治乱兴衰，也有意于了解在西汉历史上发挥过重要作用的人物的行迹。故《汉纪》于撰述过程中的一个重点环节，就是要在编年记事中处理记人的问题，所谓"著功勋""表贤能"是也。《汉纪》成书后，在很长一段时间受到统治者和学人的重视，刘知幾称其"历代褒之，有逾本传"[①]，可见是书所享有的学术地位。

《汉纪》能够在学术史上取得如此成绩，很重要的一点是因为它采用了恰当的叙事结构，在八十万言的《汉书》基础上仅用十八万余言就写出了西汉一代的军政大事。近人梁启超曾称《汉纪》"结构既新，遂成创作"[②]，那么，《汉纪》的结构之"新"具体体现在何处呢？

20世纪中叶，白寿彝先后三次讨论过《汉纪》的结构特点，颇具代表性，在这样几个方面指引我们认识《汉纪》的面貌：第一，从历史撰述体裁的发展史上看，《汉纪》是一部

---

① （唐）刘知幾：《史通》卷二《二体》，（清）浦起龙通释，上海古籍出版社，2009，第26页。
② 梁启超：《中国历史研究法》，《饮冰室合集》第10册《饮冰室专集之七十三》，中华书局，1989，第19页。

具有里程碑意义的书。它的价值体现在丰富了编年体史书的叙事空间，拓展了编年体史书的记事功能，推动了编年体发展成为一种"真正成熟的"史书体裁，从而与纪传体史书形成分庭抗礼的格局。从这一点出发，《汉纪》被视为中国古代历史撰述体裁第一个演变时期结束的标志。[1] 第二，《汉书》记事有"文赡而事详"的特点，这是其优点，但也成为汉献帝阅书的苦恼。《汉纪》"以《汉书》的纪为纲，大量吸收了传的材料，还吸收了一些志表的记载"[2]，做出了技术上的处理，用简约的文字呈现出多方面的历史进程，也继承并发展了司马迁、刘向、扬雄、班固"博物洽闻"的传统。第三，荀悦所提出的"通比其事，列系年月"[3] 的方法，"不只是要按年月把史事通通地安排起来，还包容有类比的办法"[4]。白先生讲到的"类举的办法""类比的办法""连类记载""连类列举的办法"等等，其核心都在于"类"，包含着对《汉书》多层次运用类编纂法的吸收和转化，是《汉纪》结构之"新"最突出的表现。

就记事（这里说的事也包括制度、灾异、四夷等内容）和记人两种要素来看，《汉纪》发展了《左传》"言事相兼"的特点，吸收了《史》《汉》重人事的思想，形成了事中有人、

---

[1] 《白寿彝史学论集》（下），北京师范大学出版社，1994，第652~653页。
[2] 《白寿彝史学论集》（下），北京师范大学出版社，1994，第756~757页。
[3] （汉）荀悦：《汉纪·序》，《两汉纪》上，中华书局，2017，第1、2页。
[4] 《白寿彝史学论集》（上），北京师范大学出版社，1994，第476页。

人在事中的叙事结构。① 由于同一个历史人物的事迹，往往跨越不同岁时而出现在书中的不同卷帙，小传却只能写一次，故《汉纪》更多的作法是在叙述中连带写出人物生平史事。从各要素间的相互配合和叙事逻辑出发，《汉纪》的叙事结构主要有以下两种形式：

其一，因记一事，而连类记载与此事有关的事或有关的人。如于"沛公二年"（前208）记"沛公将见景驹，遇张良于留"，下设张良小传，以一百八十余字介绍张良家世、早年经历及遇黄石老人得《太公兵法》，以及归从沛公等事迹。②

其二，因记某事涉及某人，而连类记载与此人有关的事或同类的人。③ 例如，在"汉文帝前元十四年"（前166）记文帝征匈奴还，"上辇过郎署，见郎署长冯唐年七十余矣"，冯唐得到汉文帝赏识，于当日受诏持节赦魏尚，又"拜为车骑都尉，主中尉及郡国车骑士"，后面接着写冯唐事迹："至景帝时为楚

---

① 南宋陈傅良认为，《左传》"依经以作传，附著年月下，苟不可以发明笔削之旨，则亦不录也。后作者顾以为一家史体，谓不释经，故曰荀、袁二子为之也"[《徐得之左氏国纪序》，《止斋先生文集》卷四十，乌程刘氏嘉业堂藏明弘治十八年（1505）刊，商务印书馆缩印，第204页下]。这是以《左传》作为解经之书，而不承认它是一种史体，进而反对以《两汉纪》上承《左传》。按照白寿彝的看法，《左传》虽包含一些解经的内容，"但跟经文不相连属，当系后来经师们加上去的"（参见白寿彝《中国史学史》第1卷《先秦时期 中国古代史学的产生》，上海人民出版社，2006，第151页）。《左传》是一部编年体史书，但也包含着记人和记事之本末的形式，这为后来史家继承。
② （汉）荀悦：《汉纪》卷一《高祖皇帝纪一》，《两汉纪》上，中华书局，2017，第6~7页。
③ 从史书叙事的逻辑出发，这里提出的两种形式与白寿彝提出的两种形式有所差异。又，刘隆有称之为《汉纪》的"预叙法"，"既克服了编年史无法记时间不明确的史事的缺点，又使这些人物的事迹保持了完整"（《〈汉纪〉对编年史体的创新》，《史学史研究》1981年第3期）。

相，卒为名臣。"① 文帝欲亲征匈奴事见《汉书·文帝纪》，冯唐论将以救魏尚事见《汉书·冯唐传》，又于《王嘉传》互文，故《汉纪》将冯唐事系于文帝前元十四年纪事，通过连类列举，既写出了冯唐生平，又在总体上肯定文帝善于纳谏的同时隐晦地批评了其用人之失。又如，于"汉武帝元光六年"（前129）记张骞从卫青有功封侯，接着设张骞小传："骞者，汉中人也。初为郎，应募，使月氏"，继而便由张骞出使西域连带写出西域各国地貌、风俗、兵器、物产等内容，最后以"自张骞使大夏之后，穷河源，恶睹所谓昆仑者乎？故言九州山川，《尚书》近之矣，《禹本纪》《山经》有所考焉"结束。② 这段内容出于《汉书·西域传》，《汉纪》将其置于张骞事迹后连类叙述，是为叙事结构上的创新。

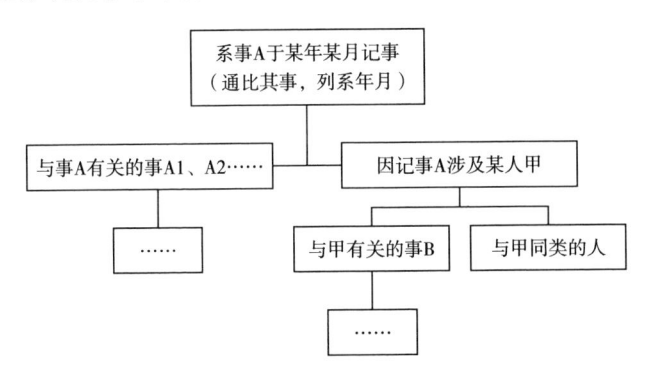

```
             ┌─────────────────────┐
             │ 系事A于某年某月记事  │
             │ （通比其事，列系年月）│
             └──────────┬──────────┘
          ┌─────────────┴─────────────┐
┌─────────────────┐         ┌──────────────────┐
│ 与事A有关的事A1、A2……│         │ 因记事A涉及某人甲 │
└────────┬────────┘         └─────────┬────────┘
         │                  ┌─────────┴─────────┐
      ┌──┴──┐         ┌──────────┐      ┌──────────┐
      │ …… │         │与甲有关的事B│      │与甲同类的人│
      └─────┘         └─────┬────┘      └──────────┘
                            │
                         ┌──┴──┐
                         │ …… │
                         └─────┘
```

图 4-1　《汉纪》连类列举叙事结构示意图

以上两种形式往往在《汉纪》中交替或交叉出现，形成

---

① （汉）荀悦：《汉纪》卷十八《孝文皇帝纪下》，《两汉纪》上，中华书局，2017，第118~119页。
② （汉）荀悦：《汉纪》卷十二《孝武皇帝纪三》，《两汉纪》上，中华书局，2017，第201~204页。

"事—人—事"的连环叙事模式,使类编纂法成功地由纪传体史书进入编年史书。

上一节讲到,在中国古代历史编纂史上,两汉时人已经熟练地运用"以类相从"方法进行大部帙著作的编纂,《史记》中出现了叙述同一类人物群像的类传,《汉书》则创造了把与传主品行事迹相类的人物集中附写的类叙法,其间包含着丰富的"类例"思想。《汉纪》的"连类列举",则是类编纂法在皇朝史叙事中的新的探索。

《汉纪·孝平皇帝纪》叙王莽即真后不得人心,便是对《汉书·王贡两龚鲍传》篇末类叙"清名之士"段落的简化。同书《孝武皇帝纪四》记栾大、李少翁、李少君、公孙卿等方术之士,则是在糅合选取《汉书·武帝纪》及《郊祀志》有关内容的基础上,重新安排了一条关于方术之士的叙事线索:从元鼎四年(前113)夏"封方术士栾大为乐通侯,位上将军"写起,进而借栾大"臣恐效文成将军"语引出李少翁事迹,并增添汉武帝杀文成将军后"悔之"及得栾大"甚喜";接着以追叙之笔写李少君、公孙卿等人皆受汉武帝信任,在社会上引起"是时言神怪方术者以万数,入海求仙人者数千人"的不正风气。这里,《汉纪》作者对《汉书》中的有关内容重新组合、连类列举,意在批评"武帝之世,赋役烦众,民力凋敝,加以好神仙之术,迂诞妖怪之人四方并集,皆虚而务实,故无形而言者至矣"[①]。总之,"以类相从"的编纂方法由纪传入编年,

---

[①] (汉)荀悦:《汉纪》卷十三《孝武皇帝纪四》,《两汉纪》上,中华书局,2017,第225~226页。

顺利地帮助史学家将兵略与政化、休祥与灾异、华夏之事与四夷之事、常道与权变、策谋与诡说、术艺与文章等方方面面的内容，分类取舍、散入编年，搭建起新的叙事结构，呈现一种新的历史解释。

从以上诸多方面来看，梁启超称"善钞书者可以成创作"，又称《汉纪》"结构既新，遂成创作"[①]，是一条既符合历史的也符合逻辑的评价。

《汉纪》叙事结构之"新"的背后，还蕴含着一条古代史学发展的规律，即它首先是编年体史书的一次重要革新，这在第二章第二节已有详细讨论。与此同时，《汉纪》又是编年、纪传两种史体之间相互借鉴、吸收的成果，它的问世推动了中国古代史书体裁辩证发展规律的形成。《汉纪》以后，东晋袁宏撰写编年体《后汉纪》又提出"言行趣舍，各以类书"的撰述方法，更加突出地在编年记事结构中以"类"的视野呈现人物群像。

二 "各以类书"的记人方法

在《汉纪》运用"事—人—事"连环叙事模式记述历史人物的影响下，后世编年体史书写人物的空间被充分扩大。追随《汉纪》而成的袁宏《后汉纪》又以"言行取舍，各以类书"的方法，进一步丰富了编年体史书写人物的形式。

以今天所见荀悦《汉纪》与袁宏《后汉纪》相比较，可以明显看到，两者在卷数、宗旨、内容的重点等方面均有明确的联

---

① 梁启超：《中国历史研究法》，《饮冰室合集》第 10 册《饮冰室专集之七十三》，中华书局，1989，第 19 页。

系。与此同时,与《汉纪》相比,《后汉纪》记人的篇幅比例有很大提升,为人物立小传的数量也多有增加,"类"的思想更加突出。这大概源于袁宏本人十分重视对古今人物行迹的考察,他在《后汉纪》以外,还有《三国名臣序赞》《竹林》《正始》《中朝》等著作,可见他十分擅长撰写名臣、名士传记。此外,东汉末年至魏晋以来纪传体史书的盛行以及撰写人物传记的流行趋势,可视为《后汉纪》大量使用人物小传的深层原因。① 当然,这里要强调的是,《汉纪》对人物小传的设置,当直接地影响了袁宏撰写《后汉纪》的体例,毕竟,荀悦在袁宏眼中是"才智经纶"的一代嘉史,而《后汉纪》正是追随《汉纪》而作。

在《后汉纪》中,"连类列举"的连环叙事结构依然被大量运用,但《后汉纪》于这一结构之中,更加重了"类书"的成分,形成它记述人物的独特路径。袁宏自述其撰史方法是:"言行趣舍,各以类书。""言行趣舍"是"各以类书"的前提,只有做到了"言行趣舍",才有可能"各以类书"。可以认为,继"连类列举"发展了"言、事相兼"的编撰形式之后,"言行趣舍,各以类书"又进一步发展了《汉纪》的连环叙事结构,显示出从《左传》到《汉纪》再到《后汉纪》,编年体史书内部结构的不断革新。

---

① 乔治忠认为,"多记述人物的言行事迹,力求兼取纪传体史书之长"是三国两晋南北朝时期许多编年史共有的特点。"例如,干宝《晋纪》遗文有对何曾职任、言行的记述,《汉晋春秋》有记述庾冀言行、事迹的遗文,《晋阳秋》有对刘弘生平、事迹、履历、言行的集中叙述,《续晋阳秋》有对刘牢之家世、履历、职位的叙述,《晋安帝纪》有王国宝的小传,等等。总之,编年史内容的这项新发展在许多撰述中普遍采用,但其产生的脉络还有待深入考订。"(《中国史学史》,中国人民大学出版社,2011,第104页)

第四章 观其名迹：历史中的人如何"走进"历史叙述

《后汉纪》"类书"的基本形式如下：

卷六于"汉光武帝建武十一年"（35）记司隶校尉鲍永弹劾赵王刘良事，遂记鲍永小传。接着，用追叙法记宣秉小传，又于宣秉事迹后写王良小传，是因宣秉于建武二年（26）迁司隶校尉，而后王良于"建武六年"（30）代宣秉为大司徒司直。这是将职属相同又为百僚敬惮的鲍、宣、王三人类书。

卷九类书义行之人：刘平、赵孝二人被盗贼所擒，贼将食之，却为二人义行感动，致使"贼大惊，不忍食"①。一方面反映出二人的品行贵重，堪称"义士"；另一方面交代出东汉初期"天下新定，民皆乏食"的历史形势。

卷十一类书孝子：江革"居家专心于孝养，不为修饰之行，务适亲意而已"，同乡称其"江巨孝"；毛义逢母去世，"弃官行服，进退必以礼，贤良公车征，皆不至"；薛苞在生母离世后，被后母赶出家门，"日夜号泣，不肯去，被殴打，不得已庐住门外，旦夕洒埽进养"等。② 书中不仅通过叙述具体事件彰显三人的孝行，更反映出东汉重视孝道的时代风气。

这里，《后汉纪》将义士和孝子分开类书，先以汉明帝永平三年（60）钟离意荐刘平事而连带出刘平小传，又以义行故，类书赵孝小传；后以汉章帝建初元年（76）"司空长史江革为五官郎将"事带写出江革小传，又以孝行故，类书毛义、薛苞小传。与《后汉书·刘赵淳于江刘周赵列传》相较，更能

---

① （晋）袁宏：《后汉纪》卷九《孝明皇帝纪上》，周天游校注，天津古籍出版社，1987，第253~254页。
② （晋）袁宏：《后汉纪》卷十一《孝章皇帝纪上》，周天游校注，天津古籍出版社，1987，第303~305页。

体现出编年体史书以时、事系于记人之上的根本结构。

卷十九写汉顺帝朝诸位"良二千石"的人物事迹,分别记叙任峻"选文武吏各尽其用,发剔奸盗";苏章"勤恤百姓,摧破豪侠";陈琦"与吏士同寒苦";第五访开仓赈民、威服边境等事。① 这与西晋陈寿所撰《三国志·仓慈传》末类叙吴瓘、任燠、孔乂等诸"良二千石"的事迹有异曲同工之妙。

卷二十三写郭泰事迹,进而写出仇香、茅容、魏昭、孟敏、袁阆、黄宪、左原、黄元艾、徐孺子、孙威直、贾子序等人事迹,目的还是在于突出郭泰弘明善恶、善于引导等品格。②

凡此种种,都是《后汉纪》"各以类书"的撰述格局。这里举出的功臣、孝子、义士、良吏等等,都是历史上著有功绩或突出品行之人,是袁宏史笔之下一个个切实的"名教"承担者。《后汉纪》全书最后一个立小传的人物是以孝义著称的名士杨彪,他在曹魏得势后,拒不受任,认为自己"已为汉三公,遭世衰乱,不能立尺寸之益,若复为魏氏之臣,于义既无所为,于国选亦不为荣也"③,这种忠君思想,正体现出袁宏撰《后汉纪》"弘敷王道"的主旨。至于奸佞之辈,除非是对历史发展走向有极大影响的人(窦宪、梁冀等)不能缺载之外,对其党羽(司空蔡、王调、李阜等)皆不详书。在书中提到的众多宦官中,唯独对郑众一人交代了郡望"南阳",这是由于作

---

① (晋)袁宏:《后汉纪》卷十九《孝顺皇帝纪下》,周天游校注,天津古籍出版社,1987,第525页。
② (晋)袁宏:《后汉纪》卷二十三《孝灵皇帝纪上》,周天游校注,天津古籍出版社,1987,第647~752页。
③ (晋)袁宏:《后汉纪》卷三十《孝献皇帝纪》,周天游校注,天津古籍出版社,1987,第863页。

者认为郑众是历史转折关头的代表性人物,即"阉官专权自众始焉"[①]。对东汉中后期专权的宦官(单超、孙程、江京、李闰等),以及凭借宦官子弟亲属身份而乘势肆意的"苟进之士"(张舆、单安、徐盛等),书中仅在编年记事的过程中一笔带过,着重揭露他们干扰朝政的恶行,而不着墨于其生平事迹,更不立小传。

《后汉纪》于编年记事中穿插编织了不同类型的人物群像,使东汉时期的历史人物形象一个个独立起来,又在具体事件中相互联系,从而反映出他们在历史进程中的作用与风貌。通过在连环叙事模式中置入更多的"类书"结构,《后汉纪》记人的内容和篇幅都要比《汉纪》大大增多,而"类书"所体现出的分类思想,也对范晔《后汉书》中的类传产生了一定的影响。

袁宏《后汉纪》之所以必须写人物,但又不必而且也不可能如同纪传体那样来写人物,是由其撰述思想所决定的。在袁宏看来,他必须写人物,因为人物是"名教"的载体,是"名教"的承担者,如果书中人物的数量尤其是类型少了,那么由谁来承担"名教"呢?"名教"落空了,则袁宏不成其为袁宏,"通古今而笃名教"的《后汉纪》也就无从谈起。这是《后汉纪》一书之必须着墨于写人物,且以"观其名迹,想见其人"为其目标之深层的思想上的原因。概而言之,《后汉纪》"言行趣舍,各以类书"的记人方法,是为了达到使读者"观其名迹,想见其人"的叙事效果,即该书记人的目的,就是要向世人提供"名教"的承担者——形形色色的历史人物——的行

[①] (晋)袁宏:《后汉纪》卷十四《孝和皇帝纪下》,周天游校注,天津古籍出版社,1987,第409页。

迹，从而达到宣扬名教的意旨。

三 类编纂法的逻辑限定

经过荀悦、袁宏等史家的尝试，类编纂法被成功引入编年体史书的叙事结构之中，并被今人总结为"连类列举""连类并叙"①的方法论。可以认为，类编纂法促进了不同史书体裁之间的相互渗透和辩证发展，尤其是推动了汉唐之间编年、纪传"二体"形成"各有其美，并行于世""欲废其一，固亦难矣"的史学面貌，②这在中国古代史书体裁的发展历程中具有里程碑式的意义。此后经由北宋大史学家司马光发挥，将"连类列举""各以类书"的记人方法与丰盈细腻的记事之笔相互配合，将编年体史书叙事继续推向了它的高峰。③

这里必须要再次强调，在考察"两汉纪"的叙事结构时，不能忽视史书叙事各要素所遵循的叙事逻辑以及各要素之间在叙事逻辑上的主次关系。在编年体史书中，时间、事件、人物

---

① 分别见白寿彝《中国史学史论集》，中华书局，1999，第127页；乔治忠《中国史学史》，中国人民大学出版社，2011，第93页。
② （唐）刘知幾：《史通》卷二《二体》，（清）浦起龙通释，上海古籍出版社，2009，第26～27页。
③ 宋馥香指出：《资治通鉴》"载人之法主要是借鉴了《后汉纪》'连类同书'的叙事之法，创造性地运用了缩小类比人物密度、反衬、记述重大事件与表述重要人物相结合的方法……基本上是以两人为限，而且一般只记载与主体事件关系极为密切的人物事迹，所用文字最多者不过700字，少者仅有一句话，一般多在100余字左右，这就使编年体史书既因增加了大量的人物活动而拓展了记史容量的同时，也节省了大量的不必要的文字，可谓详而得其要，简而丰其事，这无疑与其记人的这一体例和叙事技巧有着密切的关联"［《〈资治通鉴〉：编年体史书历史叙事发展的高峰》，《陕西师范大学学报》（哲学社会科学版）2004年第2期］。

及其他叙事要素各有其所属的叙事层级,其中,时间线索是基础架构,陈垣谓"言论文章,典章制度,势不能尽载,体例如此,固无奈何"①,这是编年体史书叙事结构的根本特点。

《后汉纪》和《汉纪》在中国史学发展史上并称"两汉纪",表明它们在整体面貌上仍是相近的编年体史书,其卷次编排均以君主为序。在叙事结构上,"两汉纪"以帝王为主,而其他历史人物为辅。与"两汉书"能够以专传、合传、类传写人物的作法比较,"两汉纪"中除了君主以外的历史人物,都不能够处于第一级的叙事结构。"两汉纪"可以将同一历史人物的事迹分散到不同年月、不同卷帙之中,而挑选某次"出场"时(或随某事,或因任迁,或因免官,或因卒世)设立小传,在编年体史书中正式纳入人物传记的叙述结构;但二书绝不可能(也不应要求它们)将记事或记人置于时间线索之上进行叙述,故应该辩证地看待"两汉纪"写人物的"不详尽""不全面"。② 例如,《汉纪》

---

① 《来新夏听课笔记》,载陈垣《中国史学名著评论》,商务印书馆,2014,第142页。
② 有学者认为:"袁宏发挥了编年体的长处,以时间为经,清楚地条理出了东汉历史的发展线索,以人物、事件为纬,展示了同时期各事件间的联系,和各人、事在历史发展过程中的作用,使人能从宏观上、总体上把握东汉史。同时,袁宏又不拘一格,吸收了纪传体编写同类人物集传的长处,在以年月系事的同时叙人,叙人又照顾到分类……这种体例的利弊兼而有之,它的长处是说清了事物之间的联系,便于查考同类事件、人物的源流、特点、一般规律;不足之处是不系人物生卒年日,使人易把同类人物误作同时人物对待,产生差错。"[陈生琦:《论〈后汉纪〉的史学价值》,《黄淮学刊》(社会科学版)1990年第3期];关庆涛认为,《后汉纪》重视介绍人物家世生平的叙事方法,对明清时期东汉历史演义的创作产生了影响,同时指出,书中过多地插叙人物,导致"故事情节不连贯,历史事件线索不明晰"(《〈两汉纪〉与两汉题材历史演义的创作》,《古籍整理研究学刊》2014年第2期)。这大概是忽略了编年体"两汉纪"叙事结构的内在层次而作出的判断。

记石奋小传于汉文帝前元二年（前178），而记其四孙传及行事于武帝太初二年（前103），便是将《汉书·万石卫直周张传》对石奋及其子孙的合传拆开，各依其生活时代重新列入相应年月。其他如记司马相如、主父偃等人皆是此法。因此，我们不能把"连类列举""各以类书"简单地视为纪传体史书中的类叙法或带叙法。

总之，讨论"两汉纪"记人的独特路径，并不是说"两汉纪"是以记人为主的史书。毕竟，年月为纲，系时记事，这是编年体史书叙事的根本结构，记事和记人都要依附于记时，关于人的记载要依附于对事件的叙述之下，事中有人，人在事中。我们讨论"两汉纪"记人结构和特点的出发点是，人是历史的主体，中国史学自司马迁《史记》确立人本主义思想，无论纪传、编年，都善于在史书叙事中时刻突显人在历史进程中的作用，这是一个客观存在的史学现象，它反映了中国古人尤其是中国古代史学家关于人在历史进程中的主体地位之认识的不断发展，也表明不同形态的历史撰述之间存在互相交叉的空间。

第三节　人物群像：皇朝史叙事的着力处

一　以人才群体考察政治兴衰

中国古代有重视人才的传统。东周时期诸国争霸，政客说士便以是否得"贤佐"来分析敌国情势。[①] 战国初期成书的以

[①] 《左传》襄公九年，《十三经注疏》，中华书局，1980，第1942页。

第四章 观其名迹：历史中的人如何"走进"历史叙述

记言为主的《国语》，特别揭示出有才能的人在诸侯建立霸业过程中的重要性，而且反映出这些有才能的人"在春秋时期政治舞台上的地位逐步上升"①。两汉时期，人才兴盛，无论是创业还是守业，均是依靠于群体的战功与智慧。故重视人才的观念在两汉时期大盛，朝堂上乃有"士者，国家之大宝，功名之本也"②"明政无大小，以得人为本"③ 的论断。

"汉初人才已盛。"④ 刘邦对于善用人者得天下的总结和重视及其对两汉历朝用人方针的影响，为史学家之笔所记录。《汉书》作者在《高帝纪》中详细陈叙了汉高祖刘邦与群下论"吾所以有天下者何？项氏之所以失天下者何？"的场面。刘邦总结自己"所以取天下者"在于善用人，陆贾则在为刘邦总结统治经验的过程中进一步提出了人君知人用贤的重要性。刘邦重视张良、萧何、韩信三位"人杰"在"得天下"中所发挥的重要作用，但更强调君主善于用人方能成就功业，使得"群臣悦服"。⑤ 荀悦《汉纪》原文记录了刘邦的这一番总结，又通过"连类列举"的叙事模式，将《汉书·韩信传》中刘邦与韩信的一段对话略作调整，接续其后，以便在叙述中突出刘邦善于

---

① 白寿彝：《中国史学史》第1卷《先秦时期 中国古代史学的产生》，上海人民出版社，2006，第199页。
② （汉）班固：《汉书》卷七十五《眭两夏侯京翼李传》，中华书局，1962，第3181页。
③ （南朝宋）范晔：《后汉书》卷三《肃宗孝章帝纪》，中华书局，1965，第133页。
④ 清人王鸣盛指出："汉初大乱初平，人心甫定，文学未兴，风气犹朴，而人才已盛如此。传世之远，所自来矣。"（《十七史商榷》卷二十四，黄曙辉点校，上海书店出版社，2005，第170页）
⑤ （汉）班固：《汉书》卷一下《高帝纪下》，中华书局，1962，第56页。

用人的伟略。① 荀悦还将《汉书·冯唐传》载冯唐论将的片断揉进《汉纪》文帝中元十四年纪事，批评文帝不善用人以致忠臣泣血、贤良伤心，通过叙事与议论相结合的方式，进一步强调了"知贤""用人"之于政治统治的重要性。

《汉书》又以大量篇幅记载了汉武帝建元元年（前140）至元封五年（前106）朝廷先后六次大规模招徕人才的举措，着力揭示武帝重视从各种途径奖拔、任用人才的举措，揭示武帝、宣帝朝鼎盛局面的背后是"人才兴盛"的推动，其论指出：

> 是时，汉兴六十余载，海内艾安，府库充实，而四夷未宾，制度多阙。上方欲用文武，求之如弗及，始以蒲轮迎枚生，见主父而叹息。群士慕向，异人并出。卜式拔于刍牧，弘羊擢于贾竖，卫青奋于奴仆，日䃅出于降虏，斯亦曩时版筑饭牛之朋已。汉之得人，于兹为盛。儒雅则公孙弘、董仲舒、兒宽，笃行则石建、石庆，质直则汲黯、卜式，推贤则韩安国、郑当时，定令则赵禹、张汤，文章则司马迁、相如，滑稽则东方朔、枚皋，应对则严助、朱买臣，历数则唐都、洛下闳，协律则李延年，运筹则桑弘羊，奉使则张骞、苏武，将率则卫青、霍去病，受遗则霍光、金日䃅，其余不可胜纪。是以兴造功业，制度遗文，后世莫及。

---

① 这段文字如下："上问韩信曰：'公相我能将几何？'信曰：'陛下不过能将十万。'又问韩信：'公能将几何？'曰：'臣多多益办耳！'上曰：'多多益办，何为为我臣？'信曰：'陛下不能将兵，而善将将。此所谓天授，非人力也。'"[（汉）荀悦：《汉纪》卷三《高祖皇帝纪三》，《两汉纪》上，中华书局，2017，第37页]

第四章 观其名迹：历史中的人如何"走进"历史叙述

> 孝宣承统，纂修洪业，亦讲论六艺，招选茂异，而萧望之、梁丘贺、夏侯胜、韦玄成、严彭祖、尹更始以儒术进，刘向、王褒以文章显，将相则张安世、赵充国、魏相、丙吉、于定国、杜延年，治民则黄霸、王成、龚遂、郑弘、召信臣、韩延寿、尹翁归、赵广汉、严延年、张敞之属，皆有功迹见述于世。参其名臣，亦其次也。①

这段内容，将汉武帝、宣帝两朝名臣贤才网罗列举，在皇朝史产生之初即开创了以人才得用与否考察政治得失的叙述风格。荀悦《汉纪》继承《汉书》的这段论述，并将其置于《孝宣皇帝纪》卷末，落实了是书"著功勋""表贤能"的撰述旨趣。

得人才者得天下的观念，在两汉交替之际愈加突出，班彪《王命论》就曾尝试以"英雄陈力，群策毕举，此高祖之大略，所以成帝业也"②来规劝隗嚣。"举贤良"的传统则在东汉进一步延续，《后汉纪》《后汉书》多次记载皇帝下诏征辟在野士人，反映出当时朝廷对人才的重视和渴望。

范晔在《后汉书·左周黄列传》卷末写有一篇长论，先是从选任制度的变迁讲起，进而批评东汉以后"荣路既广，觖望难裁，自是窃名伪服，浸以流竞。权门贵仕，请谒繁兴"的不利局面。接着，他着重谈到左雄任尚书期间"限年试才"，改革选举，知能任使，于是"士得用情，天下嗯嗯仰其风采"，便有了这样一番景象：

---

① （汉）班固：《汉书》卷五十八《公孙弘卜式兒宽传》，中华书局，1962，第2633~2634页。
② （汉）班固：《汉书》卷一百上《叙传上》，中华书局，1962，第4211页。

>……英能承风,俊乂咸事,若李固、周举之渊谋弘深,左雄、黄琼之政事贞固,桓焉、杨厚以儒学进,崔瑗、马融以文章显,吴祐、苏章、种暠、栾巴牧民之良干,庞参、虞诩将帅之宏规,王龚、张皓虚心以推士,张纲、杜乔直道以纠违,郎𫖮阴阳详密,张衡机术特妙:<u>东京之士,于兹盛焉</u>。①

这里,范晔论"东京之士,于兹盛焉",正与《汉书》作者论"汉之得人,于兹为盛"相互映照。范晔还提出了一种假设:若是汉顺帝时朝廷能纳"高谋",疆场能宣"智力","则武、宣之轨,岂其远而?"可惜真实的历史事实是,"在朝者以正议婴戮,谢事者以党锢致灾",尽管"仁人君子心力之为",东汉皇朝仍然摇摇欲坠,濒临溃决。这是史学家通过考察历史上的贤才达士,总结出人才在两汉历史变迁中的作用并将其清晰地摆在读者面前,进而不断警示后人重视人才、知人用人的重要性。

二 两汉开国功臣的不同命运

历史发展是众人合力推进的结果。在秦汉政权变革和两汉政权交替的过程中,刘邦和刘秀代表了大众的需求,获得了广泛的支持,成为历史的引领者。但是,在他们上位之后,伴随着创业和守成之历史形势上的转化,很快就迎来了政治、经济、文化、外交等诸多领域统治上的新的历史困境,这些问题的解

---

① (南朝宋)范晔:《后汉书》卷六十一《左周黄列传》,中华书局,1965,第2042~2043页。

第四章 观其名迹：历史中的人如何"走进"历史叙述

决程度，往往直接干系着新兴政权的命运。

在西汉和东汉的统治史上，开国功臣作为第一朝君主的伴随者，总是成为率先登上新历史舞台的一群人。但是，以政权的建立为分界，在前一个时期帮助领袖横扫天下的开国功臣，在后一个时期又很快转化为同一位领袖之权力地位的巨大威胁。开国功臣作为一类特殊的人才群体，对他们如何封赏、如何处置，是新兴政权所面对的众多问题中的重要环节。在历史上，刘邦、刘秀两位帝王的作法形成鲜明对照，这为史学家所关注、记录、研究、评价，成为皇朝史写人物的一个重要方面。

西汉初年以战功封侯的异姓诸侯王有七人（楚王韩信、梁王彭越、淮南王英布、韩王信、赵王张耳、长沙王吴芮、燕王臧荼），除吴芮外，皆先后谋反、叛逃而被刘邦逐个消灭。对于这样一场重大祸乱的历史背景及其形成的原因，《汉书》作者进行了深刻的剖析："见疑强大，怀不自安，事穷势迫，卒谋叛逆，终于灭亡。"[1] 即这场政治动乱之形成，是异姓诸侯王和统治者两方面因素共同作用的结果。这是对异性诸侯王历史命运所作的整体性分析。《汉书》作为皇朝史的创始之作，之所以特别重视对功臣群体的叙述，大概受到西汉以来统治集团重人才之思想传统的影响。史载，班固在汉明帝朝担任兰台令史期间，曾与陈宗、尹敏等人撰成《世祖本纪》，后典校秘书，"又撰功臣、平林、新市、公孙述事，作列传、载记二十八篇"[2]。永宁

---

[1] （汉）班固：《汉书》卷三十四《韩彭英卢吴传》，中华书局，1962，第1895页。

[2] （南朝宋）范晔：《后汉书》卷四十上《班彪列传上》，中华书局，1965，第1334页。又见《史通·古今正史》。

中，邓太后召傅毅及刘騊駼入东观，与刘珍共著"中兴以下名臣列士传"①。这表明在班固撰写《汉书》的同一时期，将功臣作为一个整体展开历史叙述，已有成例。此外，提拔任用班固的汉明帝，曾因追感前世功臣，而将他们图画于南宫云台，这是皇朝史产生伊始即关注功臣群体的更现实的因素。

这里我们以《汉书·英布传》为例，来看作者如何评判统治者和诸侯王两个方面在这场动乱中所应承担的责任：该篇先铺叙英布初降高祖时的不快——"汉王方踞床洗，而召布入见。布大怒，悔来，欲自杀"；接下来着重描写呈现韩信、彭越见诛后英布的警惕心理——"高后诛淮阴侯，布因心恐。夏，汉诛梁王彭越，盛其醢至淮南，淮南王方猎，见醢，因大恐，阴令人部聚兵，候伺帝郡警急"；继而，将英布之乱的直接动因交代给读者——"布见赫以罪亡上变，已疑其言国阴事，汉使又来，颇有所验，遂族赫家，发兵反"②。这样连贯地读下来，读者毫不费力即可捕捉到君、臣之间上下相疑的尴尬气氛，身临其境地感受到历史形势的步步变化。虽然这段内容大多出自《史记》，但《汉书》作者把它如实地记载下来，并加以细节化的处理，这就可使读者由此出发，联想到其他几位诸侯王叛乱的历史局面，进而体会到撰述者对于统治者未能妥善安置功臣的批评之意。我们说《汉书》叙事有"宣汉"的宗旨，但又不失"实录"的追求，这是极好的一例，关于这一

---

① （南朝宋）范晔：《后汉书》卷十四《宗室四王三侯列传》，中华书局，1965，第558页。又见同书《文苑列传》。
② 以上所引见（汉）班固《汉书》卷三十四《韩彭英卢吴传》，中华书局，1962，第1887页。

点，在下一章还将详细讨论。

西汉的建立是群体智慧的结晶，同样，东汉中兴政权的建立，也是刘秀与一群得力武将、善谋之士共同创造的结果。于是刘秀即位之初，就遇到了与西汉之初十分相似的棘手的君臣关系。不同的是，刘秀对东汉开国功臣的安排是以恩赐慰劳为主而不予实权，这引发了史家们叙述、评价这段历史的辩难。

批评一方大多指责光武帝不能选贤举能，用人有失。如袁宏认为，"夫人君者，必量材任以授官"①，光武帝以图谶赏爵，没有能够充分地发掘、任用人才。因此，他在有关刘秀对功臣的安置政策上是持批评意见的，并在《光武皇帝纪》中发出如是感慨："夫世之所患，患时之无才也；虽有其才，患主之不知也；主既知之，患任之不尽也。"② 根据这段内容，袁宏心中的光武帝恐非"高世之主"③。

对于袁宏的批评意见，范晔在他的《后汉书》中进行了回应。这里，我们先来回顾一下《后汉书·冯异传》中的有关记载：

> 异自以久在外，不自安，上书思慕阙廷，愿亲帷幄，帝不许。后人有章言异专制关中，斩长安令，威权至重，百姓归心，号为"咸阳王"。帝使以章示异。异惶惧，上书谢

---

① （晋）袁宏：《后汉纪》卷六《光武皇帝纪六》，周天游校注，天津古籍出版社，1987，第151页。
② （晋）袁宏：《后汉纪》卷六《光武皇帝纪六》，周天游校注，天津古籍出版社，1987，第162页。
③ （晋）袁宏：《后汉纪》卷七《光武皇帝纪七》，周天游校注，天津古籍出版社，1987，第176页。

曰:"臣本诸生,遭遇受命之会,充备行伍,过蒙恩私,位大将,爵通侯,受任方面,以立微功,皆自国家谋虑,愚臣无所能及……臣以遭遇,托身圣明,在倾危混淆之中,尚不敢过差,而况天下平定,上尊下卑,而臣爵位所蒙,巍巍不测乎?诚冀以谨敕,遂自终始。见所示臣章,战慄怖惧。伏念明主知臣愚性,固敢因缘自陈。"诏报曰:"将军之于国家,义为君臣,恩犹父子。何嫌何疑,而有惧意?"①

这段记载中的冯异,与前引《汉书·英布传》中惊惧不已的英布是多么的相似。即使冯异系颍川旧属而与英布背楚投汉有着"出身"上的不同,但这样的情况仍然十分微妙,一旦处理有失,极可能形成与西汉异姓诸侯王之乱一样的局面,可谓形势严峻。作为汉家天下的中兴之君,刘秀没有盲目地延续高祖之举,而是吸取了历史上的教训,先是示章、赐诏,坦诚以对,又在朝请时赏赐安抚,令其家属共同还西。于是,既避免了英布之祸的重演,更于此后的攻蜀、安边有益。

刘秀对冯异的安置,与刘邦对英布的猜忌形成鲜明对比,而我们从《后汉书·冯异传》畅快生动的行文中,可以明显感受到作者范晔对刘秀此举的欣赏之情。在叙述了光武帝创业诸臣事迹之后,范晔对他们作出了一番整体性的评价,提出了著名的"中兴二十八将"论。这是有关光武帝安置功臣之持久辩难中,流传最广、论议最深的观点。范晔的主要观点是:光武帝为了避免重蹈西汉初年异姓诸侯王之乱的覆辙,"鉴前事之

---

① (南朝宋)范晔:《后汉书》卷十七《冯岑贾列传》,中华书局,1965,第648~649页。

违，存矫枉之志"，是以"虽寇、邓之高勋，耿、贾之鸿烈，分土不过大县数四，所加特进、朝请而已"，使这些开国功臣"莫不终以功名延庆于后"。这样，既避免了"崇恩偏授"所导致的"私溺之失"，也在实际层面上增广招贤之途，可谓深图远算，一举两得。[①] 我们在《后汉书》有关冯异事件的描述中，可以看到与作者"中兴二十八将"论相互印证的表述。

范晔在这篇宏论中还指出："议者多非光武不以功臣任职，至使英姿茂绩，委而勿用。"显然，"中兴二十八将"论所针对的"议者"，是以研究、撰述东汉史为主的史学家，这其中应该包含在《后汉纪》为寇恂、邓禹等武将功臣抱不平的袁宏。如果比较范、袁二家对光武帝封赏功臣的评价，前者更显高明。"中兴二十八将"论被《文选》史论类收入，又为《玉海》《艺文类聚》《文献通考》等书所录，在唐令狐德棻、岑文本等修《周书》记叙八柱国的作法中也可见其踪迹，足见它在学术史、思想史上的重要影响。

三 逸民和节士引领的社会风尚

虽然以"逸民"为名设立类传是到了魏晋以后的事，但是，逸民现象在两汉时已经形成并引起时人关注。最迟在王莽篡汉时，一批拒不仕莽而被称为"节士"的人已在社会上引起"隐"的风潮。处于东汉初期的班固，在研究西汉历史和撰述《汉书》时，自然关注到这个社会现象而引其入史。《汉书·王

---

① （南朝宋）范晔：《后汉书》卷二十二《朱景王杜马刘傅坚马列传》，中华书局，1965，第787~788页。

贡两龚鲍传》开篇从商代末期伯夷、叔齐不仕周王的事迹讲起，进而写汉初"四皓"、郑子真、严君平等人，"皆未尝仕，然其风声足以激贪厉俗，近古之逸民也"①。接下来写王吉、贡禹、龚胜、龚舍、鲍宣五位传主事迹，传末又以类叙法写"不仕王莽"诸人，行文之间，每每透露出叙述者（既包括作者本人，也包括历史上的评论者）对"清节之士"的赞许。《汉书》又有《隽疏于薛平彭传》，传中所写人物均是"体现了儒学优良传统的襟怀磊落之士"②，这与《王贡两龚鲍传》形成姊妹篇，都意在推崇清廉正直的人物品格。

时至东汉，隐逸文化已正式形成，隐逸群体也成为一个突出的社会现象。荀悦撰《汉纪·孝平皇帝纪》记龚胜、龚舍事迹于王莽即真之后，书中写道："世称'两龚'，并著名节"，之后又举邴曼容、薛芳、郭钦、蒋羽、栗融、禽庆、苏章、曹竟等人，"皆大儒，俱不仕莽"③。这很明显是对《汉书·王贡两龚鲍传》所进行的删改和重写。对"节士"的推崇还反映在东汉朝廷官方组织的修史活动中，史载，汉安帝时刘珍、李尤等曾受诏"杂作记、表、名臣、节士、儒林、外戚诸传，起自建武，讫乎永初"④。

隐逸之人以"隐"处世，其行迹却昭然"显"于载籍之上。《后汉纪》写光武帝时征辟严光、周党、王霸、逢萌四人

---

① （汉）班固：《汉书》卷七十二《王贡两龚鲍传》，中华书局，1962，第3055~3058页。
② 陈其泰：《彰善瘅恶：班固笔下以儒学进身而志节迥异的人物》，《经济社会史评论》2017年第1期。
③ （汉）荀悦：《汉纪》卷三十《孝平皇帝纪》，《两汉纪》上，中华书局，2017，第533页。
④ （唐）刘知幾：《史通》卷十二《古今正史》，（清）浦起龙通释，上海古籍出版社，2009，第317页。

第四章 观其名迹：历史中的人如何"走进"历史叙述

不至，① 是全书第一次"类书"隐士，反映了东汉初年士人趋于避世的思想倾向。到范晔撰《后汉书》论述东汉时期的逸民之流，指出：

> 自兹以降，风流弥繁，长往之轨未殊，而感致之数匪一。或隐居以求其志，或回避以全其道，或静己以镇其躁，或去危以图其安，或垢俗以动其概，或疵物以激其清。②

这个观点，显然受到袁宏论"内外隐显之道"的影响，③ 其背后是史学家对隐逸现象的关注和对隐逸群像书写传统的继承。

表 4-1 《后汉纪》《后汉书》中的"隐逸"群像

《后汉纪》	《后汉书》
光武帝建武元年（25） 李业拒不仕莽，隐迹山谷。后拒不仕公孙述，饮鸩而死。 光武帝建武五年（29） 征辟严光、周党、王霸、逢萌四人不至。 光武帝建武十七年（41） 扶风人井丹，"高抗之士"，终身不仕。	记李业于《独行列传》； 记严光、周党、王霸、逢萌、井丹于《逸民列传》。

---

① （晋）袁宏：《后汉纪》卷五《光武帝纪五》，周天游校注，天津古籍出版社，1987，第 126~128 页。
② （南朝宋）范晔：《后汉书》卷八十三《逸民列传》，中华书局，1965，第 2755 页。
③ 袁宏认为，古之避世者"肆然独往，不可袭以章服者，山林之性也"，入世者"鞠躬履方，可屈而为用者，庙堂之材也"。由此，"先王顺而通之，使各得其性，故有内外隐显之道"。至于"末世凌迟，治乱多端，隐者之作，其流众矣。或利竞滋兴，静以镇世；或时难遭逢，处以全身；或性不和物，退以图安；或情不能默，卷以避祸"（《后汉纪》卷五《光武皇帝纪》，周天游校注，天津古籍出版社，1987，第 128~129 页）。

续表

《后汉纪》	《后汉书》
汉章帝建初五年（80） 记梁鸿与妻孟光同隐居深山。	记梁鸿于《逸民列传》。
汉安帝建光元年（121） 陈忠上书"以为首政之初，宜征天下隐逸"。征周燮、冯良，"皆称疾不至"。	记周燮、冯良于《周黄徐姜申屠列传》。
汉顺帝永建二年（127） 征樊英、黄琼、贺纯、杨厚。英不至，琼"不得已前就征"，纯、厚皆笃行士。	记黄琼于《周黄徐姜申屠列传》； 记樊英于《方术列传》； 记杨厚于《苏竟杨厚列传》； 带叙贺纯于《李杜列传》。
汉桓帝延熹五年（162） 征徐稺、姜肱、袁闳、韦著、李昙"五处士"，"皆辞疾不至"。	记徐稺、姜肱于《周黄徐姜申屠列传》； 附传袁闳于《袁张韩周列传》； 带叙韦著于《杨震列传》； 附传李昙于《周黄徐姜申屠列传》。
汉灵帝建宁二年（169） 黄宪至京师，"称病而归"。 汉灵帝中平五年（188） 征申屠蟠、荀爽、陈纪、郑玄、韩融、张楷等名士，"皆不至"。	记黄宪、申屠蟠及征荀爽、韩融、陈纪等十四人于《周黄徐姜申屠列传》； 记郑玄于《张曹郑列传》； 带叙韩融于《周黄徐姜申屠列传》申屠蟠事迹下； 带叙张楷于《方术列传》樊英事迹下。
	《逸民列传》又记野王二老、向长、高凤、台佟、韩康、矫慎、戴良、法真、汉阴老父、陈留老父、庞公等人。

《后汉纪》将樊英、杨厚等人被征辟而不应召与其他人等连类并举，而《后汉书》列樊英、杨厚于《方术列传》，这样

的作法反映出《后汉书》对隐士群体的进一步划分。① 在撰述形式上,《后汉书·周黄徐姜申屠列传》受到《汉书·王贡两龚鲍传》的影响较多。当然,《汉书·王贡两龚鲍传》所叙"清节之士"与"古之逸民"是相近的,而《后汉书》则很明显是将"逸"与"不逸"作为编次传记的重要依据。以《后汉书》中的《周黄徐姜申屠列传》和《逸民列传》相较,前者突出"处士复用",所网罗的周燮、冯良、黄琼、徐稺、姜肱、李昙、黄宪、申屠蟠、韩融以至荀爽、韩融、陈纪等人,都是"隐"而不"逸"之人,他们的事迹更突出的是"守节"而不是"遁逸";后者所叙,则是那些"绝尘不反"之人,是真正隐遁之人。这种更加细致的划分,正是"隐逸"现象发展变化在史书叙事上的反映。

《汉书》和《汉纪》中记载的"清节之士",从一定程度上可视为东汉逸民群体的先导。《后汉纪》和《后汉书》对"隐逸"群像的叙述,则进一步反映出两汉之际及东汉一代的政治状况和隐逸文化。从更深刻的层面来看,"隐逸"现象也是选举制度与社会风潮间相互作用的结果。东汉时期,"选举多循资格,辟召则每以高才重名躐等而升,故当时尤以辟召为

---

① 刘咸炘指出:"班传首举郑、严为逸民之准,此传首举闵、荀、魏三人以明逸民之准。"[《刘咸炘学术论集·史学编(上)》,广西师范大学出版社,2007,第 280 页] 白寿彝认为:"范晔在《逸民列传》写这些隐者'守节''不屈',写他们'志意修则骄富贵,道义重则轻王公'。他把这些人跟'纯盗虚名,无益于用'的名士,如樊英、杨厚之流区别开来。"(《中国史学史论集》,中华书局,1999,第 139 页)这种区别,实际上是一种"反隐逸的隐逸书写","是对坐享其成、明哲保身、自命清高之隐逸时尚的尖锐批评"(江湄:《中国史学的"隐逸"书写——读〈史记·伯夷列传〉》,《读书》2020 年第 1 期)。

荣","于是名士养望,有被命不遽出,至五府俱辟如黄琼,四府并命如陈纪者"。这是与察举制并行的征辟制。当然,也有因有高名而直接为朝廷所征辟之人,"使在野的声名,隐然有以凌驾于在朝的爵位之上,而政府亦得挟此自重,以与王室相颉颃",樊英、郑玄、荀爽等皆是此类。①《后汉纪》和《后汉书》对朝廷多次征召在野士人的记载,尤其是对于一些"隐居养名"之人的叙述,在一定程度上反映了征辟制度所产生的社会影响。

四 谏官与党人的殊途同归

在中国古代,善于纳谏历来被视为君道的主要措施,而敢于直谏则被视为臣道的重要表现。西汉景帝朝有一位"不败将军"程不识,"以数直谏为太中大夫,为人廉,谨于文法",又有致都"敢直谏,面折大臣于朝";武帝朝有汲黯好直谏,被誉为"社稷之臣";海昏侯刘贺在国及征皇帝位,王吉、龚遂数次直谏,刘贺不纳,"卒至于废"②。东汉中期以后,外戚与宦官轮流秉政,统治阶级内部矛盾不断激化,言路闭塞,无复纪纲。那些敢于直谏的朝士常常被贬职、被罢免甚至下狱而死。

对于这种朝堂上的变化,袁宏于《后汉纪》叙事着意于写出谏官不得善终的情形:汉和帝朝尚书何敞上封事论"窦宪兄

---

① 以上所引见钱穆《国史大纲》(修订本),商务印书馆,1996,第175~176页。
② 以上所引见(汉)班固《汉书》卷五十四《李广苏建传》、卷九十《酷吏传》、卷五十《张冯汲郑传》、卷六十三《武五子传》,中华书局,1962,第2442、3647、2317、2766页。

弟专朝，虐用百姓，杀戮盈溢"而被左迁降职；尚书乐恢上疏论"诸舅执政，外戚盈朝"而被窦宪迫害至死。① 汉安帝朝外戚邓氏受宫人构陷而被迫害，大司农朱宠"肉袒舆榇上疏"，言辞激切，后因政敌构陷而免官归乡。② 汉桓帝朝白马令李云、尚书朱穆先后上书论宦官专权之弊，前者落狱而死，"天下知其冤也"，后者被宦官"共称诏以诘让"，致其"愤激发疽"而卒。③ 汉灵帝朝第二次党锢之祸以后，议郎谢弼上疏请求皇帝解禁窦太后，却为宦官陷害，"出为广陵府丞"，后被冠以其他罪名而身死狱中。谢弼之后，又有刘陶、吕强数以直谏，而被宫中逸言所污，相继自杀。④ 汉少帝被董卓所废，盖勋写信指责董卓，为卓所惮。"勋强直而内惧于卓，不得意，疽发背卒，时年五十一。"⑤ 凡此种种对谏官不得善终的叙述，正是作者所论"谏之为用，政之为难者也"，"不吝其过，与众功之，明君之所易，庸主之所难"⑥ 的映照，深刻地折射出东汉中后期统治集团内部外戚、宦官和朝士之间日趋尖锐的政治矛盾。而这里多次出现的"发疽而卒"，到明清之际一度发展为史家记叙

---

① （晋）袁宏：《后汉纪》卷十二《孝章帝纪下》、卷十三《孝和帝纪上》，周天游校注，天津古籍出版社，1987，第363、365页。
② （晋）袁宏：《后汉纪》卷十七《孝安帝纪下》，周天游校注，天津古籍出版社，1987，第461~463页。
③ （晋）袁宏：《后汉纪》卷二十二《孝桓帝纪下》，周天游校注，天津古籍出版社，1987，第602~603、615页。
④ （晋）袁宏：《后汉纪》卷二十三《孝灵帝纪上》、卷二十四《孝灵帝纪中》，周天游校注，天津古籍出版社，1987，第641、690~692页。
⑤ （晋）袁宏：《后汉纪》卷二十六《孝献帝纪一》，周天游校注，天津古籍出版社，1987，第744页。
⑥ （晋）袁宏：《后汉纪》卷二十一《孝桓帝纪上》，周天游校注，天津古籍出版社，1987，第592页。

遗民之死的隐晦笔法。①

东汉后期宦官势力、外戚势力和官僚势力围绕皇权而展开激烈的斗争，从而引发了针对正直之士的"党锢之祸"。这场祸事首尾二十余年，"是历史上对知识分子正直、气节和豪爽精神的一次致命的打击"②。为了揭示正直之士与朝廷腐败政治之间的激烈矛盾，范晔《后汉书》专门设立《党锢列传》记党人行事。该卷作"序"开篇指明房植、周福及"党议"的缘起，进而写党议如何由社会进入太学，记叙了第一次党锢之祸后"党人"之名书于王府，以及"三君""八俊""八顾""八及""八厨"名号的出现，是为"党人"群体正式确立的标志。接着写为"党事"所牵连废禁者六七百人，以及黄巾起义后朝廷为抚民心而大赦党人的举措。最后，作者对这场动乱作了一番总结："凡党事始自甘陵、汝南，成于李膺、张俭，海内涂炭，二十余年，诸所蔓衍，皆天下善士。"③

《后汉书·党锢列传》把每位党人的事迹接连叙述，使他们组成"党人"群像，又通过"序""论"将党人的社会活动与政治风气联系起来，直接指向了东汉皇朝的兴衰命脉。与《后汉纪》类书"谏官"相比较，《后汉书》进一步揭示出"党人"背后的社会性及其对历史发展的影响。④ 传中写诸党

---

① 潘务正：《"疽发背而死"与中国史学传统》，《文史哲》2016 年第 6 期。
② 林剑鸣：《秦汉史》，上海人民出版社，2003，第 929 页。
③ （南朝宋）范晔：《后汉书》卷六十七《党锢列传》序，中华书局，1965，第 2183~2189 页。
④ 梁启超认为："《后汉书》有《党锢传》，因为东汉时候，党锢为含有社会性的活动，直接影响到政治。"（《中国历史研究法补编》，《饮冰室合集》第 12 册《饮冰室专集之九十九》，中华书局，1989，第 61 页）

人，重点叙述他们的善举、博学、直道、气节等正面事迹，使读者联想到"序"中从"党议"之风起，到"党人"之名定，再到"党事"之祸成的论述，不无惋惜、沉痛，朝廷政治之腐败、国祚之危亡的历史形势在叙述中被深刻地揭露、剖析。

小　结

中国古代史学重视写人物，也善于写人物。就本书的考察对象来看，"两汉书"以政治活动、诏令等反映政治家的主张，以有代表性的诗、词、赋来说明文学家的文学成就，以著名战役的布局、过程和成败来显示军事家的谋略，等等。"两汉纪"则在编年体史书中增加人物形象的分量，使编年体史书不再是对历史简单的"记注"而成为叙事性突出的历史著作。这些，都是"采撰"和"书事"在皇朝史叙事中有关"人物"这一要素上的具体表现。这四部史学名著不仅继承并发展了《史记》所确立的人本主义传统，而且对历史悠久的类编纂法进行了充分的深化、改造和应用，对德行相似、时代相近的人物集中地以类相从、连类列举、各以类书，书中对两汉时期的典型人物所进行的贯通性的记载，对某一人物群体所作的深入细致的刻画，从不同的侧面投射出两汉四百余年的历史进程。

在中国古代史学上，把人物群像与历史发展大势结合起来叙述，是常见的现象。除了对功臣与名臣、节士与逸民、谏官与党人等人物群像的着重叙述，"两汉书"与"两汉纪"又以"外戚"和"宦者"群像揭示两汉统治集团的内部斗争，以"循吏"和"酷吏"群像反映两汉时期的吏治风气及中央与地方的关系，以"儒士"和"文士"群像总结学术思潮和士人在两汉历史发展中的作用，等等。这样，就写出了两汉历史进程中的大群人之长期事，也写出了历史人物的社群模范作用，而这一叙事风格的实现，均赖于类例思想及类编纂法为史书叙事提供的便利。当然，方法是为内容服务的，类编纂法的不断开拓反映了史学家对社会观察的不断深入。

《剑桥中国隋唐史》主编崔瑞德在讨论中国传记文时，曾批评中国古代史书"对非个人的东西写得太多"[1]。其实，关注个人、群体与其所处之"世"、所遇之"时"和所乘之"势"之间的联系，正是中国古代史书叙事的特点和优长。崔瑞德的批评着眼于人物的"个性"，背后蕴含着不同文明体系下所形成的思维方式和叙事文化的差异性。历史唯物主义认为，"人的本质并不是单个人所固有的抽象物。在其现实性上，它是一切社会关系的总和"[2]。在这个方面，中国史学具有足够的信心去解释、认识中国的历史。

---

[1] 〔英〕崔瑞德：《中国的传记写作》，张书生译，王毓铨校，《史学史研究》1985年第3期。

[2] 〔德〕马克思：《关于费尔巴哈的提纲》，《马克思恩格斯选集》第1卷，人民出版社，2012，第125页。

第五章

述序事理：史家主体意识的积极彰显

中国史学自《左传》《史记》，便形成了在历史撰述中探索、揭示历史发展动因的传统，刘向、扬雄及班彪、固等人在评论《史记》叙事之"善"时将这一传统总结为"（述）序事理"的史学命题。"（述）序事理"包含着从历史叙述到历史解释的过程，其特点是"事"中有"理"，"理"在"事"中。对于"理"，范晔曾指出："物之兴衰，情之起伏，理有固然矣。"[1] 清初王夫之进一步解释为"物之固然，事之所以然也"[2]，也就是"事物变化之内在的法则或规律"[3]。总之，"理"要通过"事""物"表现出来，而"事"与"物"既来

---

[1] （南朝宋）范晔：《后汉书》卷十上《皇后纪上》，中华书局，1965，第404页。
[2] （清）王夫之：《张子正蒙注·至当》，《船山全书》第12册，岳麓书社，1996，第194页。
[3] 瞿林东：《中国史学的理论遗产——从过去到现在和未来的传承》，北京师范大学出版社，2013，第95页。

源于对现实的观察，也依靠于在历史中求索。

史学家是历史撰述的主体。由于撰述主体受其生活的时代环境及其本人经历的不同而存在思想倾向上的差异，故对于同一段历史的叙述显示出不同的侧重点和特点，这就使历史、对历史的叙述、叙述历史的人、叙述历史之人所生活的世界四个环节之间呈现出一种互动。"两汉书"与"两汉纪"以"国之大事"为叙事主线，是为朝代史撰述的共性。不过，在具体的叙事和议论中，撰述者的着眼点并不相同，正如论者所指出的，"学术研究中百花齐放、百家争鸣的最深刻的根源，就在于每一个研究者都有着自己独特的主体意识结构，并由此形成了他对历史的特殊测度"[1]。班、荀、袁、范四人或是运用"物盛而衰"的历史眼光考察皇朝兴衰，或是通过对制度的评论为皇朝"复兴"提供鉴戒，或是彰显自然化的"名教"观念从而实现以古讽今，或是结合自身所处的阶层来总结皇朝兴亡、家族兴衰与个人荣辱，这为人们通过史书叙事了解、认识两汉历史提供了多样化的观察途径，也让我们看到不同的认识主体如何站在多维角度观察历史、研究历史、叙述历史。

清代史学理论家章学诚在总结文学评论的原则时曾提出："不知古人之世，不可妄论古人文辞也。知其世矣，不知古人之身处，亦不可以遽论其文也。"[2] 要理解史学家在何种意义上揭示历史进程，既要根植于他们所生活的时代大环境，亦要充分考虑到其自身的命途遭际，这是本章展开论述的立足点。西

---

[1] 李振宏：《论史家主体意识》，《历史研究》1988年第3期。
[2] （清）章学诚：《文史通义·文德》，叶瑛校注，中华书局，2014，第324页。

方叙事学在小说分析的过程中提出了"叙事干预"理论，即指作者为了表达观点而打破叙事进程所运用的种种技术，这种干预有时是显著的、主观的，有时是隐晦的、不易察觉的。"叙事干预"理论与中国古代史学上"述序事理"的命题多有相通之处，可以互鉴，但因不同的文化背景和不同的学科属性不能相互替代。为了避免读者中心或文本中心所可能引起的过度阐释，我们将从史学家本人的表达出发，走向他们的精神世界。

第一节 光扬大汉：皇朝意识引领下的"实录"追求

一 两汉之际的一种"智识"

对于《汉书》在思想上最突出的特点，史学界一般以"宣汉"或"尊汉"加以概括。从班固自己的表述中，"宣汉"的思想是十分鲜明的：他批评司马迁把大汉皇朝"编于百王之末，厕于秦、项之列"[1]，其实就是说要以汉为尊；他为了"光扬大汉，轶声前代"[2]而撰写《典引》篇，意在"述叙汉德"；他讲到自己撰写《汉书》的初衷，"汉绍尧运，以建帝业"，也是要彰显汉的正统地位；等等。这些都表明，班固是在有意识地、自觉地把其父班彪在《王命论》中提出的"汉承尧运"作进一步发挥和论证。

班彪、固父子不是"汉承尧运"说的发明者。根据《汉

---

[1] （汉）班固：《汉书》卷一百下《叙传》，中华书局，1962，第4235页。
[2] （南朝梁）萧统：《文选》卷四十八，（唐）李善注，上海古籍出版社，1986，第2159页。

书·王莽传》的记载,这一观念的兴起和流行至迟可以追溯至刘向、歆父子对西汉前期流行"五德相胜"说进行改造而形成的新的古史系统,《汉书·郊祀志》载:

> 刘向父子以为帝出于震,故包羲氏始受木德,其后以母传子,终而复始,自神农、黄帝下历唐、虞三代而汉得火焉。①

后来刘歆运用这套新的古史系统为王莽的篡汉提供"合理"的禅代模式,为了给"汉承尧运"提供充足的符命依据,他甚至还对先秦典籍进行了改造。但其实,刘向、刘歆也不是"汉承尧运"说的最初发明者。在《汉书》的其他篇章中,我们可以看到,早在汉昭帝时代就已经有人在以天人感应学说批评统治者的过程中,提出了"汉家尧后,有传国之运"②。

刘歆大力提倡"汉承尧运"说,原本是为"通过修改历史理论以服务于现实政治"③。王莽虽然失败了,但是"这个杜撰的古史系统却已立于不败之地"④。这个古史系统的核心命题"汉承尧运"从而成为两汉之际有志之士的共识,进而被深信谶纬的光武帝刘秀以及他的开国元勋们当作一种智者之识所采纳,成为东汉治统的理论依据。

王莽时,郅恽西至长安,上书谴莽:"臣闻天地重其人,惜其物,故运机衡,垂日月,含元包一,甄陶品类,显表纪世,

---

① (汉)班固:《汉书》卷二十五下《郊祀志下》,中华书局,1962,第1270~1271页。
② (汉)班固:《汉书》卷七十五《眭弘传》,中华书局,1962,第3154页。
③ 汪高鑫:《刘歆五德终始说与班固史学》,《河北学刊》2018年第6期。
④ 顾颉刚:《汉代学术史略》,人民出版社,2008,第73页。

图录豫设。汉历久长,孔为赤制,不使愚惑,残人乱时。智者顺以成德,愚者逆以取害,神器有命,不可虚获。"① 王莽大怒,将郅恽下狱。

又王莽时,刘歆族人刘龚任邓仲况军事②,仲况据南阳阴县为寇,曾与刘歆一同校书的苏竟写信劝其归汉:"世之俗儒末学,醒醉不分,而稽论当世,疑误视听。或谓天下迭兴,未知谁是,称兵据土,可图非冀。或曰圣王未启,宜观时变,倚强附大,顾望自守。二者之论,岂其然乎?夫孔丘秘经,为汉赤制,玄包幽室,文隐事明。且火德承尧,虽昧必亮,承积世之祚,握无穷之符,王氏虽乘间偷篡,而终婴大戮,支分体解,宗氏屠灭,非其效欤?"③

东汉初年,班彪《王命论》一再地提出"汉承尧运",认为天下复归于汉是历史发展的必然结果,是短暂动荡后天下格局命定的走向。同一时期,居于河西的窦融"心欲东向","于是召豪杰及诸太守计议,其中智者皆曰:'汉承尧运,历数延长'"④。也许是听闻窦融身边"智者"皆秉承"汉承尧运"说,班彪遂弃隗嚣而投奔于窦融;又或许,彼时班彪已然是在座"智者"之一。

对于班固来说,"汉承尧运"是自西汉中后期以来经过多

---

① (南朝宋)范晔:《后汉书》卷二十九《申屠刚鲍永郅恽列传》,中华书局,1965,第1025页。
② 《汉书·董仲舒传》后论称刘龚为刘向曾孙,《后汉书·苏竟杨厚列传》称其刘歆兄子。
③ (南朝宋)范晔:《后汉书》卷三十上《苏竟杨厚列传》,中华书局,1965,第1043页。
④ (南朝宋)范晔:《后汉书》卷二十三《窦融列传》,中华书局,1965,第798页。

次讨论而形成的一种共识,是有识之士皆应服膺的理论。《淮南子》云:"农夫劳而君子养焉,愚者言而智者择焉。"① 两汉之际那些接受和秉承"汉承尧运"说法的人都在讨论"智者"之择,尤其是这些人的选择和后来历史的走向高度吻合,而班彪正是这些"智者"之一,那么,主要成于班氏之笔的《汉书》可谓是牢牢把握住了关于刘汉皇朝国祚绵延的历史话语权,尤其是在东汉统治者的直接介入之下,"光扬大汉"表达了一种符合时代需要的自觉的撰述追求。

二 "汉承尧运"的权威化

东汉以后,"汉承尧运"说成为官方意识形态。光武帝建武二年(26),"起高庙,建社稷于洛阳,立郊兆于城南,始正火德,色尚赤"②。这表示,东汉统治集团有明确的意识,以"汉属火德"作为他们统治的理论依据,为东汉的大一统政权奠定牢固的统治基础。在这一背景下,班固本人受到汉明帝提携充任兰台令史之后,《汉书》的修撰便随着撰述者身份的变化而由原本的私家撰述上升为带有官方意识形态的学术工程。于是《汉书》自然运用"汉承尧运""汉属火德"来解释汉室政权的兴起,宣传东汉政权的正统性。

这里讲《汉书》揭示出"汉承尧运"是两汉之际"智者"的共识,又强调《汉书》将"汉承尧运"作为东汉以后官方意

---

① 刘文典:《淮南鸿烈集解》卷十七《说林》,段先熹点校,安徽大学出版社,1998,第596页。
② (南朝宋)范晔:《后汉书》卷一上《光武帝纪上》,中华书局,1965,第27页。

识形态,其背后仍有深层文化结构的制约,即两汉之际大一统的历史文化认同思想和历史理论方面天人感应思想的发展。①大一统的历史文化认同意识,加上两汉时期天人感应观念的流行,便形成了"五德相胜说""五德相生说""汉承尧运说"等思想文化现象,进而反映在《史记》《汉书》《汉纪》等历史著作所记述的人物言行、历法制度之中。

《汉书》全书都贯彻了"汉承尧运"的思想,无论是断汉为史的体例架构,还是《叙传》对其书叙事主线的概述,都是这一思想在历史编纂形态上的表现。

首先,在全书第一篇帝纪的后论,《汉书》作者援引刘向的有关说法交代了刘氏"出自唐帝,降及于周,在秦作刘。涉魏而东,是为丰公"的世系,并以此推论"汉承尧运,德祚已盛,断蛇著符,旗帜上赤,协于火德,自然之应,得天统矣"②。"断蛇著符"的典故来源于《史记》。如果比较《史记·高祖本纪》和《汉书·高帝纪》关于"斩蛇事件"的叙述,可以看到,《史记》叙此事的目的在于以"赤帝子斩白帝子"的符命故事为解释刘邦灭秦这一事件增添一重原由。《史记》只写到汉武帝太初年间,彼时所流行的仍然是"五德相胜"说,"五德相生"说尚未登上历史这座广阔的舞台,就连刘向、刘歆也尚未出生,东汉政权更是没有建立。《汉书》全文录入《史记》

---

① 徐复观认为,对"大一统的一人专制政治的彻底把握,应当是了解两汉思想史的前提条件,甚至也是了解两汉以后的思想史的前提条件"〔《两汉思想史》(一),九州出版社,2014,第262~263页〕。
② (汉)班固:《汉书》卷一下《高帝纪下》,中华书局,1962,第81~82页。

的这段叙述,但在后论中以"汉承尧运,协于火德,自然之应,得天统矣"来解释刘汉的正统性,这就是说,《汉书》作者希望向人们表明,"断蛇著符"不仅是为了"伐秦",更重要的是这是刘邦作为"赤帝"传人必将统治天下的符应,是木德周朝与火德刘汉"相生"的结果。

其次,在对西汉历史的叙述中交代有关汉德归属的几番争论,从而为说明"火德"说的兴起、确立,进而论证其正确性作出铺垫。《汉书·张苍传》记:

> 汉兴二十余年,天下初定,公卿皆军吏。苍为计相时,绪正律历。以高祖十月始至霸上,故因秦时本十月为岁首,不革。推五德之运,以为汉当水德之时,上黑如故……苍为丞相十余年,鲁人公孙臣上书,陈终始五德传,言"汉土德时,其符黄龙见,当改正朔,易服色"。事下苍,苍以为非是,罢之。其后黄龙见成纪,于是文帝召公孙臣以为博士,草立土德时历制度,更元年。苍由此自绌,谢病称老。①

《贾谊传》记:

> 追观孝文玄默躬行以移风俗,谊之所陈略施行矣。及欲改定制度,以汉为土德,色上黄,数用五,及欲试属国,施五饵三表以系单于,其术固以疏矣。②

---

① (汉)班固:《汉书》卷四十二《张周赵任申屠传》,中华书局,1962,第2098~2099页。
② (汉)班固:《汉书》卷四十八《贾谊传》,中华书局,1962,第2265页。

这些记载，向读者说明有关汉德之属的讨论，自西汉建立之初便作为一个重要的政治问题而长期存在。《郊祀志》后论从汉初叔孙通定礼仪讲起，分叙汉文帝朝张苍、公孙臣、贾谊的不同意见，并把他们的观点归结为"五德相胜"说，进而讲到刘向、刘歆根据"五德相生"序列提出"自神农、黄帝下历唐、虞三代而汉得火焉"，并将秦列为水德"闰统"，排除在五德终始的正规次序之外，由此对西汉一代有关汉德的辩难作了一番总结。①

再有，继承刘歆的古史系统，解释两汉政权交接的过程。在总结了有关汉德的辩难之后，《汉书·律历志》根据刘歆《三统历谱》中的推算，以汉伐秦继周，是为火德。更以秦为水德，在周汉木、火之间，非"正序"。既然秦朝可以被这样一套古史系统排除在"正序"之外，那么昙花一现的新莽也自然可以被排除在"正序"之外了。于是《汉书》作者接续刘歆的论述，继续编排古史系统至东汉：

> 平帝著纪：即位，元始五年，以宣帝玄孙婴为嗣，谓之孺子。孺子著纪：新都侯王莽，居摄三年。王莽居摄，盗袭帝位，窃号曰"新"室。始建国五年、天凤六年、地皇三年，著纪：盗位十四年。
>
> 更始帝著纪：以汉宗室灭王莽，即位二年，赤眉贼立宗室刘盆子，灭更始帝。自汉元年讫更始二年，凡二百三十岁。
>
> 光武皇帝著纪：以景帝后、高祖九世孙，受命中兴，

---

① （汉）班固：《汉书》卷二十五下《郊祀志下》，中华书局，1962，第1270~1271页。

复汉改元曰"建武",岁在鹑尾之张度。建武三十一年、中元二年,即位三十三年。①

在这段文字中,《汉书》作者把王莽定义为一个窃国者,纪其"盗位十四年"。又称光武皇帝"以景帝后、高祖九世孙,受命中兴",由此实现从西汉到东汉"火德"的连续传承,其中并不存在一个被承认的"土德"政权。

可以认为,从刘向《洪范五行传论》到刘歆《三统历谱》,再从王莽的篡汉到两汉间士人的传播和东汉的建立,最后通过《汉书》作者之笔集中记述,在关于刘汉的治统地位上,百年之间形成了一条从"汉为尧后"到"汉承尧运"再到"汉属火德"的理论建构历程,《汉书》正为这一历程作出了总结性的工作。② 此后,有关汉的德属问题便不再有大的争议了。曾与班固同时供职兰台校书又一同参与了白虎观会议的贾逵,不惜抛弃他的九世祖贾谊所支持的"土德"说,即从一个侧面反映了"汉属火德"说在东汉建立以后所取得的权威地位。

在班固身死之后,人们运用"汉承尧运"的理论武器继续

---

① (汉)班固:《汉书》卷二十一下《律历志下》,中华书局,1962,第1024页。本段引文标点与中华书局本不同,这主要是出于对"著纪"理解的差异。感谢乔治忠教授就此处句读提供的建议,读者可参考乔治忠《中国史学史》(中国人民大学出版社,2011,第87~88页),乔治忠、刘文英《中国古代"起居注"记史体制的形成》(《史学史研究》2010年第2期)的有关论述。关于两汉著纪制度可参考牛润珍《汉至唐初史官制度的演变》,河北教育出版社,1999,第61~71页。
② 这项工作,应视为班固对其父"整齐"思想的具体实践,也是《汉书》在刘向、歆父子文献整理工作基础上的再整理,体现了中国史学极为突出的总结性特点。同时,《汉书》此举又向"志"这种体裁注入了突出的叙事性,使其承担起"述序事理"的功能。

着"光扬大汉"的事业。汉灵帝朝卢植上封事论"汉以火德，化当宽明"，提出"用良""原禁""御疠""备寇""修体""遵尧""御下""散利"八条治策，却也要依据"火畏水故"的天人感应理论提出，正是"火德"说之固定化的表现。[①] 到了东汉末期，荀悦撰《汉纪》更是以五百余言开篇引述"五德相生"说，强调"汉承尧运""汉属火德"的正统性，从而为摇摇欲倾的东汉皇朝发出最后的呐喊。

三 从"人心厌汉"到"民皆思汉"

前论"汉承尧运"说在两汉之际成为一种"智识"，至东汉之后即发展为一种"定论"，这是发生在新莽速亡之后的事。在王莽代汉自立的过程中，"汉承尧运"一度被用来解释汉的君主理应仿尧，选贤以禅。王莽在正式代汉之前，曾被群臣盛陈"有定国安汉家之大功"，还获得了"安汉公"的尊号，这在《汉书·王莽传》中有详细的记载。既然有"安汉"之功，说明汉的统治出现了严重的危机。对于这严重的危机，《汉书》作者未藏其丑、未隐其恶，深入《汉书》各篇，可寻其踪迹。

如果我们将《汉书》十二帝纪的后论联系起来看，不难发现，《汉书》作者以整体性眼光考察了西汉各个时期的特点，继承了《史记》"用简短的文句概括了所要说明的时代的历史并进行精彩评论"[②]的传统。颇为引人注目的是，根据《汉书》中的表述，在汉武帝、汉昭帝、汉宣帝时期，西汉皇朝经历了

[①] （南朝宋）范晔：《后汉书》卷六十四《吴延史卢赵列传》，中华书局，1965，第2117页。
[②] 白寿彝：《史记新论》，求实出版社，1981，第64页。

一个由"盛极"转向"中兴"的变迁过程。既然昭宣时期被称为"中兴"①，而武帝朝又被视为"盛世"，这说明在武帝中后期曾经出现了一场深刻的社会、政治危机，这就是《汉书》作者在《昭帝纪》后论中指出的："承孝武奢侈余敝师旅之后，海内虚耗，户口减半。"② 虽然，霍光的辅政一度动摇了刘氏皇帝的地位，使汉宣帝即位之初"若有芒刺在背"，但这已是西汉由"盛极"到"中兴"这一历程的后期了，武帝一朝在兵事上长期的过度投入所导致的一系列经济、刑法、政治、社会上的问题，才是昭宣中兴的更深刻的背景。

表 5-1　《汉书》帝纪所见西汉历史分期

分期	统治者	特点
初创期	高祖、惠帝、吕后	高祖时，"命萧何次律令，韩信申军法，张苍定章程，叔孙通制礼仪，陆贾造《新语》"（《汉书·高帝纪下》），惠帝、吕后时，"天下晏然，刑罚罕用，民务稼穑，衣食滋殖"（《汉书·高后纪》）。
上升期	文帝、景帝	文帝时，"专务以德化民，是以海内殷富，兴于礼义，断狱数百，几致行措"（《汉书·文帝纪》）。景帝时，"移风易俗，黎民醇厚"，"汉言文景，美矣"（《汉书·景帝纪》）。
盛世期	武帝	汉武帝朝，"兴太学，修郊祀，改正朔，定历数，协音律，作诗乐，建封禅，礼百神，绍周后，号令文章，焕焉可述"（《汉书·武帝纪》）。

---

① 关于《汉书》称汉宣帝为"中兴"之君，辛德勇据前人考释指出"中兴"之"中"本字为"仲"，见《建元与改元：西汉新莽年号研究》，中华书局，2013，第239页。
② （汉）班固：《汉书》卷七《昭帝纪》，中华书局，1962，第233页。

续表

分期	统治者	特点
中兴期	昭帝、宣帝	昭帝时在霍光辅政下"轻繇薄赋，与民休息"（《汉书·昭帝纪》），宣帝时"信赏必罚，综核名实"（《汉书·宣帝纪》）。
衰落期	元帝、成帝	元帝"牵制文义，优游不断，孝宣之业衰焉"（《汉书·元帝纪》），成帝"湛于酒色，赵氏乱内，外家擅朝"（《汉书·成帝纪》）。
灭亡期	哀帝、平帝	"哀、平短祚，莽遂篡位，盖其威福所由来者渐矣！"（《汉书·成帝纪》）

《汉书》作者并未在《武帝纪》中突出指明这一系列的问题，并且还在后论中颂扬了刘彻的雄才大略，但是，在书中的其他篇章，史学家深刻又尖锐地揭露了武帝朝盛世之下暗暗涌动的统治危机。

《汉书》卷六十四集中记载武帝朝诸官员上疏，无不指向统治者穷兵黩武的政治决策所导致的国库虚耗、百姓流离以致民心怨闷，联想到百余年前秦朝二世倾覆，朝臣、民众悠悠而起的忧患之情弥漫在朝堂之上，深入社会之中。主父偃援引《司马法》"国虽大，好战必亡；天下虽平，忘战必危"一句，以秦亡于征伐向武帝谏言，"兵久则变生，事苦则虑易"。徐乐上书论"天下之患，在于土崩，不在瓦解，古今一也"，"关东五谷数不登，年岁未复，民多穷困，重之以边境之事，推数循理而观之，民宜有不安其处者矣。不安故易动，易动者，土崩之势也"。严安上书论"秦贵为天子，富有天下，灭世绝祀，穷兵之祸也"，"今天下锻甲摩剑，矫箭控弦，转输军粮，未见休时,此天下所共忧也"①。《汉书》作者如此详细地记载这些奏疏,通过历史叙述的形式对汉武帝朝大兴兵事提出尖锐批评,可谓直切要害,这是以载文来揭露时人的"忧汉"。

百姓们困苦得久了,"忧汉"的意识就逐渐发展为"厌汉"的情绪。②"厌汉"的情绪在社会上蔓衍,以致在宣帝即位之初下诏议庙乐之称时,朝堂上竟有人站出来说刘彻"亡德泽于民,不宜为立庙乐",可见,先前那种"天下共忧"的心情已然发展为天下共弃之的怨怼了。对于这样的情况,《汉书》都如实地记录下来并予以激烈地批判。例如,对于武帝执政末期震荡朝野的"巫蛊之祸",《汉书》于《武帝纪》略叙其事,又于《戾太子传》《公孙贺传》《江充传》三篇详叙始末,把汉武帝的猜疑、太子据的恐惧、江充的构陷一一展开,充满了对戾太子的同情和惋惜。又如,《汉书·食货志》在《史记·平准书》的基础上,更加突出批评武帝朝"外事四夷,内兴功利,役费并兴,而民去本"③的举措所带来的不良风气。在"时天下侈靡趋末,百姓多离农亩"的情形下,武帝已经意识到危机的存在,故欲"化民",于是问策于东方朔,朔的回答是:在上者奢侈成风,在下者又如何能专事本业?④ 所谓"上行下效",正是《汉书》作者借东方朔之口向汉武帝的统治作

---

① (汉)班固:《汉书》卷六十四上《严朱吾丘主父徐严终王贾传》,中华书局,1962,第2799~2801、2804~2806、2812~2813页。
② 对此,顾颉刚《五德终始说下的政治和历史》一文曾有讨论,所据材料亦多取《汉书》。
③ (汉)班固:《汉书》卷二十四上《食货志上》,中华书局,1962,第1137页。
④ (汉)班固:《汉书》卷六十五《东方朔传》,中华书局,1962,第2858页。

风所敲击的一记重锤。

《汉书·西域传》记汉武帝征和四年（前89）汉军再破车师，桑弘羊等联名上书，建议扩大轮台、渠犁的屯田规模以保障军粮供给。这一次，武帝严厉批评了一直受他重用的桑弘羊等人，并于轮台下诏，"深陈既往之悔"，史称《轮台罪己诏》，① 此后不复出军。同篇还记叙汉武帝于轮台罪己之后封田千秋为富民侯，目的是"以明休息，思富养民"②，而在《田千秋传》和《武五子传》中指出："千秋无他材能术学，又无伐阅功劳，特以一言寤意，旬月取宰相封侯，世未尝有也"③；"千秋材知未必能过人也"，封侯只因"指明蛊情，章太子之冤"④。这又是通过对一人封侯拜相之经过的叙述和评价，揭示了汉武帝统治政策的转变。后人评价武帝"有亡秦之失而免亡秦之祸"⑤，正是基于《汉书》中的这些叙述。

尽管汉武帝晚年对他穷兵黩武所造成的统治危机作出了及时的挽救，铺垫了后来的"昭宣中兴"。但是，"亡秦之失"所

---

① 此封诏书的下达，被视为汉武帝晚年执政理念改变的重要标志，其一系列的政策调整是："当今务在禁苛暴，止擅赋，力本农，休马复令，以补缺，毋乏武备而已。郡国二千石各上进畜马方略补边状，与计对。"（《汉书》卷九十六下《西域传下》，中华书局，1962，第3914页）
② （汉）班固：《汉书》卷九十六下《西域传下》，中华书局，1962，第3914页。
③ （汉）班固：《汉书》卷六十六《公孙刘田王杨蔡陈郑传》，中华书局，1962，第2884页。
④ （汉）班固：《汉书》卷六十三《武五子传》，中华书局，1962，第2770~2771页。
⑤ （宋）司马光：《资治通鉴》卷二十二《汉纪·武帝后元二年》，中华书局，2011，第758页。

造成的人心厌汉仍未褪散，于是才有眭弘以"汉承尧运"催促刘氏皇帝下台，更有了刘歆改造后的"五德相生"学说与王莽的成功代汉。然而，盗窃号位的王莽和被扶上位的刘玄都没能给百姓带来太平盛世，于是，人们在两汉之际的动乱中开始思慕汉的威德、渴求回归汉的统治。《汉书·匈奴传》记载更始二年匈奴单于舆向汉使者宣称："匈奴本与汉为兄弟，匈奴中乱，孝宣皇帝辅立呼韩邪单于，故称臣以尊汉。今汉亦大乱，为王莽所篡，匈奴亦出兵击莽，空其边境，今天下骚动思汉，莽卒以败而汉复兴，亦我力也，当复尊我！"① 又《西域传》称"自建武以来，西域思汉威德，咸乐内属"②。又《叙传》引班彪劝诫隗嚣归汉称"今民皆讴吟思汉，向仰刘氏，已可知矣"③。这就把西汉中后期的"忧汉""厌汉"到王莽的"安汉""篡汉"和两汉之际的"民皆思汉"，一直到班固自己的"光扬大汉"串联成一条完整的历史线索了。

四 "明章之治"背后的危机

在评价《史记》叙事之"善"的时候，班固对其父班彪的论断作了一番调整，最主要的内容是增添"故谓之实录"之语，这表明"实录"是班固史学思想的重要内容，这在第一章已有讨论。《汉书》在"宣汉""尊汉"的意识引领下，写下

---

① （汉）班固：《汉书》卷九十四下《匈奴传》，中华书局，1962，第3829页。
② （汉）班固：《汉书》卷九十六下《西域传》，中华书局，1962，第3930页。
③ （汉）班固：《汉书》卷一百上《叙传上》，中华书局，1962，第4207页。

了西汉中后期大臣们的"忧汉"、社会大众的"厌汉"、王莽的"篡汉",以及更始时期天下的"思汉",蕴含了史学家意在追求"实录"的叙事旨趣。这一旨趣的实现,离不开史学家所擅长的"物盛而衰,固其变也"的历史视野。

"物盛而衰,固其变也"的思想渊源是《周易》中讲到的"穷则变,变则通,通则久"①,而把它作为一种历史考察方法并运用到叙事中,是太史公司马迁的创举。司马迁自序撰十二本纪的方法是"网罗天下放失旧闻,王迹所兴,原始察终,见盛观衰"②,"原始察终"是运用发展的目光考察古今"王迹"变迁,"见盛观衰"是以变易观探求事物发展变化的动因。"原始察终,见盛观衰",就是要将历史发展作为一个运动的整体来考察。司马迁在《平准书》中又提出"物盛则衰,时极而转,一质一文,终始之变也"③,也是以历史变易的思想去考察经济制度变迁下的潜藏危机。《汉书》有意识地继承了这种历史考察方法,前举《食货志》揭示汉武帝时期社会秩序的混乱,就是这方面的杰作。

班固治史的"物盛而衰"视野与他的"身处"密切相关。班固生活在汉明帝、章帝时期,这是东汉历史上的一段盛世,史称"明章之治"。东汉光武帝勤治,明帝好吏事并治理有方,章帝为政宽和,但是,看似平静的表面之下,也已蕴藏危机。

---

① 《周易·系辞下》,《十三经注疏》,中华书局,1980年影印版,第86页下。
② (汉)司马迁:《史记》卷一百三十《太史公自序》,中华书局,2014,第4027页。
③ (汉)司马迁:《史记》卷三十《平准书》,中华书局,2014,第1738页。吴怀祺指出:"《平准书》说:'物盛而衰,固其变也',显然和《老子》讲对立面的转化、《周易》中的变通的观点是相通的……司马迁讲盛衰变化,很重视条件。历史由盛转衰、由衰转盛,都离不开条件。"(《中国史学思想史》,商务印书馆,2007,第93页)

社会上有各地民众频繁起义，朝堂上外戚、宦官两派势力之间的斗争悄然拉开了序幕。那段浅埋于《汉书》中的"人心厌汉"到"民皆思汉"的历史过程，也时刻警醒着东汉初年的统治者。面对西汉后期曾经历的转折，光武帝本人就曾以"即位三十年，百姓怨气满腹"[①]而拒绝了群臣主张封禅的奏请。所以，班固在历史叙述中揭露西汉盛世之下在政治、经济、刑法、兵事、社会等各个方面所深藏的统治危机，想必包含着对现实世界的思考和担忧，这与他努力歌颂汉的威德并不矛盾，都是"光扬大汉"之主观诉求的实践路径。

《汉书》设立《刑法志》，叙述西汉一朝法律、刑狱的施行情况及其与政治得失的关系，意在"据实直书，揭露狱吏的种种恶劣作为，痛加批驳"[②]。书中将刑法问题视为与政治状况和司狱者利益直接相关的社会问题，罪行的泛滥、酷吏的严苛都是"外事四夷""征发烦数"的结果。正是对兵事的过度投入，致使"文景之治"之下"人人自爱而重犯法，先行义而后绌耻辱"的社会风气逐渐弥散了。《汉书》作者显然不希望这样的历史重演，故在书中将东汉之初与西汉之初的清静政策进行了细致的比较：

> 自建武、永平，民亦新免兵革之祸，人有乐生之虑，与高、惠之间同，而政在抑强扶弱，朝无威福之臣，邑无豪杰之侠。以口率计，断狱少于成、哀之间什八，可谓清矣。[③]

---

① （晋）司马彪：《续汉书志·祭祀上》，见（南朝宋）范晔《后汉书》第 11 册，中华书局，1965，第 3161 页。
② 陈其泰：《历史编纂学视角展现的学术新视域——以〈汉书·刑法志〉为个案的分析》，《天津社会科学》2008 年第 4 期。
③ （汉）班固：《汉书》卷二十三《刑法志》，中华书局，1962，第 1110 页。

第五章 述序事理：史家主体意识的积极彰显

很明显，《汉书》此处称赞了东汉光武、明帝二朝的清平之世。联系前文所论《汉书》对汉武帝刑罚严苛的批评，可以认为，《刑法志》的一个重要的叙事功能，就是希望借此规劝东汉章帝及以下的统治者，从而延续刑法举措的清平之风。

类似的讽喻笔法还出现在《汉书·外戚传》中，作者借汉武帝所宠爱的李夫人之口，批评武帝专爱美色，所谓"我以容貌之好，得从微贱爱幸于上。夫以色事人者，色衰而爱弛，爱弛则恩绝"，极具讽刺意味。联系到班固的"身处"，他在撰写《汉书》的过程中，曾目睹汉章帝朝由后宫所引发的权力争斗。窦氏有女，为大司徒窦融之后，章帝闻其"有才色"，故召入掖庭后立为皇后。窦后无子，帝立宋贵人子刘庆为皇太子，刘庆遂为窦后构陷致废，宋贵人姐妹均自杀。[1] 这里，外戚之祸已显端倪。后来范晔在《后汉书》中更指明了"孝章以下，渐用色授，恩隆好合，遂忘淄蕆"的情况。[2] 从这一现实背景出发，班固极力叙述汉武帝对李夫人的万千宠爱以表明外戚之祸根源深重，实则是为匡正东汉统治者，其良苦深意，昭然若揭。此外，学界已有成果论证班固撰《汉书·五行志》的政治目的就是"匡正汉主"[3]，是对东汉现实的影射和批判。这些散落在《汉书》百卷中的片段，无不是史家主体意识在叙述事理过程中的积极彰显。

---

[1] （南朝宋）范晔：《后汉书》卷十上《皇后纪上》，中华书局，1965，第 415 页。

[2] （南朝宋）范晔：《后汉书》卷十上《皇后纪上》，中华书局，1965，第 400 页。

[3] 参见向燕南《论匡正汉主是班固撰述〈汉书·五行志〉的政治目的》，《河北师范大学学报》（哲学社会科学版）2000 年第 1 期。

第二节　谋有所用：借史书叙事实现"献替"之志

一　从"献替"之志到"立典五志"

一部历史著作的面貌，总是受到史学家撰述意旨的影响。荀悦撰《汉纪》，旨在"综往昭来，永鉴后昆"，具有鲜明的鉴戒意识和经世目的。荀悦流传于世的两部著作，一为《汉纪》，一为《申鉴》，二者互为参照，相继成书。范晔《后汉书》这样介绍荀悦撰写《申鉴》的初衷："时政移曹氏，天子恭己而已。悦志在献替，而谋无所用，乃作《申鉴》五篇。"① 清四库馆臣则称《申鉴》所论"皆制治大要及时所当行之务"。这表明，在致意于惩恶劝善的历史鉴戒思想方面，《汉纪》和《申鉴》是相通的。正是在"献替"之志的驱动下，荀悦撰写《汉纪》时虽于体例、材料各有所依，但又能够创造出一种新颖的叙事结构，以实现其撰述意旨。

荀悦出身颍川荀氏，为"荀氏八龙"之首荀俭之子，少家贫，善诵记，十二岁通《春秋》，"尤好著述"。两汉之际，士大夫政治逐渐确立，为魏晋以后的士族政治埋下伏笔。② 颍川荀氏在东汉末年至魏晋时期发挥过重要的政治影响，荀淑、荀

---

① （南朝宋）范晔：《后汉书》卷六十二《荀韩钟陈列传》，中华书局，1965，第2058页。
② 阎步克指出："政治制度的变化，经常源于社会背景的变迁，但也常常会比客观情势的变动节奏落后。经汉末名士运动，士人地位已达顶点；时至曹魏，已将进入士族知识阶层这一新的发展阶段了。"[《士大夫政治演生史稿》（第3版），北京大学出版社，2015，第409页]

爽、荀彧、荀攸等人都表现出强烈的参政意愿。荀悦虽一度在汉灵帝统治时期托疾隐居，表现出对朝局的失望，但他深受家族文化尤其是叔父荀爽的影响，始终心系汉室得失兴亡，成为本书第四章所讨论的两汉之际"隐而不遁"之士人群体的一个典型。

建安元年（196），曹操听从荀彧等人的建议，"迎天子于许都"。在大致同一时期，荀悦从在野士人辗转成为汉献帝身边的中朝官，任秘书监、侍中，自此周旋于权力斗争的中心。能够在隐居之后出仕，说明这位"性沉静"却"志在献替"的士子心中燃起了对于汉室再次"复兴"的希望。彼时，汉献帝方历董卓之祸及李傕、郭汜之乱，迁都于许之后，曹操正打着"讨贼"旗号为汉室征战四方。在这样一种形势之下，对于怀忠汉室的荀悦而言，能够与孔融、荀彧一同"侍讲禁中"，显然给予了他实现"献替"之志的平台。

《汉纪》以《汉书》为母本，二书作者也具有相近的历史观，不过，荀悦比班固表现出了更加集中、突出的"鉴戒"意识和"宣汉"思想。《汉纪》不仅选载《汉书》中《律历志》《天文志》的内容，还以五百余言的"五德相生"说作为全书开篇，又载班彪《王命论》为全书收尾，可谓从头至尾贯彻了君权神授的"宣汉"思想。[①] 这使《汉纪》成为一部主体意识十分鲜明的编年史著作，因而能够取得独立的学术地位，以致"历代褒之，有逾本传"。

或许荀悦并不是没有看到汉室的倾颓，只是，他尚未做好充足的思想准备去接受汉的灭亡。两相比较，光武"中兴"对于班

[①] 白寿彝指出："（荀悦）一再在全书的首尾指出鉴戒之意……申述以史'资治'的意义及为符合这一目的而应采取的内容，是班固没有明白说过的。"（《中国史学史论集》，中华书局，1999，第 125 页）

固而言是一个"已经完成的事实",而献帝的"复兴"则是荀悦等人心之所向,是"一个幻想"。① 在"复兴"观念的驱动下,荀悦暗示自己在汉献帝"拨乱反正"之后编撰《汉纪》,就像班固在光武"中兴"之后编撰《汉书》一般,进而暗示着又一个"复兴"政权的兴起。这与太史公司马迁在《史记》中暗示自己接续了周公、孔子的使命如出一辙。② 在这里,史学成为荀悦实现政治抱负的重要途径,他撰写《汉纪》,很明确地是在继承"孔子成《春秋》,而乱臣贼子惧","君子曷为为《春秋》?拨乱世,反诸正,莫近诸《春秋》"③的思想传统。

在《汉纪》的前后序中,荀悦反复向读者传达一种观念,即把汉献帝迁都于许视为汉室走向"拨乱反正"的标志。④ 因此,荀悦着重参考着汉高祖和光武帝两朝的政策为汉献帝建安朝政提供参考。如指出承弊于祸乱的建安朝应当奉行"赦政","应变济时"⑤;又如根据"高祖初定天下,及光武中兴之后,

---

① 参见陈启云《荀悦与中古儒学》,辽宁大学出版社,2000,第135页。
② 司马迁自序有云:"先人有言:'自周公卒五百岁而有孔子。孔子卒后至于今五百岁,有能绍明世,正《易传》,继《春秋》,本《诗》《书》《礼》《乐》之际?'意在斯乎!意在斯乎!小子何敢让焉。"(《史记》卷一百三十《太史公自序》,中华书局,2014,第4002页)
③ 分别见《孟子·滕文公下》、《公羊传》哀公十四年,《十三经注疏》,中华书局,1980年影印版,第2715页上、2354页上。
④ 《汉纪·序》:"建安元年,上巡省幸许昌,以镇万国。外命元辅征讨不庭,内齐七政允亮圣业,综练典籍,并兼传记。其三年,诏给事中秘书监荀悦抄撰《汉书》,略举其要,假以不直,尚书给纸笔,虎贲给书吏。"《汉纪·后序》:"惟汉四百二十有六载,皇帝拨乱反正,统武兴文,永惟祖宗之洪业,思光启于万嗣,阐综大猷,命立国典,以及群籍,于是乃作考旧,通连提要,以述《汉纪》。"(分别见荀悦《汉纪》,《两汉纪上》,中华书局,2017,第1、547页)
⑤ (汉)荀悦:《汉纪》卷二十二《孝元皇帝纪中》,《两汉纪上》,中华书局,2017,第388~389页。

民人稀少，立之易矣"①的时与势，建议汉献帝仿古井田之法实施土地政策；等等。这些针对汉献帝建安朝如何"守成"而提出的政策，皆表明荀悦在撰写《汉纪》之时（即建安初年），是将建安朝作为又一个"复兴"政权来看待的。本书第三章曾讲到"荀氏八龙"之中荀爽对荀悦的影响最深，而荀爽曾在汉桓帝统治末期以"火德至孝"规劝朝廷增崇孝道，表明他不仅认可"汉属火德"说，而且还在积极运用"汉属火德"说以实现自己的政治主张，这理应对荀悦产生了影响。② 经历了光武中兴及"汉属火德"说的权威化历程，荀悦以及汉献帝建安初年的一批忠汉之臣，都有理由对刘协带领他们实现又一个绵延的"中兴"政权抱有期待。因此，如何帮助在董卓、李傕、郭汜之乱以后"复兴"的汉廷"守成"，成为他们政治上最大的追求。

从荀悦所遇之世、所处之时，以及他的家族传统等方面来看，"志在献替"四个字是人们进入他精神世界的一个窗口。在"献替"之志的推动下，无论是奉命所修的《汉纪》还是稍晚成书的《申鉴》，③均旨在帮助汉献帝建立新的统治秩序。如果说汉献帝提出的"依《左氏传》体"为荀悦撰述《汉纪》规定了外在的表现形态，那么，荀悦在撰写《汉纪》的过程中

---

① （汉）荀悦：《汉纪》卷八《孝文皇帝纪下》，《两汉纪上》，中华书局，2017，第114～115页。
② （晋）袁宏《后汉纪》系荀爽对策于永康元年，范晔《后汉书》系之于延熹九年。
③ 由于袁宏、范晔等人在史书中均先叙荀悦撰《申鉴》事，而后叙其受命撰《汉纪》事，故易致后人误解《申鉴》成书在前。据袁宏《后汉纪》载，荀悦撰《申鉴》在建安十年（205）八月，而荀悦《汉纪·序》中交代《汉纪》撰于建安三年（198）至建安五年（200），是《汉纪》成于《申鉴》之前明矣。

表现出的对《春秋》的致意,则是史学家主体抉择作用于史书形式、内容和宗旨的结果。

总之,荀悦将时代赋予他的"献替"理想、"复兴"抱负和"鉴戒"观念充分地倾注到历史撰述中,铸成了《汉纪》一书的精神内核。《汉纪》卷首所提出的"立典有五志"论,应当视为荀悦的"献替"之志在史学上的具体表现。

二 释"省约易习,有便于用"

《汉纪·序》讲是书宗旨:"凡为三十卷,数十余万言,作为《帝纪》,省约易习,无妨本书,有便于用,其旨云尔。"①这里,"无妨本书"是朝向《汉书》所言,真正点明《汉纪》主旨的,应是"省约易习"和"有便于用"二句,其着眼点要落在"用"字之上,即通过叙事和议论相结合的历史撰述,向统治者进献可行之策、废替不可行之举。这是在政治上"谋无所用"的状态下,将政治理想寄托于史学的表现。这种表现直到20世纪初梁启超倡导史界革命时仍有其影响,这或许也是梁氏对《汉纪》多有赞赏之意的内在原因。

作为中国历史上首部编年体皇朝史,《汉纪》以其"因事以明臧否,致有典要"的特点,在汉唐之际"大行于世"。② 对自身史笔颇为自负的范晔也毫不吝啬地称赞该书"辞约事详,论辩多美"③,这表明,《汉纪》十分擅于阐述事理。荀悦不仅善于诵记,

---

① (汉)荀悦:《汉纪·序》,《两汉纪》上,中华书局,2017,第2页。
② (晋)陈寿:《三国志》卷十《荀彧传》裴松之注引张璠《后汉纪》,中华书局,1959,第316页。
③ (南朝宋)范晔:《后汉书》卷六十二《荀韩钟陈列传》,中华书局,1965,第2062页。

第五章 述序事理：史家主体意识的积极彰显

尤好著述，他深刻了解，史官要书善恶、彰法式，这是他能够通过《汉纪》阐述事理的思想基础。《汉纪》除抄录《汉书》"赞曰"和偶尔援引《史记》"太史公曰"之外，也设有专门的史论，即我们今天看到的"荀悦曰"。① 此外，是书进一步发挥了《左传》随事发论和《史记》于序事中寓论断的传统，在历史叙述的过程中讲明事物发展的大势和道理。②

清四库馆臣在评价《汉纪》和《申鉴》时指出："《汉纪》

---

① 据陈启能考证，今本《汉纪》中的"荀悦曰"系后人取《汉纪》原本的"论曰"与荀悦其他著述中的有关论点杂糅而成。（参见《荀悦著述的文本和语境问题：〈汉纪〉与〈申鉴〉》，《儒学与汉代历史文化——陈启云文集二》，广西师范大学出版社，2007，第 166~169 页，原文载 Monumenta Serica, vol. 27, pp. 208-232）陈氏之论的确可以提供一个更符合历史真相的思考路径，尤其是细读《汉纪》后序中"其称'论'者，臣悦所论，粗表其大事，以参得失，以广视听也"一句，则来去自明。张宗品在此基础上进一步以国家图书馆藏《汉纪》的明抄本、明正德本（1521）及明万历本（1598）为证，认为明嘉靖黄姬水刊本（1548）、清刻本、《四部丛刊》本及中华书局点校本所作"荀悦曰"皆误，当作"论曰"。（见《今本〈汉纪〉"荀悦曰"辨》，《中国史研究》2012 年第 2 期）由此，借助"荀悦曰"的内容去理解《汉纪》叙述事理上的特点，当是能够成立的。
② 关于《汉纪》史论，还有一种以"荀悦曰"文冗而批评它近乎子家之言的观点，如蒙文通《中国史学史》引刘鉴泉曰："荀书为断代编年之祖，其论已繁于《左氏》，多是子家之嘉言，而非史家之要义。"（《中国史学史》，上海人民出版社，2006，第 58 页）胡宝国据蒙说认为："荀悦的史论确实繁富，而且往往游离于历史事实之外。其中以褒贬为目的的第一类史论显然是受到了经学的影响。他在褒贬评判时处处不离儒家经学的指导原则，'春秋大义'成了无处不在的衡量尺度。第二、第三类史论与其说是史论，倒不如说更像子书中的议论。"〔《汉唐间史学的发展》（修订本），北京大学出版社，2014，第 101 页〕其实，从中国古人论六经皆史的传统来看，史部之书蕴含子部之学是"善述序事理"的进一步发挥，王充称"六经之作皆有据"，章学诚称"六经皆史"，近人刘咸炘又称"事必求于理，理必著于事，子史亦不能划断也"，等等，都可以帮助我们认识包括《汉纪》在内的历史著作叙事议论的特点。

文约事详，足称良史。而此书（按指《申鉴》）剖析事理亦深切著明，盖由其原本儒术，故所言皆不诡于正也。"① 这为我们理解《汉纪》之"用"的落脚点提供了重要的参考。颍川荀氏有荀子之学的家学传承，对于荀悦来说，儒家的纲纪、道义是他心中理想的政治秩序，这是《汉纪》"彰法式""达道义"的意涵所在。

"仁义之大体在于三纲六纪"②，不仅是治国要道，也是"君子"立身处世的基本法则。在总结自汉高祖至汉元帝朝的统治得失之后，荀悦针对汉宣帝"任法审行"和时为太子的汉元帝"劝以用儒术"所形成的思想矛盾，提出了"德、刑并用"的主张，认为教化、刑法当分别作用于君子、中人、小人三类人。③ 这在后来的《申鉴·政体》篇中有具体的展开："君子以情用，小人以刑用。荣辱者，赏罚之精华也。故礼教荣辱以加君子，化其情也；桎梏鞭扑以加小人，化其形也。君子不犯辱，况于刑乎？小人不忌刑，况于辱乎？若夫中人之伦，则刑礼兼焉。教化之废，推中人而坠于小人之域；教化之行，引中人而纳于君子之涂。是谓章化。"④ 按荀悦自己的说法，《汉纪》就是写给"君子"读的（"虽云撰之者陋浅，而本末存焉尔，故君子可观之矣"⑤），对于"中人"和"小人"，《汉纪》

---

① （清）永瑢等：《四库全书总目》卷九十一《子部·儒家类一》，中华书局，1965，第773页中。
② （汉）荀悦：《汉纪》卷二十五《孝成皇帝纪二》，《两汉纪》上，中华书局，2017，第437页。
③ （汉）荀悦：《汉纪》卷二十三《孝元皇帝纪下》，《两汉纪》上，中华书局，2017，第407~408页。
④ （汉）荀悦：《申鉴·政体》，（明）黄省曾注，中华书局，2012，第17~18页。
⑤ （汉）荀悦：《汉纪·序》，《两汉纪》上，中华书局，2017，第1页。

也应发挥教化作用。需要强调的是,《汉纪》对任何个人行迹的叙述和评价,都是与皇朝命运大势联系在一起的,这是它"立典"、"采撰"与"书事"的重点所在。所谓"得失一朝,而荣辱千载"[1],君子以仁义立道,朝廷以纲纪治国,这便实现了个人荣辱与国家命运的统一。

《汉纪》之"用",最突出地体现在对于朝廷职能的重点叙述上。荀悦选取《汉书》十志的有关内容散入编年记事之中(如选载《汉书·食货志》中关于粮食、货币制度的内容入《孝文皇帝纪》,选载《汉书·律历志》中关于历法、度量的内容入《孝武皇帝纪》,选载《汉书·艺文志》中关于学术流别的内容入《孝成皇帝纪》,等等),并在此基础上提出了三个重要观点:一是强调制度对于治国理政的核心作用,即"先王之政,以制为本","圣王之制,务在纲纪,明其道义而已";二是以土地制度作为各项制度之首,即"夫土地者,天下之本也";三是以发展的眼光配合因时制宜的思想讨论制度问题,强调"虽古今异制,损益随时,然纪纲大略,其致一也"[2]。这些内容,都是作者"献替"之志的积极表达,所谓"通见政体"是也。

唐初,《汉纪》曾被重视"史籍之为用"的帝王李世民视作瑰宝,李世民将《汉纪》赠予他的爱将李大亮并对该书作出极高的评价:"此书叙致既明,论议深博,极为治之体,尽君

---

[1] (汉)荀悦:《申鉴·时事》,(明)黄省曾注,中华书局,2012,第105页。

[2] (汉)荀悦:《汉纪》卷七《孝文皇帝纪上》、卷八《孝文皇帝纪下》,《两汉纪》上,中华书局,2017,第97、115页。

臣之义。"① 唐季五代，南汉中宗刘晟残暴无道，大臣们人人自危，史载"（刘）思潮等死，陈道庠惧，不自安，其友邓伸以荀悦《汉纪》遗之，道庠莫能晓，伸骂曰：'憨獠，韩信诛而彭越醢，皆在此书矣'"②。这些情况都说明，《汉纪》之"用"是切实存在并发挥影响的。

三 "未尝效一言于操"的坚守

荀悦在建安朝出仕，初辟曹操府，后又长期伴随在汉献帝左右，他亲眼看着曹氏的崛起和皇权的式微却又心怀经世之志，其"身处"之艰难不难想见。明人何孟春曾这样感慨荀悦的处境："悦辟曹操府，与从弟彧、北海孔融同侍讲禁中，献替间莫能直遂。融、彧先后死贼手，势益孤。"因此尽管荀悦与贾谊一样都有通达国体之才，贾谊所论"切于世事"，荀悦所论也不过是"适垂尽无用之世"罢了。后来清人也多感慨荀悦的"身处"："其《杂言》等篇颇似扬雄《法言》，雄曲意美新，而悦无一言及于操，视雄为优矣"；"……（悦）立汉廷十二年，清虚沉静，未尝效一言于操，不其贤乎？"③《申鉴》以五卷政论立言，"无一言及于操"，何其可贵，而成书于《申鉴》之前的《汉纪》以十八万

---

① （后晋）刘昫等：《旧唐书》卷六十二《李大亮传》，中华书局，1975，第2388页。
② （宋）欧阳修：《新五代史》卷六十五《南汉世家》，中华书局，1974，第815页。
③ 以上见（明）何孟春《申鉴注序》、（明）王鏊《申鉴注序》、（明）黄省曾《注申鉴序》，《申鉴》附录，（明）黄省曾注，中华书局，2012，第221、223、224页。

| 第五章　述序事理：史家主体意识的积极彰显 | 195

余言通叙西汉史事，也是"未尝效一言于操"，更见荀悦在困境中的坚守。而当我们深入到《汉纪》的字里行间，又会发现荀悦不仅不效于操，他还隐晦地揭露了曹氏崛起对献帝中兴之业的巨大威胁。

建安初年，为了供给"讨贼"军用，曾被汉武帝用于储备军资的"屯田"制度被重新启用。屯田的施行，对于安置流民、开垦荒地、恢复农业生产都发挥了重要作用，帮助曹操打赢了建安五年（200）与袁绍的官渡之战。与此同时，屯田加重了对劳动人民的束缚和剥削，在根本上还是服务于世家地主、豪族地主的土地兼并，为日后曹魏的代汉提供了经济基础。《汉纪》着重阐述了屯田制的历史影响，于《孝宣皇帝纪》载赵充国三次奏事（尤其是他如何以"屯田便宜十二事"说服宣帝），接着以"充国初奏事，议臣非难充国十七人，中十五人，最在后十三人"写出朝臣对屯田的排斥，进而记载张敞、萧望之关于能否令罪者以参与屯田的方式赎罪的辩论，揭露出屯田制的长期施行必将导致"豪强吏民请夺假借，至为盗贼以赎罪，奸邪并起"的严重后果，至此勾勒出屯田制对于皇朝统治的利与弊。①

荀悦还吸收了董仲舒、司马迁、班固等人的观点，强烈地斥责东汉末年豪强兼并土地，以致朝廷和民众都深受其害，其论曰："古者什一而税，以为天下之中正也。今汉民或百一而税，可谓鲜矣。然豪强富人占田逾侈，输其赋太半。官收百一

---

① 以上所引见（汉）荀悦《汉纪》卷十九《孝宣皇帝纪三》，《两汉纪》上，中华书局，2017，第 331～335 页。

之税，民收太半之赋。官家之惠优于三代，豪强之暴酷于亡秦。是上惠不通，威福分于豪强也。"① 虽然荀悦度过了贫困的幼年时代，但他本人仍然属于他所批判的"豪强"的一员。② 从这一点来看，他能够从维护皇朝和百姓利益的角度而发出如此批判，在当时的历史条件下是十分难得的。

更深刻的是，尽管后来史家回溯东汉末年政局时，得出"自都许之后，权归曹氏，天子总己，百官备员而已"③ 的结论，但是，如果从荀悦撰写《汉纪》所处的具体历史形势出发，自汉献帝迁都至官渡之战的几年之中，汉廷面临的最大敌人还不是代替天子出征四方的曹操及其家族势力，所要"拨乱"的对象，先有李傕、郭汜，后有袁绍等"乱臣贼子"。荀悦的《汉纪》正成书于这个历史阶段，而他能够预见到屯田对于曹氏权势的助长及其对朝廷的威胁，并在《汉纪》中着意于屯田、赋税等问题的编排和叙述，充分显示出一个优秀的史学家所具有的敏锐的历史洞察力，这比深深敬重他、推崇他的从弟荀彧更显高明。

荀悦出身曹府，但他撰写的《汉纪》不仅不曲美曹氏，且

---

① （汉）荀悦：《汉纪》卷八《孝文皇帝纪下》，《两汉纪》上，中华书局，2017，第114~115页。
② 侯外庐主编《中国思想史》第2卷指出："汉末统治阶级之间的派系纠纷，表现出一幅极为错综复杂的图画……这种纠纷，表面上虽然发源于宫闱之内，但其主要根源，却在强宗豪族与王朝皇族的矛盾……荀氏（荀淑、荀爽、荀悦）……都是累世显宦，形成一种官僚群的强宗豪族。"（张岂之主编《侯外庐著作与思想研究》第11卷，长春出版社，2016，第317页）
③ （南朝宋）范晔：《后汉书》卷七十二《董卓列传》，中华书局，1965，第2342页。

还能够批判这股势力的根基,势益孤而能守本心,使人们愈加能够理解何孟春、王鏊、黄省曾等人阅其书而悲其所遭的情感流露。从历史后来的走向看,受益于屯田提供的经济基础,建安十三年(208),曹操废三公,自任丞相,次年,荀悦卒。《汉纪》应汉献帝的现实诉求而问世,遗憾的是,它终究未能在献帝与荀悦这一双悲情君臣的有生之年帮助汉室走向"复兴"。然而,在长时段的流传过程中,《汉纪》中的"天人三势"论、"六主六臣"说,以及关于时事、游侠、教化、刑法的论述,在不同程度上对后世产生着影响。文至此处,当我们再读到称是书"叙事处索然无复意味"[①]的评论时,或许会重新作出一番思考和评价。

第三节 扶明义教:"名教"观念在史书叙事中的运用

一 自然化的"名教"观念

《后汉纪》采用"言行趣舍,各以类书"的编撰方法,有其思想上的深层原因,即"通古今而笃名教"是袁宏撰写《后汉纪》自觉提出的、必须贯彻的宗旨。"名教"是袁宏历史观的核心内容,也是指导他进行历史撰述的宗旨和原则,他不仅在记人上时刻抬出"名教"的标尺,在具体的叙述中,也是要阐述以"名教"为标准的事理。袁宏在《后汉纪》的序中写道:

---

① (清)顾炎武:《日知录》卷二十六,陈垣校注,安徽大学出版社,2007,第1442页。

> 夫史传之兴，所以通古今而笃名教也。丘明之作，广大悉备。史迁剖判六家，建立十书（按：应为八书），非徒记事而已，信足扶明义教，网罗治体，然未尽之。班固源流周赡，近乎通人之作；然因籍史迁，无所甄明。荀悦才智经纶，足为嘉史，所述当也，大得治功已矣；然名教之本，帝王高义，韫而未叙。今因前代遗事，略举义教所归，庶以弘敷王道，（补）前史之阙。①

在袁宏看来，前人所修诸史于"名教"上未尽弘扬，即便是足称"嘉史"的《汉纪》也欠缺了"名教之本，帝王高义"。袁宏又说："今之史书，或非古之人心，恐千载之外，所诬者多，所以怏怏踌躇，操笔恨然者也。"意即他所见诸史皆不令人满意，因此，他要"因前代遗事"，作一部"略举义教所归，庶以弘敷王道"的东汉史。

袁宏认为荀悦《汉纪》于"名教之本，帝王高义，韫而未叙"，这就是说《汉纪》中的"名教"观还不够突出，论者以为这是说"荀氏《汉纪》只言名教，未及自然"②。那么，袁宏眼中的"名教"是什么呢？他说：

---

① （晋）袁宏：《后汉纪》原序，周天游校注，天津古籍出版社，1987，第2页。按：据前后文义，"补"字或为缺文。
② 陈寅恪：《陶渊明之思想与清谈之关系》，燕京大学哈佛燕京社，1945，第21～22页。刘节进一步指出："这篇《序》（指袁宏《后汉纪》自序）对于魏晋时代的历史哲学，提出一套比较深刻的看法。……袁彦伯的历史哲学仍旧是结合道家哲学，与《易传》思想来谈的，并且想把儒家的名教，结合自然主义来发挥。以为人性中的'理'，是原于'自然之性'。"（《中国史学史稿》，中州书画社，1982，第115～116页）

第五章 述序事理：史家主体意识的积极彰显

> 夫君臣父子，名教之本也。然则名教之作，何为者也？盖准天地之性，求之自然之理，拟议以制其名，因循以弘其教，辨物成器，以通天下之务者也。是以高下莫尚于天地，故贵贱拟斯以辨物；尊卑莫大于父子，故君臣象兹以成器。天地，无穷之道；父子，不易之体。夫以无穷之天地，不易之父子，故尊卑永固而不逾，名教大定而不乱，置之六合，充塞宇宙，自今及古，其名不去者也。

正是在这里，"名教"被自然化、固定化，"未有违夫天地之性，而可以序定人伦；失乎自然之理，而可以彰明治体者也"[1]。其实，于皇朝史中将君臣关系血缘化为父子关系在荀悦撰《汉纪》时已有相近表述："夫忠臣之于其主，犹孝子之于其亲，尽心焉，尽力焉。进而喜，非贪位；退而忧，非怀宠。结志于心，慕恋不已，进得及时，乐行其道。故仲尼去鲁曰'迟迟而行'，孟轲去齐，三宿而后出境，彼诚仁圣之心。"[2] 不过，与荀悦《汉纪》相较，袁宏《后汉纪》在将"名教"血缘化的同时，还蕴含了作者希望实现"尊卑永固""名教大定"的政治理想。

从关于马、班修史的比较与批评，可以进一步认识袁宏以名教为本的叙事观念，他指出："固虽笃志于学，以述作为务，然好傅会权宠，以文自通。其序事不激诡，不抑亢，赡而不秽，

---

[1] 以上所引见（晋）袁宏《后汉纪》卷二十六《孝献帝纪一》，周天游校注，天津古籍出版社，1987，第743页。
[2] （汉）荀悦：《汉纪》卷八《孝文皇帝纪下》，《两汉纪》上，中华书局，2017，第119页。

详而有体，使读之者亹亹而不厌，亦良史之才也。至于排死节，否正直，以苟免为通，伤名教也。"① 联系袁宏在自序中对前人修史的评价，可以看出，"名教"占据了袁宏史学思想的核心地位，它既是袁宏本人进行史学撰述的宗旨，也是他展开历史评论和史学评论的关键。

袁宏的名教思想既有历史的渊源，亦有现实的因素。他首先从历史发展上指出："夫称至治者，非贵其无乱，贵万物得所，而不失其情也。言善教者，非贵其无害，贵性理不伤，性命咸遂也。故治之兴，所以道通群心，在乎万物之生也。古之圣人，知其如此，故作为名教，平章天下。天下既宁，万物之生全也。保生遂性，久而安之。故名教之益，万物之情大也。"② 这是说，"名教"的作用在于帮助统治者"道通群心""平章天下"，即"名教"是世间万物赖以生存、政治统治赖以兴盛的根本准则。

袁宏还深受东晋社会学术思潮的影响：其一，魏晋时期的社会上层继承了东汉末年以来月旦评、清议等以名教为是非标准的人物品评之风，加上九品中正制度的确立和玄学的盛行，社会上广泛重视对人物品行的评价。到了袁宏所生活的时代，世风已经从讥评政治的清议转变为玄虚论道的清谈。虽然此时"清谈"一词仍有"清议"的指向，但大多数时候已被视为玄学家所提出的围绕《周易》、老庄以至佛学的若干议题，从而

---

① （晋）袁宏：《后汉纪》卷十三《孝和帝纪上》，周天游校注，天津古籍出版社，1987，第383页。
② （晋）袁宏：《后汉纪》卷二十三《孝灵帝纪上》，周天游校注，天津古籍出版社，1987，第644页。

第五章　述序事理：史家主体意识的积极彰显

与"清议"有所区别。① 身为世族子弟的袁宏，的确与许多清谈之士交游甚密，史载："（范启与）清谈之士庾和、韩伯、袁宏等，并相知友。"② 其二，《后汉纪》以"名教"作为叙述和评论人物的标准，不仅关注个人的得失荣辱，更加注重人们的活动是否符合"名教"或有益于"风化"的要求。③ 这些情况表明，袁宏因其所生活的时代，无可避免地受到玄学清谈风气的影响，这在《后汉纪》注重人物品评的撰述形式上可见一斑。

那么，袁宏果真是一位玄学史家吗？唐人刘知幾曾批评袁宏史论"务饰玄言"；④ 近人蒙文通也认为："玄者以虚无为天道，史家以灾候为天道以抗之"，"其以清谈言史，惟袁宏辈而已"⑤。然而，据陈寅恪的研究，所谓"清谈"在东晋已经失去了政治上的实际性，"但凡号称名士者，其出口下笔无不涉及自然与名教二者同异之问题。其主张为同为异虽不一致，然未有舍置此事不论者。盖非讨论及此，无以见其为名士也"⑥。在这些名士之中，袁宏的特点在于论证了名教和自然的同一性，"以自然为本或体，名教为末或用"。与此同时，玄学发展至阮

---

① 参见唐长孺《魏晋南北朝史论丛》，商务印书馆，2010，第290页。
② （唐）房玄龄等：《晋书》卷七十五《范汪传附范坚传》，中华书局，1974，第1990页。
③ 白寿彝：《中国史学史》第1卷《先秦时期·中国古代史学的产生》，上海人民出版社，2006，第39页。
④ （唐）刘知幾：《史通》卷四《论赞》，（清）浦起龙通释，上海古籍出版社，2009，第76页。
⑤ 蒙文通：《中国史学史》，上海人民出版社，2006，第43~45页。
⑥ 陈寅恪：《陶渊明之思想与清谈之关系》，燕京大学哈佛燕京社，1945，第20~28页。

籍之后,"个人和名教完全对立起来,传统礼教对个人的约束完全失去作用,这个转变结合了汉末以来知识分子自我意识醒觉的发展趋势,使得个人的个性放任发展,最后获得彻底的解放"①。那么,极力将个人置于名教标尺下加以叙述和评论的袁宏《后汉纪》,自应被视为所谓"反玄学"思潮的一个环节。正如有研究者指出的,"魏晋南北朝人物的思想与言行是复杂的,不能完全否认袁宏等一些史家会对玄学名士有所欣赏,也可能会沾染玄谈风气",但他"总是以儒学思想体系来思考政治历史问题,特别是主张实行礼制",他的修史宗旨在根本上是儒学思想。② 当我们认真分析《后汉纪》中的论述时就会发现,袁宏并不是以"虚无"为"天道",他所说的"弘敷王道",也是由秉承着"名教"标尺的君道、臣道及君臣关系所构成的。所谓"人能弘道,非道弘人"③,《后汉纪》中那些看似被"清谈"所桎梏的历史人物,实际上是袁宏笔下一个个"名教"的承担者、"弘敷王道"的实践者。"清谈"只是表述形式的一种,借"名教"以"弘道"才是关键所在。

总之,袁宏的"名教"观,在魏晋时期的历史条件下,自有其赖以存在的社会根源。但是,看待"名教",也要关注以下两点:一是,以自然界的天地来比喻"名教"所设定的君臣、父子等人物关系,并完全用这种绝对化的"名教"作价值判断或是非判断的准绳,是否有碍于史学的求真?二是,"名教"观与"正统"论在关于朝代更迭的认识上,有相近之处,

---

① 逯耀东:《魏晋史学的思想与社会基础》,中华书局,2006,第96页。
② 乔治忠:《中国史学史》,中国人民大学出版社,2011,第148~150页。
③ 《论语·卫灵公》,《十三经注疏》,中华书局,1980年影印版,第2518页中。

但二者的区别仍然存在，需要进一步辨析。在讨论袁宏《后汉纪》叙事中的"名教"思想时，上述两点是应当注意的。

二 "因前代遗事"以维护皇权

回顾《后汉纪》自序中明确提出"今因前代遗事，略举义教所归，庶以弘敷王道"的撰述宗旨，归根结底还是关注于儒家的伦理纲常，这是袁宏与玄学家们最大的区别所在。这一观念的背后，还有东晋中后期儒家忠君思想的回升以及士族代表人物置皇权于家族利益之上的努力。论者指出，晋氏南渡之后，儒家的忠君观念已出现不断加强的趋势，到了东晋后期，更促使士族置皇室利益于家族利益之上，这是士族对待皇权态度上的一次巨变。[1] 这场巨变中最有代表性的士族人物是出身陈郡谢氏的谢安和琅琊王氏的王彪之，而本书所关注的史学家袁宏显然与谢、王二人在忠君的立场上是高度一致的，此三人也有过重要的交集。《晋书·王彪之传》记载桓温弥留之际欲求九锡而不得之始末如下：

> 温遇疾，讽朝廷求九锡。袁宏为文，以示彪之。彪之视讫，叹其文辞之美，谓宏曰："卿固大才，安可以此示人！"时谢安见其文，又频使宏改之，宏遂逡巡其事。既屡引日，乃谋于彪之。彪之曰："闻彼病日增，亦当不复支久，自可更小迟回。"宏从之，温亦寻薨。[2]

---

[1] 王心扬：《东晋士族的双重政治性格》，中华书局，2021，第191~233页。
[2] （唐）房玄龄等：《晋书》卷七十六《王廙附弟彬子彪之传》，中华书局，1974，第2011页。

《晋书》的这段叙述非常精彩，它把桓温的不甘、王彪之的力阻、谢安的推动以及袁宏的智处，都写得很饱满。然而，因谢安与王彪之突出的政治身份，人们一般更关注他们二人在阻桓、安晋过程中所担任的重要角色，而在一定程度上忽视了袁宏在此过程中"逡巡其事"发挥的关键作用。联系到袁宏作《东征赋》时刻意回避桓氏的作法，以及《后汉纪》所标举的"帝王高义"，我们可以说袁宏是主动选择站在了这股儒家忠君思想上升的潮流之中，并且在运用自己的历史研究所得推动着这股潮流不断前进。

《后汉纪》不是一部东晋史，自然不会直接地涉及东晋的人物和史事。但袁宏毕竟是东晋人，他眼观现实世界中的桓氏，又怎会不联想起那百余年前的曹氏呢？因此，他与东晋那些正直、忠君的史家孙盛和习凿齿一样，都会表现出对王道的大力推遵和对逆臣的强烈批判。战功赫赫的桓温意欲篡取司马氏政权，这令袁宏难以接受。据《晋书》本传所载，袁宏作《东征赋》篇末称颂江左贤人而刻意不载桓温之父桓彝。后来桓温质问此事，袁宏从容对以"风鉴散朗，或搜或引，身虽可亡，道不可陨，宣城之节，信义为允也"。这一段内容，在彰显袁宏文学造诣的同时，隐括了他对桓氏的斥责，其中，"宣城之节，信义为允也"一句实为讽劝之语，与袁宏"强正亮直"的个性特征相呼应。[①]

袁宏对皇权的维护，在《后汉纪》中集中地表现为对刘汉

---

① 以上所引见（唐）房玄龄等《晋书》卷九十二《文苑传》，中华书局，1974，第 2391~2392 页。

第五章 述序事理：史家主体意识的积极彰显

正统地位的致意和对乱臣贼子的斥责。从全书记事的断限来看，"更始元年"（23）为《后汉纪》的起首之年，"建安二十五年"（220）为该书截止之年。"更始元年"之前，书中追述了光武帝刘秀于新莽末年联合绿林军起义等事；"建安二十五年"之后，书中赘述了汉魏"禅代"、刘备"称帝"等事。全书以"明年，刘备自立为天子"① 一句收尾，这与此前陈寿《三国志》以魏为正统不同，与此后范晔《后汉书》所记"明年，刘备称帝于蜀，孙权亦自王于吴，于是天下遂三分矣"② 也相异。清人周中孚批评《后汉纪》此处作法不如《后汉书》完密。③ 其实，袁宏《后汉纪》的处理意在突出刘汉传承的正统性，这与其"通古今而笃名教"的撰述宗旨是一致的。

从叙述主线来看，《后汉纪》重点关注东汉一朝光武中兴和末年衰落这两个阶段，书中各以八卷记述光武帝刘秀起义及建武朝政和东汉末年灵帝、献帝朝史事，占全书篇幅二分之一以上，这样的叙事格局，着意于揭示东汉皇朝的兴起和衰亡。然而，从为历史人物立小传的篇幅来看，在灵帝、献帝等末尾八卷中，鲜有出现专门的人物小传，这较《光武帝纪》八卷中所写人物数量明显减少了许多。究其缘由，一方面应在于陈寿已作《三国志》详细叙述由东汉末年进入三国时期的诸多人

---

① （晋）袁宏：《后汉纪》卷三十《孝献帝纪五》，周天游校注，天津古籍出版社，1987，第864页。对此，白寿彝指出："《后汉纪》全书的最后一句说：'明年，刘备自立为天子。'言下之意，就是汉天子。这似乎有以蜀继汉统的意思，也是跟陈寿不同的。"（《陈寿、袁宏和范晔》，《北京师范大学学报》（社会科学版）1964年第1期）

② （南朝宋）范晔：《后汉书》卷九《孝献帝纪》，中华书局，1965，第390页。

③ 周中孚：《郑堂读书记》卷十六，商务印书馆，1959，第351~352页。

物,得到了袁宏的推崇并在此基础上作《三国名臣序赞》。更深层的原因在于,在袁宏看来,袁绍、曹操、孙坚等人皆为汉室政权下的逆臣贼子,他们纵然是后世眼中的枭雄豪杰,却违背了"名教"标尺下的君臣之义,必须受到"名教"的谴责。袁宏猛烈地抨击曹丕代汉:

> 夫君位,万物之所重,王道之至公。所重在德,则弘济于仁义;至公无私,故变通极于代谢。是以古之圣人,知治乱盛衰有时而然也,故大建名教,以统群生,本诸天人,而深其关键……然则刘氏之德未泯,忠义之徒未尽,何言其亡也?汉苟未亡,则魏不可取。今以不可取之实,而冒揖让之名,因辅弼之功,而当代德之号,欲比德尧舜,岂不诬哉!①

因此,在以君臣父子关系为本的"名教"思想的桎梏下,《后汉纪》对东汉末年所起群雄并未展开积极叙述。

总之,《后汉纪》对诸曹的批判,可以看作袁宏对现实世界中桓氏作为的批判,这使《后汉纪》一书借助"名教"沟通了古今关系。联想起东汉末年荀悦"未曾效一言于操"的坚守,如果他们生活在同一个时代,或许会结为好友,一道论学,一道修史。

三 评价历史人物的"名教"标尺

"名教"是袁宏历史撰述思想的核心所在,即一切历史叙

---

① (晋)袁宏:《后汉纪》卷三十《孝献帝纪五》,周天游校注,天津古籍出版社,1987,第862~863页。

事都从"名教"出发;一切历史解释都归于"名教"之本。《后汉纪》中所刻画的种种人物正是"名教"的"承担者"和"表现者",帮助该书实现了"通古今而笃名教"的撰述宗旨。

袁宏《后汉纪》不仅以"名教"作为"类书"的标准和撰述宗旨,更以"名教"作为历史人物评价的准则,使全书的叙事和议论在名教观念下紧密统合。例如,书中虽然肯定了光武帝刘秀的雄韬伟略,却对其身为更始之臣而自立为帝的作法多有批判:

> 世祖经略,受节而出,奉辞征伐,臣道足矣。然则三王作乱,勤王之师不至;长安犹存,建武之号已立,虽南面而有天下,以为道未尽也。①

又如,书中写汉冲帝、质帝"驾崩"之际,李固两次欲立著有名德的清河王刘蒜为帝,后遭遇权臣梁冀的迫害致死。袁宏评价李固"幾古之善人",指出:

> 今所以为君子者,以其秉善理也。苟善理常贵,则君子之道存也……古之帝王恐年命不长,惧季氏之陵迟,故辨方设位,明其轻重,选群臣之善,以为社稷之寄,盖取其道存,能为天下正。②

这也是从君臣关系出发而作出的评价。

《后汉纪》着重刻画了荀彧辅助曹操扫平天下群雄的谋士

---

① (晋)袁宏:《后汉纪》卷三《光武帝纪三》,周天游校注,天津古籍出版社,1987,第63页。
② (晋)袁宏:《后汉纪》卷二十《孝质帝纪》,周天游校注,天津古籍出版社,1987,第550页。

形象,然而,当曹操显示出想要取代汉廷统治的野心时,荀彧及时地站在了汉之正统的立场上对其进行劝说。即便如此,袁宏在书中仍抬出"名教"标尺,斥责道:

> 魏之平礼,资汉之义,功之克济,荀生之谋。谋适则勋隆,勋隆则移汉,刘氏之失天下,荀生为之也。若始图一匡,终与事乖,情见事屈,容身无所,则荀生之识为不智矣;若取济生民,振其涂炭,百姓安而君位危,中原定而社稷亡,于魏虽亲,于汉已疏,则荀生之功为不义也……后之君子,默语行藏之际,可不慎哉![1]

再看袁宏所作《三国名臣序赞》对荀彧事迹的描述:

> 文若怀独见之明,而有救世之心,论时则民方涂炭,计能则莫出魏武,故委面霸朝,豫议世事。举才不以标鉴,故久之而后显;筹画不以要功,故事至而后定。虽亡身明顺,识亦高矣!
>
> 董卓之乱,神器迁逼,公达慨然,志在致命。由斯而谈,故以大存名节。至如身为汉隶,而迹入魏幕,源流趣舍,其亦文若之谓。所以存亡殊致,始终不同,将以文若既明,名教有寄乎?夫仁义不可不明,则时宗举其致;生理不可不全,故达识摄其契。相与弘道,岂不远哉!
>
> ……英英文若,灵鉴洞照。应变知微,探赜赏要。日月在躬,隐之弥曜。文明映心,赞之愈妙。沧海横流,玉

---

[1] (晋)袁宏:《后汉纪》卷三十《孝献帝纪五》,周天游校注,天津古籍出版社,1987,第846~847页。

石同碎。达人兼善，废己存爱。谋解时纷，功济宇内。始救生人，终明风概。[1]

同一个历史人物，在《三国名臣序赞》中被作者刻画为"谋解时纷，功济宇内"的王佐之才，不仅怀有"独见之明"，其"识"亦高。然而，在《后汉纪》中，这位"灵鉴洞照"的英才，却被同一位作者斥为"虽名盖天下，而道合不顺"之人，其"识"不智。《三国名臣序赞》和《后汉纪》对荀彧的评价乍看起来互相矛盾，但二者同出袁宏之笔，在思想上仍具有一脉相承的特点。《三国名臣序赞》中说：

夫时方颠沛，则显不如隐；万物思治，则默不如语。是以古之君子，不患弘道难；遭时难，遭时匪难，遇君难。故有道无时，孟子所以咨嗟；有时无君，贾生所以垂泣。[2]

这里对"显隐之道"的讨论，对君子遭时、遇君之难的感慨，都与《后汉纪》的诸多内容具有思想上的联系。尤其是"古之君子，不患弘道难"一句，与《后汉纪》原序中提出的"弘敷王道"旨趣相一致，都是对儒家思想中"人能弘道，非道弘人"[3] 思想的发挥。也正由于此，《三国名臣序赞》也时刻抬出"名教"这个作者思想中最核心的内容，作为叙述、评价三国名臣的标尺。只是，作为不同体裁的撰述，袁宏撰写《三国名

---

[1] （南朝梁）萧统：《文选》卷四十七，李善注，上海古籍出版社，1986，第2124～2128页。
[2] （南朝梁）萧统：《文选》卷四十七，李善注，上海古籍出版社，1986，第2123页。
[3] 《论语·卫灵公》，《十三经注疏》，中华书局，1980，第2518页中。

臣序赞》与《后汉纪》的着眼点不尽相同,前者评价荀彧"亡身明顺",是就其胸怀天下,谋略筹划而"不以要功"的态度而言;后者则是从历史发展大势指出,即使荀彧为了"始图一匡"而寄身于曹操,却"终与势乖",导致了汉室的衰微,他本人又"容身无所",是为"不智""不义"之举。

总之,"名教"作为根本原则,深深影响了袁宏《后汉纪》的叙事和议论:一方面,《后汉纪》使这些"名教"之"承担者"的形象和行迹在编年体史书中独立、丰满起来,给后世读者留下了深刻的印象;另一方面,《后汉纪》又给这些人物镌刻上"名教"的印记,使他们的一言一行都要受到"名教"的评判,这就是史学家主体意识在叙述事理时的积极彰显了。

第四节　以意为主:不得志的范晔如何"转得统绪"

一　"以意为主"的落脚点

范晔《狱中与诸甥侄书》叙其撰述宗旨:

> 常谓情志所託,故当以意为主,以文传意。以意为主,则其旨必见;以文传意,则其词不流。然后抽其芬芳,振其金石耳。此中情性旨趣,千条百品,屈曲有成理。自谓颇识其数,尝为人言,多不能赏,意或异故也。①

---

① （南朝梁）沈约:《宋书》卷六十九《范晔传》,中华书局,1974,第1830页。

这里作者很明确提到了他的文章观，也就是"以意为主，以文传意"，其文眼在于"意"字。范晔又提到"吾杂传论，皆有精意深旨"，"《纪传例》为举其大略耳，诸细意甚多"，这里所说的"意"，是通过撰写《后汉书》来总结历史经验，并发表出作者本人关于政治统绪的见解。

范晔笔下的"意"，是中国古代史学批评史中的一个重要范畴。《孟子·离娄下》记："晋之《乘》、楚之《梼杌》、鲁之《春秋》，一也。其事则齐桓、晋文，其文则史。孔子曰：其义，则丘窃取之矣。"① 这里的"义"，就是观点。② 具体说来，孔子《春秋》之"义"，在于宣示"生民之本""德义之府"③，是"产生于西周时期的《诗》中所蕴含的褒贬之义"④。"义"与"意"内涵相近，司马谈、迁父子明确提出历史撰述之"意"的内涵，在于"绍明世，正《易传》，继《春秋》，本《诗》《书》《礼》《乐》之际"⑤。到了南北朝时期，范晔、臧荣绪等人提出"精意深旨""裁断"之论，是在史书纪事基础上，要求史家"自觉寻绎历史中的深意"。清代章学诚比较自身与前人治史风格，称："郑樵有史识，而未有史学；曾巩具史学，而不具史法；刘知幾得史法，而不得史意。此予《文史通义》所为作也。《通义》示人，而人犹疑信参之，此空言

---

① 《孟子·离娄下》，《十三经注疏》，中华书局，1980，第2728页上。
② 白寿彝：《谈史学遗产》，载《学步集》，生活·读书·新知三联书店，1962，第140页。
③ 柳诒徵：《国史要义》，商务印书馆，2011，第170页。
④ 瞿林东：《中国古代史学批评纵横》（增订本），重庆出版社，2016，第45页。
⑤ （汉）司马迁：《史记》卷一百三十《太史公自序》，中华书局，2014，第4002页。

不及征诸实事也。"① 这里说的"史意"及《通义》之名，突出了思想、观点的指导作用。② 总之，"义"很早便普遍存在于古人观念中的各种事物，自孔子赋予《春秋》以"窃取"之"义"，"义"就成为中国古代史学之史义的理论源泉，其表达随时代变迁而开拓出的丰富内涵，如"义""旨""意""言""道""理""史义"等等。"史义"（及其他变称）在中国古代史学中一以贯之，是一个高度抽象的概念化的表达。③

范晔在治史问题上如此强调"意"，自然受到中国古代史学话语体系中对"史义"的连续探索的影响。所谓"以意为主，以文传意"，在范晔眼中，史文是传达史意的途径，二者联系紧密，不可分割，故要于形式丰富的史文中总结出史意。范晔说自己计划撰写史志，班《书》所有，悉欲全备，并"欲因事就卷内发论，以正一代得失"④，显然，《后汉书》之"意"的核心内涵就在于总结历史上的重大变迁。虽然其"志"未成，但其志已明，正如刘昭注《后汉书》时所指出的："书虽未明，其大旨也。"⑤ 范晔说自己"本未关史书，政恒觉其不可解耳，既造《后汉》，转得统绪"⑥，这几句话，再清楚不过

---

① （清）章学诚：《章学诚遗书》外编卷十六《和州志一·志隅自序》，文物出版社，1985，第552页上。
② 陈其泰：《章学诚：开阔的学术视野》，《江海学刊》2015年第1期。
③ 廉敏：《史"义"考略——试论中国古代史学中"史义"概念的流传及表现》，《文史哲》2018年第2期。
④ （南朝梁）沈约：《宋书》卷六十九《范晔传》，中华书局，1974，第1831页。
⑤ （南朝梁）刘昭：《后汉书注补志序》，见（南朝宋）范晔《后汉书》附录，中华书局，1965，第2页。
⑥ （南朝梁）沈约：《宋书》卷六十九《范晔传》，中华书局，1974，第1828页。

地告诉人们,在研究东汉历史、撰写《后汉书》的过程中,他对皇朝统绪才产生一定的见解,由此指引他的仕途、他的人生。他笔下的皇朝史,就是要写政治得失,写国家统绪,即"正一代得失"是《后汉书》全书思想的核心,是"以意为主"的落脚点。

在中国历史上,自殷周变革之后人们在总结历史经验教训的过程中形成有关兴亡得失的认识,探讨兴亡、总结得失成为中国古代历史理论的一个重要方面。在皇朝史产生以后,这种理论性的探讨借新的历史撰述形态而得以丰富、深化。魏晋南北朝时期,连续性的朝代更迭进一步刺激了人们的思考,有关兴亡得失的讨论"成了政治家、史学家、思想家热切关注的问题"[1],"《后汉书》的论,就是在这样的时代影响下,发挥了作者的历史见解,其显著的特点就在于善于从历史形势的发展上论述古今的变异"[2]。

范晔认为,"物之兴衰,情之起伏,理有固然矣"[3]。这表明,他着意于在历史中探讨兴衰变化的固然之理,他对"中兴二十八将"的讨论,对宦官、党锢等类传的撰述,对后族兴衰的揭示,无不指向东汉一代的得失兴亡。本章第一节讲道,如果说《汉书》十二帝纪后论反映出作者以整体性眼光考察西汉各时期的特点,那么《后汉书》也继承了这样的做法,通观该

---

[1] 瞿林东、李珍:《中国古代历史理论的发展》,载瞿林东主编《中国古代历史理论》(中卷),安徽人民出版社,2011,第343页。
[2] 白寿彝:《中国史学史论集》,中华书局,1999,第140~141页。
[3] (南朝宋)范晔:《后汉书》卷十上《皇后纪上》,中华书局,1965,第404页。

书诸帝纪后论,可以鲜明地看到作者对东汉皇朝历史发展轨迹之不同阶段及其转折的概括。

范晔颇为得意地评价自己的史笔:"自古体大而思精,未有此也。"① 《后汉书》善于议论的特点也为后世学者所称道,王鸣盛称:"今读其书,贵德义,抑势力,进处士,黜奸雄,论儒学则深美康成,褒党锢则推崇李杜,宰相多无述而特表逸民,公卿不见采而惟尊独行,立言若是,其人可知。"② 赵翼称其"立论持平,褒贬允当,足见蔚宗之有学有识,未可徒以才士目之也"③。总体上看,精深的史论的确是《后汉书》阐述事理的关键途径,其着眼点在于总结东汉皇朝的兴衰,而在具体的探讨中又时时透露出范晔本人的思想倾向。

二 "不得志"的范晔

范晔为什么如此强调撰史之"意"?这还是要联系到他的个性特征以及"转得统绪"的治史动力。根据史书记载,范晔是在刘宋皇朝建立之后才开始入仕的,据他本人所述,他在政治上稍稍明确了方向,是在30岁之后的事。宋文帝元嘉五年(428),范晔31岁,逢父亲范泰病逝,范晔以忧去职。元嘉七年(430),服丧期满,范晔出任征南大将军檀道济司马,领新蔡太守,后来随檀道济北伐,军还,任司徒从事中郎,寻迁尚

---

① (南朝梁)沈约:《宋书》卷六十九《范晔传》,中华书局,1974,第1831页。
② (清)王鸣盛:《十七史商榷》卷六十一,黄曙辉点校,上海书店出版社,2005,第487页。
③ (清)赵翼:《廿二史札记》卷四,王树民校证,中华书局,2013,第83页。

书吏部郎。这时他已经33岁,以为自己开始找到了政治上的方向,"年三十许,政始有向耳"。当时的刘宋政权正处于宋文帝刘义隆所开创的"元嘉之治",彭城王刘义康受朝廷委任,大权在握,仕宦于此一时期而又属彭城一系的范晔,本应十分得志。可是,由于他自身"狂衅"的个性,导致他的人生最终被政治漩涡所吞噬而以悲剧告终。

范晔方才在政治上有所方向,就因在彭城王太妃丧期与友人醉酒听挽歌为乐,而被刘义康贬为宣城太守。这是他人生中一次重大的转折。正是在出任宣城太守时期,他开始着手撰写《后汉书》。《宋史·范晔传》这样记载这段历史:

> 元嘉九年冬,彭城太妃薨,将葬,祖夕,僚故并集东府。晔弟广渊,时为司徒祭酒,其日在直。晔与司徒左西属王深宿广渊许,夜中酣饮,开北牖听挽歌为乐。义康大怒,左迁晔宣城太守。不得志,乃删众家《后汉书》为一家之作。[1]

"不得志"三个字,准确地道出了范晔撰写《后汉书》时的心境。

《后汉书》写王充、王符、仲长统的传记,最能体现出范晔此一时期的思绪。写王充,"以为俗儒守文,多失其真,乃闭门潜思,绝庆吊之礼,户庸墙壁各置刀笔。著《论衡》八十五篇,二十余万言,释物类同异,正时俗嫌疑"。这是因为,范晔与王充一样,不信鬼神之说。写王符,"少好学,有志操,与马融、窦章、张衡、崔瑗等友善",然"安定俗鄙庶孽,而

---

[1] (南朝梁)沈约:《宋书》卷六十九《范晔传》,中华书局,1974,第1819~1820页。按《南史》系此事于元嘉元年,中华书局点校本据孙虨《宋书考论》改为元嘉九年。

符无外家,为乡人所贱","自和、安之后,世务游宦,当涂者更相荐引,而符独耿介不同于俗,以此遂不得升进",这与范晔出身庶子以及不为同僚所容的经历十分贴近。又写王符"志意蕴愤,乃隐居著书三十余篇,以讥当时失得,不欲章显其名,故号曰《潜夫论》",并载其文五篇,这与范晔谪迁之后着手整理诸家后汉史"以正一代得失",如出一辙。同卷写仲长统,"性俶傥,敢直言,不矜小节",时人谓之"狂生"①,这与范晔评价自己"狂衅""狂言"是一致的。元嘉二十二年(445),孔熙先等人预谋发动宫廷政变,范晔亦获罪入狱而被判弃市,他被同僚徐湛之上表告发是叛变的"首逆",大致也是受到狂傲的个性所牵连。②

《王充王符仲长统列传》处处透露了范晔对自己身世的感怀、对仕途不顺的愤懑,同时又表达了他的无神论思想。范晔在元嘉十九年(442)前后升迁至左卫将军,与右卫将军沈演之"对掌禁旅,同参机密"③,在这个过程中,范晔的《后汉书》还没有定稿。那么,当他阅读到王充、王符、仲长统等人所论"当世得失"时,当然会联系到他在现实世界中参议机密的种种言行。对于王充、王符、仲长统的论著,范晔认为"数子之言当世失得皆究矣",从阅读、整理诸人所言"当世得

---

① 以上所引见(南朝宋)范晔《后汉书》卷四十九《王充王符仲长统列传》,中华书局,1965,第1629、1630、1644页。
② 一种观点认为,范晔乃受诬身死,参见王鸣盛《十七史商榷》"范蔚宗以谋反诛"条、陈澧《东塾集·申范》篇,及陈光崇《论范晔之死》(《史学史资料》1980年第1期)、张述祖《范蔚宗年谱》(《史学史研究》1981年第2期)等。
③ (南朝梁)沈约:《宋书》卷六十三《沈演之传》,中华书局,1974,第1685页。

失",到撰写诸人传记,这正是《后汉书》帮助范晔实现"转得统绪"的一个重要环节。这里,"耻作文士"的范晔通过他的阅读、他的研究、他的整理,进而到他的思考、他的叙事、他的评论,成长为一位卓越的史学家,也实现了从阅读者到叙述者身份的转变。所以,范晔《后汉书》叙事中每每透露出对于历史上那些"不得志"之人物遭际的愤愤不平。

国内叙事学研究者曾据西方小说分析中提出的情节类型学理论,提倡以叙述者与主人公之间的能力与道德距离作为情节类型的分类依据。[1] 这对于我们理解范晔《后汉书》中对"节士""处士"形象的用心塑造,及其对"节义"的推崇,是有启示的。《后汉书》写朱晖的义士形象,一是借阴就之口称其"志士也,勿夺其节",二是直书其事迹以彰其节行,三是直接评价"其义烈若此";评论朱晖之孙朱穆"见比周伤义,偏党毁俗,志抑朋游之私,遂著《绝交》之论",又指出,蔡邕以朱穆"贞而孤"的个性将其写入《正交》篇。[2] 这里的"贞而孤",实在是对范晔本人不为同僚所容的写照。历来论者皆称范晔《后汉书》重义节,从范晔撰《后汉书》时那种"不得志"的心境来看,这正是史学家本人在借史托志,以史文传述己"意"。

三 一个世族史家的"自得"

范晔的时代上距东汉建立已有四百余年的历史,不过,由

---

[1] 参见赵毅衡《当说者被说的时候:比较叙述学导论》,中国人民大学出版社,1998,第191页。
[2] 以上所引见(南朝宋)范晔《后汉书》卷四十三《朱乐何列传》,中华书局,1965,第1457、1459、1474页。

于南朝宋的开国皇帝刘裕被视为西汉楚元王刘交之后,当时的士人们着意于在历史撰述中将刘宋建构为承继两汉、蜀汉的正统政权。比如,今天我们可以看到沈约所撰《宋书·武帝纪》的后论这样解释刘裕的"受命"和"刘汉"的关联:

> 汉氏载祀四百,比祚隆周,虽复四海横溃,而民系刘氏,慄慄黔首,未有迁奉之心。魏武直以兵威服众,故能坐移天历,鼎运虽改,而民未忘汉。及魏室衰孤,怨非结下。晋借宰辅之柄,因皇族之微,世擅重权,用基王业。至于宋祖受命,义越前模。[1]

这很明显地是在南北朝分裂的历史格局下,以刘宋继承两汉治统而强调其政权建立的合理性。据清人王鸣盛考证,沈约在齐武帝永明五年(487)春受命撰写《宋书》,次年二月即完成纪传部分并呈御前,其成书之速实为罕见,这是因为"《宋书》自何承天、山谦之、苏宝生、徐爰递加撰述,起义熙讫大明,已自成书,约仅续成永光至禅让十余年事"[2]。也就是说,上举这段文字很大程度上是来源于刘宋时人的本朝史叙事。这就不难解释为什么我们在范晔的《后汉书》中也能看到类似的观点,如《光武帝纪》后论直斥王莽为"大盗"[3],又如《孝献帝纪》后论以"终我四百,永作虞宾"[4]作为全书帝纪部分的

---

[1] (南朝梁)沈约:《宋书》卷三《武帝本纪下》,中华书局,1974,第60页。
[2] (清)王鸣盛:《十七史商榷》卷五十三,上海书店出版社,2005,第388页。
[3] (南朝宋)范晔:《后汉书》卷一下《光武帝纪下》,中华书局,1965,第87页。
[4] (南朝宋)范晔:《后汉书》卷九《孝献帝纪》,中华书局,1965,第392页。

结束语。因此，在《后汉书》中如何解释东汉政权的建立，就是一个追溯于历史，但有着现实诉求的问题。

虽然范晔在《光武帝纪》的后论中用"符命"解释了光武的中兴，写下了"火光赫然属天""其王者受命，信有符乎？不然，何以能乘时龙而御天哉"① 等文字，反映出并未完全脱离天命论桎梏的思想状态。但他特别强调祖宗之"德"与子孙受命之间的关系，从而使他对东汉政权合理地位的解释区别于东汉时被权威化的"汉属火德"说。范晔认为：

> 《传》称"盛德必百世祀"，孔子曰"宽则得众"。夫能得众心，则百世不忘矣。观更始之际，刘氏之遗恩余烈，英雄岂能抗之哉！然则知高祖、孝文之宽仁，结于人心深矣。周人之思邵公，爱其甘棠，又况其子孙哉！刘氏之再受命，盖以此乎！②

这种"祖有德而祀百世"的观点与范晔本人的世族出身是一致的，"不能不说是福泽流长的世族观点的反映"。③

在《后汉书》中，"子孙之论"不仅被用来解释皇朝隆替，它也是作者讨论陈氏、袁氏、杨氏等东汉大族盛衰的根据：

> 陈平多阴谋，知其后必废；邴吉有阴德，夏侯胜识其当封及子孙……袁公窦氏之间，乃情帝室，引义雅正，可

---

① （南朝宋）范晔：《后汉书》卷一下《光武帝纪下》，中华书局，1965，第86页。
② （南朝宋）范晔：《后汉书》卷十二《王刘张李彭卢列传》，中华书局，1965，第508~509页。
③ 白寿彝：《中国史学史论集》，中华书局，1999，第149页。

> 谓王臣之烈。及其理楚狱，未尝鞠人于臧罪，其仁心足以覃乎后昆。子孙之盛，不亦宜乎？①
>
> （杨氏）自震至彪，四世太尉，德业相继，与袁氏俱为东京名族云……遂累叶载德，继踵宰相。信哉，"积善之家，必有余庆"。②

范晔希望祖宗功德可以保佑家族昌盛，尤其为那些祖宗有功德而后人蒙屈的家族叹息，这都是世族思想的固有表现。其实，在《后汉纪》里，袁宏就十分强调"高祖之有天下，以德而建矣"，"刘氏德泽，实系物心"③。不过，由于东晋时期正处于门阀政治的强盛时期，世族子弟并没有通过文章著述来巩固自身地位的强烈需要。然而，"刘宋以后改变了东晋'朝权国命，递归台辅'的局面，高门世族已由东晋时政治上的极盛逐渐走向反面。因而他们更要通过种种途径巩固其士族特权地位，而家族谱起了维护士族集团在社会上封闭性的作用"④。正是在这样的背景下，出身于世家大族的范晔在《后汉书》中积极地运用"积善之家，必有余庆"的观念来解释东汉上至皇朝德祚、下至大族兴衰的变迁。

在运用"子孙论"来阐释国家、世族兴衰的同时，范晔

---

① （南朝宋）范晔：《后汉书》卷四十五《袁张韩周列传》，中华书局，1965，第1527页。
② （南朝宋）范晔：《后汉书》卷五十四《杨震列传》，中华书局，1965，第1790~1791页。
③ （晋）袁宏：《后汉纪》卷三《光武皇帝纪三》，周天游校注，天津古籍出版社，1987，第62页。
④ 周一良：《魏晋南北朝史学发展的特点》，《周一良自选集》，首都师范大学出版社，2008，第288页。

《后汉书》又将个人、家族的荣辱兴衰同皇朝之盛衰命运紧密地联系在一起。

例如，耿弇是一位在光武帝创立中兴政权过程中发挥了重要作用的军事将领。耿氏族人在东汉一朝大多勤于军事，是一方"与汉兴衰"的著姓大族。《后汉书》写道："耿氏自中兴已后迄建安之末，大将军二人，将军九人，卿十三人，尚公主三人，列侯十九人，中郎将、护羌校尉及刺史、二千石数十百人，遂与汉兴衰云。"① 此处很明显是将耿氏家族的兴衰与皇朝盛衰联系起来。

又如，陈蕃是东汉桓帝、灵帝朝士的代表，他个性方正峻直，有高节义行，于是《后汉书》大量载用了陈蕃上疏救"党人"、规劝帝行、批评宦官弄权、辞让封侯等内容，交代出陈蕃的政治思想。书中尤其将年逾七旬的陈蕃带领官属诸生与宦官王甫拔刃相抗的场面写得十分真切，令读者为陈蕃后来的遇害深感哀惋。其后，范晔在史论中指出：

> 桓、灵之世，若陈蕃之徒，咸能树立风声，抗论愍俗……及遭际会，协策窦武，自谓万世一遇也。懔懔乎伊、望之业矣！功虽不终，然其信义足以携持民心。汉世乱而不亡，百余年间，数公之力也。②

这里，"从陈蕃个人际遇结局，论到了士人的志向及不同的处

---

① （南朝宋）范晔：《后汉书》卷十九《耿弇列传》，中华书局，1965，第724页。
② （南朝宋）范晔：《后汉书》卷六十六《陈王列传》，中华书局，1965，第2171页。

世态度,进而论到信义、民心、朝代存亡,其旨趣、情志,溢于字里行间,诚可谓'反复其味','意致深长'"①。范晔称赞陈蕃"以遁世为非义,故屡退而不去;以仁心为己任,虽道远而弥厉"②,这与同书《逸民列传》中所叙诸人表现出的"个人与国家政治权力的分离"③形成鲜明对比,结合范晔在元嘉年间的仕途经历,可以认为,陈蕃之"屡退"却不遁世的"仁心",正与有志于"正一代得失"的范晔本人所选择的人生道路相呼应。

再如,邓禹是一位文韬武略的开国大将,其子邓训治边得羌胡人心,"威信大行",邓训之女在汉和帝朝立为皇后,遂使邓氏一族达到鼎盛。在叙述了邓氏三代人崇尚节俭、不好奢侈、注重孝道的生平事迹后,范晔作出一段总结:"自祖父禹教训子孙,皆遵法度,深戒窦氏,检敕宗族,阖门静居。"④ 这里极言外戚邓氏的显贵地位及其家族行事谨慎的门风,铺垫了下文对邓氏覆灭的叙述。汉安帝建光元年(121)邓太后崩,不久,在安帝乳母王圣、宦官李闰等人的构陷下,显贵一时的邓氏一族在短短一年之间悉数覆灭,读来令人瞠目。面对邓氏之祸,朝堂上有人力陈邓氏"当享积善履谦之祐",这与范晔反复致意的"积善之家,必有余庆"十分贴近而被载入《后汉书》叙

---

① 瞿林东:《中国史学的理论遗产——从过去到现在和未来的传承》,北京师范大学出版社,2013,第364页。
② (南朝宋)范晔:《后汉书》卷六十六《陈王列传》,中华书局,1965,第2171页。
③ 逯耀东:《魏晋史学的思想与社会基础》,中华书局,2006,第101页。
④ (南朝宋)范晔:《后汉书》卷十六《邓寇列传》,中华书局,1965,第616页。

事。如此积德从善的邓氏却惨遭横祸,这引起了范晔极大的同情和愤懑,他进一步讨论了外戚从前一朝过渡到后一朝的过程中,常会引起嗣位之君的忌惮,形成一段段盈极而诛的历史悲剧的"至败之理"①。

范晔治学,志在"自得之于胸怀",②这使《后汉书》的《逸民列传》《方术列传》等篇在评论历史人物时,时常表现出与儒家伦理标准的某种分离。从时代思潮来看,"这是自东汉末年至魏晋以来,个人突破儒家道德规范的约束,使个人个性可以向多方面发展,另外建立新人生价值标准的结果"③。在认识到范晔"自得"之学之深刻背景的同时,我们不能忽视的是,他仍然提倡君子立言立行当有益于天下的准则,他说:

> 君子立言,非苟显其理,将以启天下之方悟者;立行,非独善其身,将以训天下之方动者。言行之所开塞,可无慎哉!④

这里很鲜明地是要彰显"君子"如何积极地献身于国家盛衰。范晔从来不是游离于政治之外的个体,相反,他是那么地渴望仕途上的顺遂,于是才有被贬宣城太守之后的郁郁不得志。

---

① 范晔论曰:"汉世外戚,自东、西京十有余族,非徒豪横盈极,自取灾故,必于贻衅后主,以至颠败者,其数(章怀注曰:"数"即"理")有可言焉。何则?恩非己结,而权已先之;情疏礼重,而枉性图之;来宠方授,地既害之;隙开执谢,谗亦胜之。悲哉!鹭、悝兄弟,委远时柄,忠劳王室,而终莫之免,斯乐生所以泣而辞燕也!"(《后汉书》卷十六《邓寇列传》,中华书局,1965,第619页)
② (南朝梁)沈约:《宋书》卷六十九《范晔传》,中华书局,1974,第1830页。
③ 逯耀东:《魏晋史学的思想与社会基础》,中华书局,2006,第104页。
④ (南朝宋)范晔:《后汉书》卷三十七《桓荣丁鸿列传》,中华书局,1965,第1268页。

唐代史家李延寿称范晔"删众家《后汉书》为一家之作，至于屈伸荣辱之际，未尝不致意焉"①。这里说的"屈伸荣辱"，便是范晔在《后汉书》中所致意的依附于国家隆替的家族兴衰和个人荣辱。隋唐以后，随着世族的衰落，"大量史论之以历史的盛衰得失缩小为个人身家性命地位安危，也正同样反映世族阶级的危机"②。对于处于世族正在走向衰落时期的范晔而言，他将个人、家族的得失荣辱置于皇朝盛衰的大势中加以考察和评价，这与他的世族身份和他的"自得"之学相辅相成，正如身处清谈之风大盛时期的袁宏在《后汉纪》中努力地将"个人"重新统摄于"名教"标尺之下，都是史学家思想中的时代性与历史性交碰出的火花。

小　结

任何的历史撰述都离不开史家之笔，因此，叙事主体的思想倾向便直接影响叙事内容和方式。无论从"采撰"与"书事"的做法，还是从"述序事理"的特点来看，"两汉书"与"两汉纪"的撰述者们表现出的看待历史眼光的差异性，都不禁引发人们思考，即使是在相近历史观的影响下，受到时代思潮、个人遭际的影响，史学家（叙事主体）也可以呈现出不同的思想倾向：班固身处东汉中兴政权的上升期，他倡言"汉承尧运"以实现父子两代的宣汉旨趣；荀悦身处东汉皇朝倾颓的

---

① （唐）李延寿：《南史》卷三十三《范泰传附范晔传》，中华书局，1977，第849页。
② 白寿彝：《中国史学史论集》，中华书局，1999，第179页。

末端，他重视鉴戒是为了在历史中寻找为汉献帝"献替"的智慧；袁宏身处崇尚人物品评的东晋，又遭遇权臣桓温意图谋逆的历史时期，于是他在史书叙事中手握"名教"标尺，网罗、叙述、评论历史人物，并以自然法则论证己说；出身世族却个性狂衅的范晔，在政治上受挫之时将精力集中于总结皇朝政治得失的历史研究之中，从而"转得统绪"，对历史和现实都产生了深刻认识。

史学家们所表现出的历史价值取向上的异趣，不仅与他们所生活的时代有关，而且也与他们自身的"身处"有关。这种历史价值取向上的异趣，被刘知幾总结为"史识"之高低，被揭傒斯概括为"心术"之正邪，被章学诚提炼为著名的"史德"说。章学诚所欲辨的"天人之际"①，可以理解为历史撰述中的主客体关系，也可以理解为同一种历史观的指导下，史学家们如何站在不同的维度观察历史、撰述历史，进而揭示丰富的历史进程的不同层面。在考察史书叙事之主体思想倾向的时候，应该本着"知人论世"②的观念，所谓"论古必先设身"③，研究中既要关注史学家所生活的时代环境，也要挖掘史学家自身的经历，历史地看待史书叙事中的主客体关系，由此才能做到知其然，又知其所以然。

---

① （清）章学诚：《文史通义·史德》，叶瑛校注，中华书局，2014，第258页。
② 《孟子·万章下》提出："一乡之善士斯友一乡之善士，一国之善士斯友一国之善士，天下之善士斯友天下之善士。以友天下之善士为未足。又尚论古人。颂其诗，读其书，不知其人，可乎？是以论其世也。是尚友也。"（《十三经注疏》，中华书局，1980年影印版，第2746页中）
③ （清）章学诚：《文史通义·文德》，叶瑛校注，中华书局，2014，第324~325页。

第六章

美的追寻：皇朝史叙事的审美品格

史学也讲究审美。史学家能否成功地将他所获得的史识呈现给世人，从而使其撰述成果产生良好的阅读效果，往往受到文字表述能力的影响。因此，在很多时候，史学家在语言文字上的造诣，会影响一部史书在叙事成就上的高度，以至被时人和后人用来衡量作者本人在史学发展史上的地位。

在中国史学批评史上，唐代史学家刘知幾明确地提出了史书叙事的审美要求，这是他对唐以前历史撰述作总结考察时提出的理论问题，即把有关中国古代史书叙事的理论反思提升到审美的高度加以看待和评论。班、荀、范、袁四家著述作为刘知幾所标举的叙事典范，自然是他提出史书叙事审美原则的重要依凭。从内容与形式相结合的角度来看，在一定程度上，"两汉书"与"两汉纪"代表了汉唐之际史书叙事之"美"的高度，推动了后世史书叙事之"文约事丰""论辩多美"等史学审美原则的建立。在叙事实践之开展与叙事理论之形成相互作用的视域下，我们可以发掘出中国古代史学上关于史书叙事的寻美之路。

第一节 史书叙事的审美自觉

一 《史通·叙事》提出的问题

孔子云："言而无文，行之不远。"① 史学讲究审美，作为史学活动最直接途径的叙事自然也具有审美传统和审美追求。在中国古代，大史学家往往也是大文学家，注重史书的文字表达有优良的传统。20世纪80年代，白寿彝曾讲到"历史文学"的两种含义，其一是指用历史题材写成的文学作品，其二是指历史著作中对历史的文字表述。② 史学工作者主要是在后一层含义下，关注、发挥、讨论历史著作文字表述的风格和传统。

说起中国史学的审美传统，就不能绕开刘知幾和他所撰写的《史通》。在中国史学发展史上，刘知幾是一个关键人物，在史学审美的系列问题上尤是。他少以词学知名，弱冠举进士，在武则天、唐中宗时期曾"三为史臣"。他以治史为"美志"，而又同时极具批判精神，他看到史馆修史的诸多弊病，遂退而撰《史通》，写成了世界范围内首部史学批评专书。

《史通》全书反映出一种自觉的、强烈的史学反思精神，这种反思本身就透露出史学的审美意蕴。可以认为，史学审美，是刘知幾史学思想中的核心因素之一。例如，在讨论史书体裁

---

① 《左传》襄公二十五年，《十三经注疏》，中华书局，1980年影印版，第1985页下。
② 白寿彝：《中国史学史论集》，中华书局，1999，第507、508页。

的发展演变时,他综合分析编年、纪传两种史书体裁的优缺点,提出"班、荀二体,各有其美"的命题。① 在评价史书议论的高下时,他以"辞惟温雅,理多惬当,其尤美者,有典诰之风,翻翻奕奕,良可咏也"称赞班固《汉书》之论。② 在讲到魏晋南北朝时期"史例中兴,于斯为盛"时,他评价干宝、范晔、沈约、萧子显等人所撰序例,或"理切而多功",或"定其臧否,征其善恶",是为"序例之美"。③ 刘知幾还从史书之美讨论到史官之美,在讲到魏晋南北朝时期史官制度的演变时,他列举华峤、陈寿、王隐、虞预、沈约、裴子野等十余位史家,称赞他们是"史官之尤美,著作之妙选也"④。这些散见于《史通》各篇的种种论述,体现出刘知幾对于历史撰述之形式和内容的综合性的审美观,同时在一定程度上表明,他自觉地以审美的眼光来看待历史撰述中的主、客体关系。

《史通》书中还有一篇集中讨论史学审美的文字,这就是《叙事》篇。该篇围绕"史之称美者"而展开,对历代史书叙事得失作出了具体的比较和评价。在中国史学发展史上,《史通·叙事》篇的问世,不仅表明"叙事"一词成为史学批评的专用术语,而且标志着"叙事"作为史学理论问题被正式提出。

---

① (唐)刘知幾:《史通》卷二《二体》,(清)浦起龙通释,上海古籍出版社,2009,第26页。
② (唐)刘知幾:《史通》卷四《论赞》,(清)浦起龙通释,上海古籍出版社,2009,第76页。
③ (唐)刘知幾:《史通》卷四《序例》,(清)浦起龙通释,上海古籍出版社,2009,第82页。
④ (唐)刘知幾:《史通》卷十一《史官建置》,(清)浦起龙通释,上海古籍出版社,2009,第288页。

二 "史之称美者,以叙事为先"

从审美对象上看,刘知幾《史通·叙事》篇不仅提炼出广义上的史书叙事审美要求,还讨论了国史叙事的审美原则,在史书叙事的审美观上表现出整体性与层次感的结合。

"史之称美者,以叙事为先",这是刘知幾论史学审美的第一个层次。《史通·叙事》开篇从先秦到两汉历史典籍的叙事传统讲起,提出"昔圣人之述作也,上自《尧典》,下终获麟,是为属词比事之言,疏通知远之旨"。进而以"五经三史"为叙事审美的标尺,其特点在于"意指深奥,诰训成义,微显阐幽,婉而成章"。刘知幾从史学"退化"的角度崇古抑今,指责"五经三史"以后的史书叙事成就"递降",这个观点是否能够成立,需要再议。但是,他提出了一条从历史本体到历史撰述主体的审美途径,其论发人深思。他认为,《史记》和《汉书》各有精有粗:"人之著述,虽同自一手,其间则有善恶不均,精粗非类。"究其原因,当在于"时乏异闻,世无奇事,英雄不作,贤俊不生,区区碌碌,抑惟恒理",因此,不能苛责史家叙事处处"显其良直之体,申其微婉之才"。这段内容,是针对"世人以饰为工,以质为陋"的文风思潮而发论,由此,"史之称美者,以叙事为先"有赖于撰述主体的修养。[①]

在流传于世的典籍中,刘知幾尤推《左传》之美,他深谙唐前"左氏学"史,在《史通》中专门写下《申左》篇,意在

[①] 以上所引见(唐)刘知幾《史通》卷六《叙事》,(清)浦起龙通释,上海古籍出版社,2009,第154页。

提升《左传》的学术地位。在内容上,《左传》"以三十卷之约,括囊二百四十年之事,靡有孑遗",故史家干宝历诋诸史,而能"独归美《左传》"①。《左传》的详略得宜之美,为荀悦《汉纪》所继承,"历代褒之,有逾本传"②。在文字表述方面,《左传》行文的优美博奥尤其在与《公羊传》《谷梁传》的对比中得以显现:"寻《左氏》载诸大夫词令、行人应答,其文典而美,其语博而奥……如二传者,记言载事,失彼菁华;寻源讨本,取诸胸臆。夫自我作故,无所准绳,故理甚迂僻,言多鄙野,比诸《左氏》,不可同年。"③ 刘知幾对《左传》叙事的总体评价是:"……或腴辞润简牍,或美句入咏歌,跌宕而不群,纵横而自得。若斯才者,殆将工侔造化,思涉鬼神,著述罕闻,古今卓绝。"④ 在以驳议经史见长的批评家笔下,这样高度的评价实属少见。

从"史之称美者,以叙事为先"的命题出发,刘知幾设置了"叙事尚简""叙事用晦""叙事妄饰"三个分命题:"叙事尚简"是强调史文的烦简问题,"尚简"是基础,但不是全部,"尚简"要以"文约而事丰"为宗旨;"叙事用晦"的内涵是强调"省字约文,事溢于句外","略小存大,举重明清";"叙事妄饰"讲的是文风传统,推崇质朴之风而贬抑浮华之气。

---

① (唐)刘知幾:《史通》卷九《烦省》,(清)浦起龙通释,上海古籍出版社,2009,第244页。
② (唐)刘知幾:《史通》卷二《二体》,(清)浦起龙通释,上海古籍出版社,2009,第26页。"本传"谓《汉书》。
③ (唐)刘知幾:《史通》卷十四《申左》,(清)浦起龙通释,上海古籍出版社,2009,第392页。
④ (唐)刘知幾:《史通》卷十六《杂说上》,(清)浦起龙通释,上海古籍出版社,2009,第422页。

"叙事尚简""叙事用晦""叙事妄饰"彼此关系密切,形成环环相扣的叙事审美理论,史学家如能对此有所领悟并巧妙地运用、规避,基本上就可以实现"史之称美"了。

三 "国史之美者,以叙事为工"

从审美对象来看,"国史之美"是刘知幾论叙事之美的第二个层次。知幾本人"掌知国史,首尾二十余年,多所撰述,甚为当时所称"①,《史通》一书的主要批评对象,就是历史上的种种"国史",故他论叙事也能关注到"国史"与一般史书的区别。

与一般的史书不同,国史撰述要以反映一朝之得失盛衰为主线,叙事需有首有尾,有因有果,既顾及全局,又呈现细节。因此,刘知幾对国史叙事提出了更加明确而具体的要求,即"国史之美者,以叙事为工,而叙事之工者,以简要为主"。在这个命题中,"工"是核心概念。刘知幾说到的"工",同他在《惑经》篇中论"君子以博闻多识为工,良史以实录直书为贵"的"工"大致同义,均可作规范、严谨的解释。实际上,刘知幾并非提出"工"这一批评范畴的第一人,亦非最后一人。南朝文论家刘勰已经多次称赞"笔记之工""笔端之良工",更提出"工在简要"的观点。② 刘知幾以后,宋代大学问家洪迈也

---

① (后晋)刘昫等:《旧唐书》卷一百二《刘子玄传》,中华书局,1975,第3173页。
② (南朝梁)刘勰:《文心雕龙·诔碑》,范文澜注,人民文学出版社,1958,第213页。

有"词不工者不成文"①的看法。总之,从"史之称美"到"国史之美",史学审美的对象从一般的"史"集中到"国史"。

刘知幾认为,刻意求文字之寡,容易陷于"疏略"之弊,所以他说"文约而事丰,此述作之尤美者也"②。这就要求行文的简洁与内容的丰赡联系起来,即不可为求简而略述史事。一般的史著,如能实现文约,已属难得。如果在"文约"的同时做到了"事丰",那就是"述作之尤美者也"。对此,刘知幾还有一个形象的比喻,他说:

> 盖善为政者,不择人而理,故俗无精粗,咸被其化;工为史者,不选事而书,故言无美恶,尽传于后。③

历史上,有的史学家为了追求行文简洁,主观地忽略了一些重要材料从而造成史实的缺失,这显然不能达到国史撰修的要求,更是与"国史之美"相去甚远了。刘知幾的挚友吴兢曾以实录精神而被誉为"当世董狐",但他晚年过分追求史文之简,"尝以梁、陈、齐、周、隋五代史繁杂,乃别撰《梁》、《齐》、《周史》各十卷、《陈史》五卷、《隋史》二十卷",《旧唐书》称其"又伤疏略"④,这跟此前他撰写《贞观政要》受到好评形成了鲜明的对比。《旧唐书》作者批评吴兢之举伤于疏略,是

---

① (宋)洪迈:《容斋随笔》卷七,孔凡礼点校,中华书局,2005,第89页。
② 以上所引见(唐)刘知幾《史通》卷六《叙事》,(清)浦起龙通释,上海古籍出版社,2009,第156~158页。
③ (唐)刘知幾:《史通》卷六《言语》,(清)浦起龙通释,上海古籍出版社,2009,第142页。
④ (后晋)刘昫等:《旧唐书》卷一百零二《吴兢传》,中华书局,1975,第3182页。

恳切的。如此经验丰富而又有所成就的史学家尚不能很好地掌握国史叙事之法，可见，叙事绝不是一个简单的理论问题，它需要人们在不断的实践中积累经验，提升认识。在这个方面，班、荀、范、袁四家各有千秋，以实践中的叙事推动了叙事审美理念的凝炼。

第二节 《汉书》叙事的雅正之风

一 "函雅故"的审美倾向

《汉书·叙传》结尾处对是书行文表述上的要求作了说明：

函雅故，通古今，正文字，惟学林。[①]

这里，"函雅故"和"正文字"分别是对文风表现和具体文字运用提出的要求。"连属文字，亦谓之文"[②]，"正文字"是"函雅故"的具体路径，无论是"函雅故"还是"正文字"，其关键之处都在于对史书叙事之"雅"的审美要求。

对于"函雅故"一句，张晏注曰"包含雅训之故"，这首先让我们联想到司马迁撰写《五帝本纪》时曾经指出"学者多称五帝，尚矣。然《尚书》独载尧以来；而百家言黄帝，其文不雅驯，荐绅先生难言……余并论次，择其言尤雅者，故著为本纪书首"。对此，唐人张守节认为："太史公据古文并诸子百家论次，择其言语典雅者，故著为《五帝本纪》，在《史记》

[①] （汉）班固：《汉书》卷一百下《叙传下》，中华书局，1962，第4271页。
[②] 鲁迅：《汉文学史纲要》（外一种），上海古籍出版社，2011，第2页。

百三十篇书之首。"① 这再明白不过地告诉人们,《史记》采撰的标准就是"雅训""雅言",这可以视为《汉书》提出"函雅故"的史学上的渊源。刘知幾曾指出"(《汉书》)自太初已后,又杂引刘氏《新序》、《说苑》、《七略》之辞。此并当代雅言,事无邪僻,故能取信一时,擅名千载"②,可见《汉书》继承了《五帝本纪》的采撰准则。汉武帝时期,又有公孙弘奏言广纳文学之士,提倡"诏书律令下者,明天人分际,通古今之义,文章尔雅,训辞深厚,恩施甚美",唐司马贞注称"谓诏书文章雅正,训辞深厚也"③,表明在涉及朝廷诏令、先王典谟的撰写上,这一时期人们已在自觉地追求文风之"雅"。《汉书》大量地选载诏令、奏疏、对策、辞赋、书信等书面雅文,很明显受到这一传统的影响。

班固本人在汉代文学史上举足轻重,史载,"永元元年(89),车骑将军窦宪复请(傅)毅为主记室,崔骃为主簿。及宪迁大将军,复以(傅)毅为司马,班固为中护军。宪府文章之盛,冠于当世"④。这个由傅毅、崔骃、班固等人构成的文人群体,荟萃了当时的文坛巨匠,诸人在撰述上有一个共同的审

---

① (汉)司马迁:《史记》卷一《五帝本纪》,中华书局,2014,第54~56页。
② (唐)刘知幾:《史通》卷五《采撰》,(清)浦起龙通释,上海古籍出版社,2009,第106页。
③ (汉)司马迁:《史记》卷一百二十一《儒林列传》,中华书局,2014,第3789~3790页。辛德勇认为此句中的"尔雅"应为"薾雅",取"华辞雅言"之意。见《"文章尔雅"与笺经释义的〈薾雅〉》,澎湃新闻·翻书党,2021年10月28日,https://www.thepaper.cn/newsDetail_forward_15094291。
④ (南朝宋)范晔:《后汉书》卷八十上《文苑列传上》,中华书局,1965,第2613页。

美倾向,即追求典雅之风。永元元年(89)是汉和帝执政之始,此前,汉章帝雅好文章,元和年间,崔骃曾作《四巡颂》称美汉德,以"辞甚典美"而颇受皇帝赏识;傅毅则以"文学之士"的身份被章帝命为兰台令史,与班固、贾逵共典校书,并曾作《显宗颂》十篇,"文雅显于朝廷"。再往前追溯,东平宪王刘苍曾于汉明帝永平十五年(72)上《光武受命中兴颂》,"帝甚善之,以其文典雅,特令校书郎贾逵为之训诂"[1]。可见,班固生活的时代,在文风上追求"典雅"是文学之士发乎自觉的追求,而且得到统治者的支持。后来直到东晋时期,《后汉纪》的作者袁宏见到傅毅的《显宗颂》,也称其"辞甚典雅",还曾模仿《显宗颂》作文以歌颂晋简文帝之德。

班固曾称赞《离骚》"其文弘博丽雅,为辞赋宗,后世莫不斟酌其英华,则象其从容"[2],又以司马相如作为两汉辞赋领袖为其立传,并称赞其文"蔚为辞宗,赋颂之首",这都与他在《汉书·叙传》中提出的"函雅故"有思想上的连续性。与此同时,班固对司马相如《封禅文》提出了"靡而不典"(章怀注曰"文虽靡丽,而体无古典")的批评,又指责扬雄《剧秦美新》"典而不实"(章怀注曰"体虽典则,而其事虚伪,谓王莽事不实"),[3] 这又是在典雅的基础上突出了对事实的追求,与他强调"实录"的著述宗旨是相通的,论者以"尚雅崇实"

---

[1] (南朝宋)范晔:《后汉书》卷四十二《光武十王列传》,中华书局,1965,第1436页。
[2] (汉)班固:《离骚序》,(清)严可均校辑,《全上古三代秦汉三国六朝文·全后汉文》卷二十五,中华书局,1958,第661页上。
[3] (南朝宋)范晔:《后汉书》卷四十下《班彪列传下》,中华书局,1965,第1375页。

概括班固的此种文章观念。①

　　班固所撰写的《两都赋》立意于讽劝,上篇详下篇略,融渗出"严正的治国主张和政治见解"②,显示了运用理性态度处理民俗事物、朝政礼仪的文风。沈约曾比较司马相如与班固的文章,称:"相如巧为形似之言,班固长于情理之说。"③ 这是说司马相如擅长运用丰富的辞藻叙物、抒情,而班固撰文在于透过表面现象揭露事物本质。此外也有学者通过比较班固《明堂》《辟雍》《灵台》等诗作套用《诗·大雅》及《颂》的相似句式指出,班固在形式上模仿《雅》《颂》,就是在刻意地复古求雅,"让他的诗看上去与《诗经》的《雅》、《颂》相似,有威仪典重的风格,像《雅》、《颂》一样庄严肃穆",与他辞赋创作中对"雅懿"之风的追求是相近的。④ 从形式上看,文学作品体裁多元、不拘一格,而历史撰述应做到体例规范、结构典雅。从内容上看,文学作品辞藻华丽,可作夸张修辞,而历史撰述必须尊崇历史事实,直书其事。把形式上的"典"和内容上的"实"结合起来,就形成了《汉书》典雅、实录的叙事风格。

　　《汉书》中的"序"和"赞"最能集中反映作者尚"雅"的追求。刘勰指出:"班固述汉,因循前业,观司马迁之辞,

---

① 许结指出:班固"尚雅崇实的审美倾向"使他的作品显示出"汉赋思想由'风'《诗》之'讽谏'传统向'雅''颂'《诗》之温敦雅赡的转变"(《汉代文学思想史》,人民文学出版社,2010,第284页)。
② 袁行霈主编《中国文学史》第1卷,高等教育出版社,2014,第208页。
③ (南朝梁)沈约:《宋书》卷六十七《谢灵运传》,中华书局,1974,第1778页。
④ 吴崇明:《班固文学思想研究》,上海古籍出版社,2010,第150页。

思实过半。其十《志》该当,赞序弘丽,儒雅彬彬,信有遗味。"① 刘知幾亦称:"孟坚辞惟温雅,理多惬当,其尤美者,有典诰之风,翩翩奕奕,良可咏也。"② 所谓"儒雅彬彬""辞惟温雅",不仅是《汉书》史论的文风特点,也是作者撰文追求"函雅故"的表现。

《史记·太史公自序》和《汉书·叙传》在文风上的差异,实际上映射出二书整体行文风格的区别。李景星比较二者文风指出:"太史公分序各篇,其句调不必整齐,此(按:谓《汉书·叙传》)则必须整齐;其每首不皆用韵,此则皆须用韵;其字法不悉研炼,此则悉为研炼,是又所谓同中之异矣。"③ 究其所由,一方面是长于作赋的班固精于行文韵调,另一方面也是深受两汉之间文风"渐尚对偶"④ 的影响。《汉书》文字散中见偶、单复相间,有"雅懿"之风,⑤ 开启了不同于《史记》偏向通俗的文风传统,影响到魏晋以降文学史上的骈散之争。南朝刘勰从文风传统指出:"诗人偶章,大夫联辞,奇

---

① (南朝梁)刘勰:《文心雕龙》卷四《史传》,范文澜注,人民文学出版社,1958,第284页。
② (唐)刘知幾:《史通》卷四《论赞》,(清)浦起龙通释,上海古籍出版社,2009,第76页。
③ 李景星:《四史评议》,韩兆琦、俞樟华校点,岳麓书社,1986,第260页。
④ 刘师培:《论文杂记》,舒芜校点,人民文学出版社,1984,第117页。
⑤ 论者指出:"经过了西汉一个长时期的酝酿,骈文已慢慢地成熟起来,所以东汉文章的作风便来得整齐华赡,而骈文的基础由此得以奠立。这时候有一个很可惊的成就值得注意,那便是班固《汉书》有趋尚骈俪的倾向,和《史记》的为散文恰成两大势力的对峙,而隐隐之中即成为后世骈文的鼻祖。"(蒋伯潜、蒋祖怡:《骈文与散文》,上海书店出版社,1997,第15页)

偶适变,不劳经营。自扬、马、张、蔡,崇盛丽辞,如宋画吴冶,刻形镂法,丽句与深采并流,偶意共逸韵俱发。至魏晋群才,析句弥密,联字合趣,剖毫析厘。"[1] 温子升、杜弼、庾信、鲍敬言等人的文章皆为其证。曾国藩指出:"自汉以来,为文者莫善于司马迁,迁之文,其积句也皆奇,而义必相辅,气不孤伸,彼有偶焉者,存焉。其他善者,班固则毗于用偶,韩愈则毗于用奇。蔡邕、范蔚宗以下,如潘、陆、沈、任等比者,皆师班氏者也。茅坤所称八家者,皆师韩氏者也。"[2] 钱基博以文章衡量史笔,并将其分为两派:"《史记》积健为雄,疏纵而奇,以为唐宋八家行散之祢。《汉书》植骨以偶,密栗而整,以开魏晋六朝骈体之风。文章变化,不出二途。故曰文章之大宗也。"[3] 这些由《史》《汉》比较而衍生出的文风骈散之论,成为文学批评史上的重要命题。

《汉书》叙事的雅正之风还持续影响着后世史家有关如何撰述史论的争论。唐代史官所修《晋书》《周书》的史论都很鲜明地继承了《汉书》之风。但是,刘知幾却反对史论的骈偶化倾向,而强调以简明、朴素的文字撰写史论。[4] 这种争论,一直持续到明清之际谷应泰撰写《明史纪事本末》、李有棠撰

---

[1] (南朝梁)刘勰:《文心雕龙》卷七《丽辞》,范文澜注,人民文学出版社,1958,第588页。
[2] (清)曾国藩:《送周荇农南归序》,《曾文正公全集》第2册,线装书局,2012,第21页。
[3] 钱基博:《古籍举要》,上海古籍出版社,2011,第64~65页。
[4] 刘知幾指出:"夫以饰彼轻薄之句,而编为史籍之文,无异加粉黛于壮夫,服绮纨于高士者矣。"(《史通》卷四《论赞》,(清)浦起龙通释,上海古籍出版社,2009,第76页)

写《辽金纪事本末》①在行文上的差异。

二 "正文字"的时代要求

在"函雅故,通古今"一句之后,《汉书》作者还写下了"正文字,惟学林",这几句话之间有着密切的关联,因为东汉时人们认为"雅"有"正"意。如班固亲自参与撰定的《白虎通·礼乐》称"乐尚雅何?雅者,古正也"②。应劭《风俗通·声音》指出:"雅之为言正也。"③ 因此,"正文字"与"函雅故"是同一审美原则在不同环节的运用,"正文字"是对文字而言,"函雅故"则是由采撰而引申到文风。

班固提出"正文字"指向为何呢?前面讲到追求雅正是班固时代文学审美的一个总体趋势,其实,"正文字"也蕴含着时代的要求。

我们知道,在班固的学术思想体系中,"小学"占据根基性的位置,善治"小学"者,方可通"六艺"。他在《汉书·艺文志》"小学家"序中追溯了先秦至西汉文字之学的产生、发展情况,可以视为关于两汉以前中国古代文字学史的一篇论纲。班固还将他自己也置入这条学术长河:"扬雄取其有用者以作《训纂篇》,顺续《苍颉》,又易《苍颉》中重复之字,凡

---

① 此处《辽金纪事本末》指《辽史纪事本末》和《金史纪事本末》,由于此两本书为同一人所撰且体例相近,故学界也以《辽金纪事本末》代指二书。类似情况还有明陈邦瞻所撰《宋元纪事本末》,其为《宋史纪事本末》和《元史纪事本末》的代称。
② (汉)班固撰集《白虎通》卷三,陈立疏证,吴则虞点校,中华书局,1994,第95页。
③ (汉)应劭:《风俗通义》卷三,王利器校注,中华书局,2010,第293页。

八十九章。臣复续扬雄作十三章，凡一百二章，无复字，六艺群书所载略备矣。"① 所谓"六艺群书所载略备"，表明班固是以一个集大成者的姿态来考释文字的。

班固如此重视文字之学，一方面在于先秦至西汉业已形成的"小学"传统，另一方面也与东汉初期文字使用混乱的社会现象有关。《后汉书》本传称班固"年九岁，能属文诵诗赋，及长，遂博贯载籍，九流百家之言，无不穷究。所学无常师，不为章句，举大义而已"②。既然"不为章句"，又为何要"正文字"呢，这不是与《汉书·叙传》形成了相互矛盾的表述吗？其实不然。史载，汉光武帝建武十七年（41），皇帝玺书拜马援伏波将军，马援上书曰："臣所假伏波将军印，书'伏'字，'犬'外向。城皋令印，'皋'字为'白'下'羊'；丞印'四'下'羊'；尉印'白'下'人'，'人'下'羊'。即一县长吏，印文不同，恐天下不正者多。符印所以为信也，所宜齐同。"③ 于是朝廷在马援的建议下，征用通晓古文字之人。这段记载深刻地反映出东汉初年文字不齐的社会乱象，这在很大程度上是因为

---

① 韦昭注曰："臣，班固自谓也。作十三章，后人不别，疑在《仓颉》下篇三十四章中。"《隋书·经籍志》著录有班固《太甲》《在昔》二篇，谢启昆、胡朴安据此认为班固所作的"十三章"即为此二篇。参见（汉）班固《汉书》卷三十《艺文志》，中华书局，1962，第1721页；（唐）魏徵等《隋书》卷三十二《经籍志一》，中华书局，1973，第942页；胡朴安《中国文字学史》，上海书店出版社，1984，第36~37页。
② （南朝宋）范晔：《后汉书》卷四十上《班彪列传上》，中华书局，1965，第1330页。
③ （南朝宋）范晔：《后汉书》卷二十四《马援列传》，中华书局，1965，第839页。

"昔王莽、更始之际，天下散乱，礼乐分崩，典文残落"①。

班固生于建武八年（32），前引马援拜为伏波将军并上书请正文字，正是《后汉书》本传载班固"年九岁，能属文诵诗赋"之年。班固幼时随父至洛阳定居，后入太学读书，逐渐在文字使用混乱的环境下，形成了"九流百家之言，无不穷究""不为章句，举大义而已"的治学风格。但是，当他因撰述《汉书》而成为兰台令史之后，情况发生了转变。

东汉光武、明帝、章帝、和帝四朝均重视学术建置，立五经博士、修兴太学、召开白虎观会议，又收罗天下图书于东观，命人校正。想要借经学统一社会思想，首先就要校对群经，在文字上进行整合，使其划一，这也是今古文之争的重要环节。汉章帝召开白虎观会议"亲临称制"，汉和帝更是"数幸东观，览阅书林"②。身为史臣的班固，不仅要通过历史撰述帮助朝廷施行教化，而且还承担了记录本朝史、校定书籍、汇撰《白虎通义》等诸项工作。

可以说，班固在东汉初年政治意识形态建设的过程中是一个关键的人物，发挥了重要作用。汉安帝永初四年（110），邓太后诏使谒者仆射刘珍、校书郎刘騊駼、马融及《五经》博士，"校定东观《五经》、诸子传记、百家艺术，整齐脱误，是正文字"③，此时上距班固卒世仅十余年，《汉书》也还在班昭

---

① （南朝宋）范晔：《后汉书》卷七十九上《儒林列传上》，中华书局，1965，第2545页。
② （南朝宋）范晔：《后汉书》卷七十九上《儒林列传上》，中华书局，1965，第2546页。
③ （南朝宋）范晔：《后汉书》卷五《孝安帝纪》，中华书局，1965，第215页。《后汉书·文苑列传》亦载此事。

等人的努力下统稿、续写。中国历史上首部系统分析字形、考究字源的字书《说文解字》也成于这一时期,其撰修者许慎提出:"盖文字者,经艺之本,王政之始,前人所以垂后,后人所以识古。"① 从这样一个大环境来看,班固作《典引篇》"述叙汉德",撰《汉书》提出"正文字"的命题,都包含着为大一统皇朝统治提供文字规范,进而建构学术话语权的指向。

《汉书》"正文字"最突出的作法是有意识地运用古字,由此形成与《史记》尚通俗相对照的文字风格。② 唐代颜师古注《汉书》,被誉为"班孟坚忠臣",他批评前人传钞、注解《汉书》的过程中妄自更改原书所用古字,指出:"《汉书》旧文多有古字,解说之后屡经迁易,后人习读,以意刊改,传写既多,弥更浅俗。"③ 从史书的本来面貌看,"《汉书》往往存古体字"④ 确实是班固《汉书》的一大特点,颜师古的观点既出于尊重史书原文,也是为了宣扬古文之学。例如,《汉书·司马相如传》记"推蜚廉,弄解豸",颜师古指出:"推亦谓弄之也,其字从手。今流俗读作椎击之椎,失其义矣。"⑤ 对于这样

---

① (清)段玉裁:《说文解字注》,中华书局,2013,第771页上。
② 清人王先谦《汉书补注》引苏舆曰:"班书多存古字,以视学者,故云'正文字'。"(中华书局,1983,第1748页上)清人王鸣盛谓"《史记》多俗字,《汉书》多古字"(见《十七史商榷》卷二十八,黄曙辉点校,上海书店出版社,2005,第197~199页)。近人郑鹤声指出:"《史记》多俗字,《汉书》多古字,俗字多则阅者易识,古字多则雅而有致。"(《史汉研究》,山西人民出版社,2014,第163页)
③ (唐)颜师古:《汉书叙例》,见《汉书》书首,中华书局,1962,第2页。
④ (汉)班固:《汉书》卷六十六《公孙刘田王杨蔡陈郑传》,中华书局,1962,第2885页。
⑤ (汉)班固:《汉书》卷五十七上《司马相如传上》,中华书局,1962,第2563、2565页。

的现象，颜师古作注时大多恢复《汉书》原文，他的注书宗旨是："古今异言，方俗殊语，末学肤受，或未能通，意有所疑，辄就增损，流遁忘返，秽滥实多。今皆删削，克复其旧。"① 我们今天能根据《汉书》的现存面貌来研究它用古字的文字特点，的确要感谢颜师古的注释工作。

《汉书》的"正文字"还体现在对异体字、错别字的规划、改正，这是自秦始皇到西汉统一文字举措在学术领域的延续，是中央集权制产生以后所出现的思想要求和社会需要。

减少虚词、叠字、口语的使用，也是《汉书》追求"雅正"之风的表现。《后汉书·班彪列传》载班彪批评司马迁著书"一人之精，文重思烦，故其书刊落不尽，尚有盈辞，多不齐一"，故他本人撰书要"整齐其文"。② 班固继承了这个观念，在行文上改变了《史记》的通俗风格，而显示出"庙堂"学术的特点。例如，杨树达指出，"孟坚于《史记》虚助之字往往节去"③，即《汉书》常删去《史记》中的"也""因""而""乎""之""焉"等词。④ 关于《汉书》删减《史记》叠字法的作法，可举典型的

---

① （唐）颜师古：《汉书叙例》，见《汉书》书首，中华书局，1962，第2页。
② （南朝宋）范晔：《后汉书》卷四十上《班彪列传上》，中华书局，1965，第1327页。
③ 杨树达：《汉书窥管》卷六，上海古籍出版社，2013，第431页。
④ 关于《汉书》少用虚字，学界还有另一种观点，存此以备一说："今传本《汉书》和《史记》相同之篇，往往《史记》文字繁而《汉书》简，南宋人倪思且因之撰写了《班马异同》一书。其实是由于《汉书》问世后读的人多，而在雕版印刷发明前书籍得靠传抄，抄读《汉书》时图省力把许多叠字省略掉了，而《史记》因为抄读者少，虚字倒多保存着，并非班固和司马迁的文笔真有那么多异同。这记得是吕诚之师当年在课堂上讲的，我在这里写出来供评论古典文学者考虑。"（黄永年：《史部要籍概述》，江苏教育出版社，2008，第25页）

项羽传记为例,《史记·项羽本纪》写钜鹿之战的场面:

> ……及楚击秦,诸将皆从壁上观。楚战士无不一以当十,楚兵呼声动天,诸侯军无不人人惴恐。于是已破秦军,项羽召见诸侯将,入辕门,无不膝行而前,莫敢仰视。项羽由是始为诸侯上将军,诸侯皆属焉。①

《汉书·项籍传》记:

> ……及楚击秦,诸侯皆从壁上观。楚战士无不一当十,呼声动天地。诸侯军人人惴恐。于是楚已破秦军,羽见诸侯将,入辕门,膝行而前,莫敢仰视。羽繇是始为诸侯上将军。兵皆属焉。②

对比两段记载,《汉书》作出了如下调整:一是删《史记》三个"无不"为一个"无不",省略叠字;二是改"由"字为古字"繇";三是改"诸侯"为"兵";四是删去与"楚战士"语义重复的"楚兵"二字。牛运震评《汉书》此段叙事,称:"钜鹿之战,《史记》连用三'无不',句法复叠,正精神震动处,《汉书》削其二,遂减色。如此处,班氏不知子长特甚。"③ 钱锺书据陈仁锡"叠用三无不字,有精神"说,认为"数语有如火如荼之观",并进而指出:"马迁行文,深得累叠之妙",

---

① (汉)司马迁:《史记》卷七《项羽本纪》,中华书局,2014,第393页。
② (汉)班固:《汉书》卷三十一《陈胜项籍传》,中华书局,1962,第1804页。
③ (清)牛运震:《读史纠谬》卷二,李念孔、高文达、张茂华点校,齐鲁书社,1989,第92页。

"《汉书·项籍传》作'诸侯军人人惴恐'、'膝行而前',盖知删一'无不',即坏却累叠之势,何若迳删两'无不',勿复示此形之为愈矣。"① 这些论述,都是从叙事之生动性的角度扬马而抑班。

实际上,《史记》之生动、通俗与《汉书》之整齐、典雅正是二书各自的风格所在,在考察二书文风时,大可不必以其中一家的特点而去批驳另一家。《史记》本身就有选取"雅训""雅言"著成帝纪的旨趣,而《汉书》在尚"雅"的同时,也注重叙事的生动性,如选择性地继承了《史记》的叠字法甚至还有所发挥,"其风趣之妙,悉本天然"②。是以历来马、班齐名,《史》《汉》同辉,铺陈叙事,各有其美。

第三节 追求"其词不流"的《后汉书》

一 从"文赡事详"到"详简得宜"

范晔在《后汉书·班彪列传》后论中对《汉书》的叙事特点作出如下评价:

> 司马迁、班固父子,其言史官载籍之作,大义粲然著矣。议者咸称二子有良史之才。迁文直而事核,固文赡而事详。若固之序事,不激诡,不抑抗,赡而不秽,详而有

---

① 钱锺书:《管锥编》(一),生活·读书·新知三联书店,2007,第448~449页。
② 林纾:《春觉斋论文·应知八则》,范先渊校点,人民文学出版社,1959,第85页。

体,使读之者亹亹而不厌,信哉其能成名也。①

这里所说的"文赡而事详""赡而不秽,详而有体",总结出了《汉书》叙事的丰赡之美,由此使《汉书》与《史记》共享"良史"美名。这里的"文赡",不是指史书文字之多,而是指一种华赡而不流俗的文字风格。萧梁时期文史大家刘勰称《汉书》有"端绪丰赡之功"②,这里的"丰赡",当与范晔所论"文赡而事详"大致同义。

"文赡而事详",是说《汉书》以华赡之文详细地记载了西汉一朝的历史变迁。刘知幾曾在讨论"史之烦省"时指出:"及汉氏之有天下也,普天率土,无思不服。会计之吏,岁奏于阙廷;輶轩之使,月驰于郡国。作者居府于京兆,征事于四方,用使夷夏必闻,远近无隔。故汉氏之史,所以倍增于《春秋》也。"③ 这就是说《汉书》记事详尽的背后,有大一统政权为史书修撰所提供的制度保障。《汉书》不仅增添了汉武帝以前的人物事迹,而且为许多在《史记》中没有立传的人物设立了专门的传记,关于这一点,清人赵翼举例甚详,颇供参考。④ 此外,《汉书》十志以严整的逻辑结构收集丰富的历史资料,以至影

---

① (南朝宋)范晔:《后汉书》卷四十下《班彪列传下》,中华书局,1965,第1386页。
② 范文澜认为此句源于仲长统《昌言》所论,见(南朝梁)刘勰《文心雕龙》卷四《史传》,范文澜注,人民文学出版社,1958,第285、294~295页。
③ (唐)刘知幾:《史通》卷九《烦省》,(清)浦起龙通释,上海古籍出版社,2009,第245、247页。
④ (清)赵翼:《廿二史札记》卷二,王树民校证,中华书局,2013,第31~33页。

第六章 美的追寻：皇朝史叙事的审美品格

响到范晔"欲遍作诸志"的撰史追求。论者认为："《汉书》卷帙虽富，固无伤也……马主行文，不主载事，故省；班主纪事详赡，故烦。"① 这就是说，《汉书》重在载录史事，"事详"是基本任务，"文赡"是技术路径。

范晔以马、班相较，称《史记》"文直而事核"，称《汉书》"文赡而事详"，但没有进一步说明"文直而事核"和"文赡而事详"的高下，不过他在《狱中与诸甥侄书》中曾将自己所撰《后汉书》与班固的《汉书》作了一番比较：

> 博赡不可及之，整理未必愧也……尝共比方班氏所作，非但不愧之而已。欲遍作诸志，《前汉》所有者悉令备。虽事不必多，且使见文得尽。②

范晔既认可《史记》的"文直事核"，也推崇《汉书》的"文赡事详"，但这里的几句话，很清楚地表达了一种尚简的倾向，这其实蕴含着魏晋南北朝以来由"马班优劣"的辩难而引发的关于史文审美的思考。

历来讨论中国古代史学上史文烦简的问题，论者多举张辅论马班优劣以及刘知幾论"工在简要"、顾炎武论"辞主乎达"等等。其实，这些审美原则的凝炼都是史学自身不断发展的产物，在两汉时期，史学家们已经在具体的历史撰述实践中开始思考史文烦简的问题，如司马迁称孔子"论史记旧

---

① 郑鹤声：《史汉研究》，山西人民出版社，2014，第163页。
② （南朝梁）沈约：《宋书》卷六十九《范晔传》，中华书局，1974，第1830~1831页。

闻，兴于鲁而次《春秋》……约其辞文，去其烦重"①，又如班彪批评司马迁"一人之精，文重思烦，故其书刊落不尽，尚有盈辞，多不齐一"②，都表达出尚简的思想倾向。不过，随着东汉时期文学之士追逐"雅懿"之风的形成，以及魏晋以降世重文采的影响，文章骈化倾向突出，史学家也渐以炫耀文采为务。

范晔生活在刘宋初期，刘裕、刘义隆都推行文政，一时之间文运极盛。是以范晔在因被贬而转向历史研究之前，即便"耻作文士"，"才少思难"，受到时风的影响，也不得不用心于文章创作。因此，我们看到《后汉书》行文继承了《汉书》"寓偶于散"的语言风格，这自然受到刘宋时期文学发展"骈散合一"进程的影响。③

在开始转向历史研究和历史撰述之后，范晔在前一时期已经萌发的"情志所托，故当以意为主，以文传意"的文章观念得到了进一步的实践，所以他撰修后汉史，不求"博赡"，只求"见文得尽"，由此又扭转了《汉书》奠定的叙事风格。所以，我们在极力推崇"国史之美，工在简要"的刘知幾那里看到他这样评价范晔的《后汉书》："窃惟范晔之删《后汉》也，简而且周，疏而不漏，盖云备矣。"④后来清人赵翼也认可《后汉书》叙事

---

① （汉）司马迁：《史记》卷十四《十二诸侯年表》，中华书局，2014，第647~648页。
② （南朝宋）范晔：《后汉书》卷四十上《班彪列传上》，中华书局，1965，第1327页。
③ 袁行霈主编《中国文学史》第2卷，高等教育出版社，2014，第140页。
④ （唐）刘知幾：《史通》卷五《补注》，（清）浦起龙通释，上海古籍出版社，2009，第123页。

的这一特点，称其"详简得宜，而无复出叠见之弊"①，这是补充了西晋时人们仅以"善叙事"来评价陈寿有"良史之才"的衡量准则，对史书叙事进一步提出了"详简得宜"的要求。

《后汉书》的"详简得宜"，首先体现在它的谋篇布局。如以该书卷三十三写朱浮、冯鲂、虞延、郑弘、周章五人合传，全卷于朱浮事迹着墨最多，周章事迹次之。作者详细叙述了朱浮两次上疏的背景、经过和是否被纳之结果，这是由于：朱浮以武将而兼文才，在东汉初年的政坛上发挥过重要的作用，他广揽名流、善用人才，曾谏言汉光武帝广开博士之选、兴国学。该卷写周章事迹，尤其突出写两件事：其一是周章劝谏南阳太守不应私交窦宪，这件事决定了他后来见重于朝廷的仕运；其二是周章谋诛邓氏、欲立平原王刘胜为帝，这件事使他被策免，而后走向了人生的终点。范晔对周章其人作出了"小智大谋"的评价，从而围绕这个评价确定该篇叙事的主题，因此对于周章在永初年间"数进直言"等事迹，仅一带而过。对于这篇合传的叙事特点，李景星曾指出："朱浮能收士心，辟召名宿以为从事，故所成书疏多有可传……周章之有识处，在力谏太守之谒窦宪；其得祸处，在谋诛邓骘而立平原。故传于此二事叙之最详。"② 一传五人，各有详略主次，是为史书叙事的均平之理。

范晔还充分吸收并发展了《史记》以"互见法"省文的传统。互见法在纪传体史书中起到的作用是："一事所系数人，

---

① （清）赵翼：《廿二史札记》卷四，王树民校证，中华书局，2013，第82页。
② 李景星：《四史评议·后汉书评议》，岳麓书社，1986，第298页。

一人有关数事，若各为详载，则繁复不堪，详此略彼，详彼略此，则互文相足尚焉。"① 互见法的形式有两种：一是于文中写明互见者，如"语在某某传""事见某某传"等；二是不写明互见而于具体行文中行互见之实，这又可分为"于本传不载或略载，而详于他传者"和"两处所载微有不同，而实互为补足发明者"两种途径。《后汉书》运用此法十分精当，例如：在《袁安传》所附子孙事迹中，先是交代"成子绍、逢子术，自有传"；在讲到袁盱（袁敞之子，袁安之孙）受汉桓帝旨持节收梁冀印绶时，以"事已具《梁冀传》"互见；在讲到袁忠（袁贺次子，袁安玄孙）与范滂共证党事时，以"语在《滂传》"互见。② 又如：在《清河孝王庆传》中，写汉安帝追尊刘庆嫡妻耿姬为甘陵大贵人并以耿宝为嫡舅之故厚待耿宝时，以"事已见《耿舒传》"互见；在讲到李固等人有心拥立刘延平之子刘蒜为帝时，以"语在《李固传》"互见。③ 凡此，都是在同一篇人物传记中连续使用互见法，从而减少与其他篇章的重复。

在与自身撰述结构内部其他篇章"互见"的同时，范晔还以己书与"前书"也就是班固《汉书》互见。例如：在《卓茂传》末类叙与卓茂志同道合的其他五人（孔休、蔡勋、刘宣、龚胜、鲍宣），然后为孔休、刘宣两人附传。由于龚胜、鲍宣

---

① 靳德峻编《〈史记〉释例》，商务印书馆，1933，第14~16页。
② （南朝宋）范晔：《后汉书》卷四十五《袁张韩周列传》，中华书局，1965，第1523、1525、1526页。
③ （南朝宋）范晔：《后汉书》卷五十五《章帝八王传》，中华书局，1965，第1805页。

事迹已列于《汉书》之中,故指明"(龚)胜、鲍宣事在《前书》",从而避免与《汉书》重复。① 这种以本书与《汉书》互见的方式,使互见法超出同一史书内部的运用,不仅丰富、发展了互见法的形式,也成功地在"两汉书"之间架起一座桥梁,进而建立起两汉间人物事迹的互动关系。

刘知幾曾论编年、纪传优劣,认为编年体具有"理尽一言,而言无重出"②的优点,翻过来讲,这也是纪传体史书先天的缺陷。范晔是在衡量过编年、纪传优劣之后决定用纪传体的形式撰写后汉史的,他笔下的《后汉书》极力克服纪传体史书这种先天的缺陷,在史文表述上实现了魏晋南北朝史学审美的新高度。从范晔评价《汉书》"文赡而事详"到后人评价《后汉书》"详简得宜",可以说,范晔在具体的撰述实践中促进了《史通·叙事》篇有关史学审美理论的形成。

二 "其词不流"的理想之境

汉末魏晋以来文章创作及文论的蓬勃发展,是范晔提出"以意为主,以文传意"重要的学术背景。论者指出:"经过汉末魏晋几朝文士在文章写作上的自觉探索、实践和积累,文章写作及文学创作的规模、影响和地位日渐提高,南朝宋时期儒学、玄学、史学、文学四馆并立,在制度层面上体现了文章写作已经成为堪与儒学、玄学、史学比肩的'显学'。正是在南

---

① (南朝宋)范晔:《后汉书》卷二十五《卓鲁魏刘列传》,中华书局,1965,第872页。
② (唐)刘知幾:《史通》卷二《二体》,(清)浦起龙通释,上海古籍出版社,2009,第25页。

朝刘宋时期，范晔的《狱中与诸甥侄书》首次明确提出'文以意为主'的观点。"①比范晔稍晚的沈约曾论"夫志动于中，则歌咏外发"；南朝梁人刘勰曾论"夫情动而言形，理发而文见，盖沿隐以至显，因内而符外者也"；唐代古文运动的发起者韩愈曾论文章之道在于"闳其中而肆其外"②。凡此，皆可视为是对"以意为主，则其旨必见"的进一步发挥。

尽管《后汉书》呈现出"详简得宜"的叙事风格，但范晔本人并未就史文烦简作过多讨论，他于文章之道提出"以文传意，以意为主"，只要能把历史进程的始末、道理讲清楚，在向世人揭示治史心得方面下足功夫，就是实现了这样的撰述追求。范晔写文章也不拘于用字的韵或不韵，所谓"手笔差易，文不拘韵故也"③，表明他的关注点在于文章是否能"传意"，只有"传意"之文才能承载"情志所托"，这也成为《后汉书》文字表述的突出特点。

"文章各体，至东汉而大备。汉魏之际，文家承其体式，故辨别文体，其说不淆。"④南朝文坛较之两晋，更加重视形式之美，尤其是问题分目越来越细。范晔自评其文"自古体大而

---

① 姚爱斌：《"文以意为主"：中国古代散文理论的历史演变》，《河北学刊》2018年第6期。
② 分别见（南朝梁）沈约《宋书》卷六十七《谢灵运传》，中华书局，1974，第1778页；（南朝梁）刘勰《文心雕龙》卷六《体性》，范文澜注，人民文学出版社，1958，第505页；（唐）韩愈《韩昌黎文集》卷一《进学解》，上海古籍出版社，1986，第45~46页。
③ （南朝梁）沈约：《宋书》卷六十九《范晔传》，中华书局，1974，第1830页。
④ 刘师培：《中国中古文学史讲义》，载陈引驰编校《刘师培中古文学论集》，中国社会科学出版社，1997，第19页。

思精,未有此也",他虽然改变了《汉书》华赡的表述风格,但也着意于通过运用多种文体,达到史文表述上"其词不流"的审美追求。本书在上一章曾讨论到范晔《后汉书·王充王符仲长统列传》所运用的移情之笔,其实,在对文章形式的审美追求上,我们也能感受到范晔对王充的致意。论者指出,王充作为两汉摹拟学风的"破坏者",旗帜鲜明地反对摹拟、主张创新,从而在很大程度上刺激了魏晋南北朝时期文学"文学应该重视形式"之审美风格的形成。[1] 可以说,范晔提出"其词不流"的理想之境,正体现了这种创新意识。

根据《狱中与诸甥侄书》中的说法及《后汉书》的面貌,在"叙述"形式之外,范晔所运用的文体主要有:

常规议论。这是《后汉书》继承前代历史著作格局,于纪、传中设置的与叙事相辅相成的结构。它起到总结史事,补充事迹、升华主旨、历史评判等功能。

杂传之论。范晔说:"吾杂传论,皆有精意深旨,既有裁味,故约其词句。"[2] 所谓杂传论,就是《后汉书》中以"论曰"发起的内容,主要设置在每篇列传的结尾处,其功能在于对传中人物生平作一个总括,并就其生平中突出的行迹作简要评论。这里的传主要指那些遵循以类相从原则而"异代同编"的人物合传。

类传序、论。范晔说:"至于《循吏》以下及《六夷》诸序论,笔势纵放,实天下之奇作。其中合者,往往不减《过

---

[1] 参见周勋初《文史探微》,上海古籍出版社,1987,第21页。
[2] (南朝梁)沈约:《宋书》卷六十九《范晔传》,中华书局,1974,第1830页。

秦》篇。尝共比方班氏所作，非但不愧之而已。"① 类传的篇首序，其功能在于总领全篇，交代某种社会群体和社会现象的历史渊源。类传也有"论曰"，主要针对某一类人物群体在东汉历史上的作用进行总结、评价。

随事发论。范晔说："又欲因事就卷内发论，以正一代得失，意复未果。"这里说的"因事就卷内发论"，应该类似于编年体史书中随事而出的史论形式（如"两汉纪"中的"荀悦曰""袁宏曰"等），其功能在于"正一代得失"，可惜正如范晔所言，其论并未撰成。

篇后赞语。这里的"赞"就是《后汉书》每卷末用对偶句写成的"赞曰"，它与《汉书》每篇末的"赞曰"虽名同而实异。《汉书》"赞曰"是继承《史记》"太史公曰"而来，这在《后汉书》中是以"论曰"形式存在的，而《后汉书》的"赞曰"均以骈偶行文，蕴含着品评风韵。有的研究者指出："范晔撰《后汉书》，有心合史职与文才于一体，尤其是纪传的论赞部分，意旨明通，辞采润泽，声律协畅，富于篇翰之美，显示出以骈文论史的高超水平。"② 读者如果抽取每卷"赞曰"品读，亦可窥览一段东汉史大纲，这或许就是范晔对他所写的"赞"持有"吾文之杰思，殆无一字空设，奇变不穷，同合异体，乃自不知所以称之"之高评的原因所在。

借多种文章形式"传意"，这使《后汉书》彰显出丰富变换的形式美，确有纵横之势。常规议论、杂传之论、类传序论、

---

① （南朝梁）沈约：《宋书》卷六十九《范晔传》，中华书局，1974，第1830~1831页。
② 袁行霈主编《中国文学史》第2卷，高等教育出版社，2014，第142页。

随事发论、篇后赞语在《后汉书》中发挥着特定的功能，从而构成范晔对东汉历史的宏论。范晔史论在南北朝文坛大放异彩，萧统《文选》设立"史论"和"史述赞"类，在"赞论之综缉辞采，序述之错比文华，事出于沉思，义归乎翰藻"①的选文标准下，收有"范蔚宗后汉书皇后纪论""范蔚宗后汉书二十八将传论""宦者传论""逸民传论""范蔚宗后汉书光武纪赞"等文。萧统选文注重史学家关于"事"的思考和关于"义"的遣词，这与范晔本人评价其史论"精意深旨"和"笔势放纵"内涵相通。

《后汉书》中还有其他诸种文体存在：叙事部分，有纪、传和原本亦在撰述计划之中的志；书首或书尾，原本还设有《纪传例》。这种重例的作法，正是对史书秩序之美的追求。这些内容，加上前文所述史论五体，是范晔亲自执笔所作。与此同时，《后汉书》还继承了《汉书》广收文章的特点，由此将各种文体包罗于一部史著之中。②范晔在写人物的时候，经常把其人所作的文章按照类别罗列举出，如载班固平生所作文章，涉及典引、宾戏、应讥、诗、赋、铭、诔、颂、书、文、记、论、议、六言十四种文体；称冯衍"所著赋、诔、铭、说、《问交》、《德诰》、《慎情》、书记说、自序、官录说、策五十篇"③；称贾

---

① （南朝梁）萧统：《文选序》，（唐）李善注，上海古籍出版社，1986，第3页。
② 白寿彝指出："《汉书》收载文章诗赋，具备多种文体，富于辞藻，为后来文章家所资取。"（《中国史学史论集》，中华书局，1999，第122页）关于《后汉书》所收文体，花俊《范晔〈后汉书〉选文研究》（硕士学位论文，河南大学，2014）有分类统计。
③ （南朝宋）范晔：《后汉书》卷二十八下《冯衍列传》，中华书局，1965，第1003页。

逯"所著经传义诂及论难百余万言,又作诗、颂、诔、书、连珠、酒令凡九篇"①;等等,这都是魏晋南北朝时人们对于文体分类之自觉追求与探索的体现。②

第四节 "两汉纪"叙事之美的呈现

一 "辞约事详,论辩多美"的《汉纪》

荀悦撰《汉纪》,在体裁体例上改变了《汉书》的面貌,但在文风上继承了《汉书》崇尚典雅的特点。具体说来,《汉纪》的文字表述有如下特点。

一是文风微婉。《左传》记载时人对《春秋》的评价,称其"微而显,志而晦,婉而成章,尽而不污,惩恶而劝善,非圣人谁能修之"③。这表明,"婉"在先秦时期已被视为历史撰述的成规。《说文解字》称:"婉,顺也。"④ 史文之"婉"可以理解为婉转而顺畅地叙事、达义。荀悦《汉纪》作为一部依《左传》体制而又意在"傅《春秋》"的编年史,也继承了这种微婉的文风。

对于《汉纪》与《汉书》在表述风格上的联系,白寿彝举《汉纪》对《汉书·李广苏建传》的改造为例,认为:

---

① (南朝宋)范晔:《后汉书》卷三十六《郑范陈贾张列传》,中华书局,1965,第1240页。
② 参见郭绍虞《中国文学批评史》,商务印书馆,2015,第146~147页。
③ 《左传》成公十四年,《十三经注疏》,中华书局,1980年影印版,第1913页下。
④ (清)段玉裁:《说文解字注》,中华书局,2013,第624页下。

《汉书》的文章无《史记》的隽永、峭拔、奔放之气，但写得娓娓动人，于从容不迫之中能摹声绘形。《汉纪》局限于篇幅，在这一方面有特殊的困难，但也能斟酌情形，对《汉书》的这一特点有了一定的保留……《汉纪》对于这一节生动的描写（按：指《汉书·李大苏建传》叙苏武在匈奴的不屈），却差不多全文都收入了书中……在不多的篇幅中，《汉纪》还能保留一些这样的描写，这是对《左传》遗风的继承。后来袁宏《后汉纪》和司马光《资治通鉴》等编年史书都发展了这一传统。①

《汉纪》在秉承删繁为简的使命的同时，还注重叙述的生动性，通过对《汉书》内容的删选排比，撰成一部新的编年体史书，其文顺达通畅，自是对《春秋》《左传》文风之"婉"的传统的继承。黄姬水称《汉纪》之文"典丽婉通，缅嗣西京之绝响"②，是为的论。晋代史家干宝撰《晋纪》深受荀悦《汉纪》体制的影响，《晋纪》被唐人称赞"其书简略，直而能婉，咸称良史"③，可见是书进一步发展了史书叙事文风之"婉"的传统。

二是辞约义丰。荀悦在《申鉴》中提出："辞，达而已矣。"这一说法源于《论语·卫灵公》篇所在："子曰：辞达而已矣。"荀悦对此的理解是："圣人以文，其隩也有五：曰玄、

---

① 白寿彝：《中国史学史论集》，中华书局，1999，第128~129页。
② （明）黄姬水：《刻两汉纪序》，见《后汉纪》附录四，周天游校注，天津古籍出版社，1987，第891页。
③ （唐）房玄龄等：《晋书》卷八十二《干宝传》，中华书局，1974，第2150页。

曰妙、曰包、曰要、曰文。幽深谓之玄，理微谓之妙，数博谓之包，辞约谓之要，章成谓之文。"① 这表示，荀悦主张的文章之道，在于以简约文笔阐述事物万象的幽深大义。论者指出："……由严肃而变为含混，由明实而变成幽深玄奥，这正是六朝学风的趋向……荀悦的两本著作，前一部《汉纪》，可说是结束了汉末的清议，后一部《申鉴》，可说是开发了六朝的清谈。"② 可以认为，《汉纪》与《申鉴》作为汉末的代表性著作，表现出了汉魏之际学术变化思潮中的文风转向。

荀悦是把"辞达"观念应用到历史撰述的第一人，后来南宋洪迈以及明代胡应麟、顾炎武等人都在"辞达"论的基础上，进一步否定了以文字多寡来定史之优劣的观点，反映出中国古代史学上有关史文表述问题探讨的逐渐深入。

三是突出的批判意识。《汉纪》史论行文犀利，书中常见对君主的尖锐批判。例如，荀悦针对趁汉元帝体弱之机而把持权政的奸臣石显，发出了一段规劝君主远佞臣、正己身的见解，其论曰：

> 夫佞臣之惑君主也甚矣！故孔子曰："远佞人。"非但不用而已，乃远而绝之，隔塞其源，戒之极也！察观其言行，未必合于道而悦于己者，必佞人也；察观其言行，未必悦于己而合于道者，必正人也，此亦察人情之一端也。伪生于多巧，邪生于多欲，是以君子不尚也。礼，与其奢

---

① （汉）荀悦：《申鉴·杂言下》，（明）黄省曾注，中华书局，2012，第193页。
② 陈启云：《儒学与汉代历史文化——陈启云文集二》，广西师范大学出版社，2007，第153页。

也，宁俭；事，与其烦也，宁略；言，与其华也，宁质；行，与其绘也，宁朴。孔子曰："政者，正也。"夫要道之本，正己而已矣。平直真实者，正之主也。故德必核其真，然后授其位；能必核其真，然后授其事；功必核其真，然后授其赏；罪必核其真，然后授其刑；行必核其真，然后贵之；言必核其真，然后信之；物必核其真，然后用之；事必核其真，然后修之。一物不称，则荣辱赏罚，从而绳之。故众正积于上，万事实于下，先王之道，如斯而已矣！①

这里，荀悦以"甚矣""极也"揭露和抨击佞臣之于政治统治秩序的危害，他用排比的形式，从"德""能""功""罪""行""言""物""事"八个方面强调了"真"与"正"对于王道的重要性。此论言之切切，叙述流畅，立意高深，表现出荀悦在建安年间严峻政治形势之下的忧思，这被"生于忧患"的北宋史家司马光所关注并引用，便是自然而然之事了。②

荀悦的忧思是汉末文坛整体上表现出忧患意识的一个缩影，论者指出：

> 蔡邕的《翠鸟诗》流露出深重的忧患意识，诗人缺乏起码的安全感，提心吊胆地生活。郦炎、赵壹的四首诗都以揭露、批判社会的黑暗和腐朽为宗旨，表现出沉重的压抑感和强烈的抗争意识，汉代作家独立的人格再次放射出

---

① （汉）荀悦：《汉纪》卷二十二《孝元皇帝纪中》，《两汉纪》上，中华书局，2017，第387页。
② （宋）司马光：《资治通鉴》卷二十九《汉纪·元帝建昭二年》，中华书局，2011，第951页。

> 光芒。诗人的境遇是不幸的,因此,他们对社会的批判也更能切中时弊,触及要害。郦炎、赵壹的作品不再像前期文人诗那样蕴藉含蓄,缓缓道来,而是大声疾呼,锋芒毕露。后来建安文学梗概多气、志深笔长的特点,在灵帝时期的文人五言诗中已显露端倪。①

这或许可以帮助我们更好地理解《汉纪》行文所呈现的批判精神。荀悦论史透彻犀利,批判色彩浓厚,自是"衰世"文风的一种反映。无独有偶,《汉纪·高后纪》的后论中,荀悦在援引《汉书》议论文字之后,又写道:

> 及福祚诸吕,大过渐至,纵横杀戮,鸩毒生于豪强。赖朱虚、周、陈惟社稷之重,顾山河之誓,殪讨篡逆,匡救汉祚,岂非忠哉!王陵之徒,精洁心过于丹青矣!②

联系到荀悦的身处,他在此处高歌刘章、周勃、陈平、王陵等人在平定诸吕之乱中所表现出的精诚之心,其用意正在于批判东汉末年奸臣篡权的政治乱象。

《汉纪》论难之锋芒、辨析之透彻在中国史学史上留下了浓墨重彩的一笔,进而收获了"论辩多美"的美誉,它带给读者锋利畅快的阅读体验以至"历代褒之,有逾本传"③。

---

① 袁行霈主编《中国文学史》第1卷,高等教育出版社,2014,第233~234页。"四首诗"指郦炎五言体《见志诗》二首与赵壹五言体《疾邪诗》二首。
② (汉)荀悦:《汉纪》卷六《高后纪》,《两汉纪》上,中华书局,2017,第89~90页。
③ (唐)刘知幾:《史通》卷二《二体》,(清)浦起龙通释,上海古籍出版社,2009,第26页。

二 一时"文宗"袁宏的史文之美

据《晋书》本传记载,袁宏"有逸才,文章绝美,曾为《咏史诗》,是其风情所寄"。袁宏充任桓温府记室,以善文笔而见重。《晋书》本传称袁宏为"一时文宗",又载他随从桓温北征,作《北征赋》,时人王珣对伏滔说道:"当今文章之美,故当共推此生。"① 又有钟嵘评价袁宏《咏史诗》"去凡俗远矣"②,足见袁宏在当时文坛的影响。当然,袁宏的文学成就离不开他对历史题材的兴趣。

作为一时"文宗",袁宏将他的文学修养运用到史书叙事中,于编年记事框架下,增添了史书写人物的艺术性。在《后汉纪》自序中,袁宏提出"观其名迹,想见其人"的撰述目的,这与他出身世族而对历史上士人风骨有着强烈的认同感不无联系,他作《三国名臣序赞》,以及竹林、正始、中朝等《名士传》都具有这样的关怀。

史学家一方面对他笔下的历史人物进行道德批判,另一方面却又往往对他笔下的历史人物倾注了自己的感情。"大凡出色的史学家,总是会把这两者很好地结合起来;使各种各样的历史人物再现在读史者的面前,可听其言,可观其行;进而如刘知幾所说,可以诫世,可以示后。"③ 袁宏《后汉纪》写人物,就常常表现出一种移情的境界。

---

① (唐)房玄龄等:《晋书》卷九十二《文苑·袁宏传》,中华书局,1974,第2391页。
② (南朝梁)钟嵘:《诗品》,杨焄译注,北京联合出版公司,2015,第95页。
③ 瞿林东:《中国史学通论》,武汉出版社,2006,第49页。

首先,《后汉纪》善于以肖像描写反映历史人物的心理活动。例如写汉光武帝刘秀听闻庞萌造反,表情是"嗟叹"[1];写他听说吴汉贸然进兵,表情是"大惊"[2];写他听邓晨述说生平,表情是"大笑"[3];等等。这些叙述,反映了这位皇帝与大臣对话时的不同态度和心理活动,把刘秀礼贤下士、雍容大度的形象刻画得十分逼真。像这样在史书叙事中展开的表情描写,并非袁宏首创,然而在编年体史书中大量运用这种叙述技巧刻画历史人物,却是《后汉纪》以前少见的。

这里以《东观汉记》《后汉纪》《后汉书》三史同载一事为例,似可进一步窥探袁宏《后汉纪》在刻画人物形象方面的独到之处。建武八年(32),刘秀率兵亲征隗嚣,收复陇右地区。在众人劝阻皇帝亲入险地的重要关头,唯有马援一人纵论形势,鼓励进军。《东观汉记·马援传》载:

> 上自征隗嚣,至漆,诸侯多以王师之重,不宜远入险阻,计未决。会召马援,因说隗嚣侧足无所立,将帅土崩之势,兵进必破之状,于上前聚米为山川,指画地势,上曰:"虏在吾目中矣。"嚣众大溃。[4]

《后汉纪·光武皇帝纪》载:

---

[1] (晋)袁宏:《后汉纪》卷五《光武皇帝纪五》,周天游校注,天津古籍出版社,1987,第116页。
[2] (晋)袁宏:《后汉纪》卷六《光武皇帝纪六》,周天游校注,天津古籍出版社,1987,第168页。
[3] (晋)袁宏:《后汉纪》卷八《光武皇帝纪八》,周天游校注,天津古籍出版社,1987,第215页。
[4] (汉)刘珍等:《东观汉记·马援传》,吴树平校注,中华书局,2008,第428页。

> 夏闰四月①，上西征至漆。议者以为车架不宜入险，且遣诸将观虚实。议未定，会马援夜至，劝上曰："嚣众瓦解，兵进必破。"以米为山谷，于上前指众军所入处。上笑曰："虏在吾目中矣。"车架遂进……嚣众大溃，城邑皆降。②

《后汉书·马援传》载：

> 八年，帝自西征嚣，至漆，诸将多以王师之重，不宜远入险阻，计犹豫未决。会召援，夜至，帝大喜，引入，具以群议质之。援因说隗嚣将帅有土崩之势，兵进有必破之状。又于帝前聚米为山谷，指画形势，开示众军所从道径往来，分析曲折，昭然可晓。帝曰："虏在吾目中矣。"明旦，遂进军至第一，嚣众大溃。③

上述三史记载此事的前后经过大抵相同，并都载录刘秀"虏在吾目中矣"语。但是，关于刘秀的人物形象，作为初始材料的《东观汉记》并未作过多描写，而《后汉纪》则写出了"上笑曰"这一生动表情，使彼时刘秀胸有成竹的形象跃然于纸上。其后，范晔《后汉书》明显受到了袁宏《后汉纪》的影响而写"帝大喜"。比较上述三段文字，似可想见史家运笔时不同的神情。

---

① 周天游校正："是年闰六月。"《后汉纪》《资治通鉴》记为"闰四月"，两书均误。
② （晋）袁宏：《后汉纪》卷六《光武皇帝纪六》，周天游校注，天津古籍出版社，1987，第153页。
③ （南朝宋）范晔：《后汉书》卷二十四《马援传》，中华书局，1965，第834页。

其次,《后汉纪》善于通过载言以彰显历史人物的心智。例如,书中记叙马援初拜刘秀的一段对话:

> (建武初年)援拜,上大笑曰:"卿遨游二帝间,见卿大惭。"援顿首辞谢,因曰:"当今之世,不但君择臣,臣亦择君。臣与公孙述同县,少有娱。臣前至蜀,陛戟乃见臣。臣援异方来,陛下何以知臣非刺客奸人,而简易若是?"上复大笑曰:"卿非刺客,顾说客耳。"援对曰:"天下倾覆,盗贼自立名姓者不可胜数。今得见陛下,寥廓大度,同符高祖,乃知帝王自有真也。"上壮之,使从征伐,每召见谶言,夜至天明。①

这段文字,通过载录刘秀与马援的对话,写出后者放弃隗嚣、公孙述,转投刘秀的事件始末。又有"当今之世,不但君择臣,臣亦择君"一句,表现了马援胸怀大略、不拘一格的人物特征。同时,这段记载中还灵活运用了前文所述"上大笑""上复大笑"等表情描写,充分表现出刘秀"寥廓大度"的形象。

又如,班超是东汉时期重要的军事家,他少有大志,虽出身史学世家,却以傅介子、张骞等西汉时期的邦交功臣为榜样,他曾说:"丈夫当为傅介子、张博望,立功绝域,以取封侯耳,安能久执刀笔乎!"遂投笔从戎。班超出使至鄯善,发现鄯善王对待自己先是"礼敬甚备",不久"礼意即废",这引起了他的警觉。《后汉纪》记载了班超同下属以及胡人侍者的一番对

---

① (晋)袁宏:《后汉纪》卷四《光武皇帝纪四》,周天游校注,天津古籍出版社,1987,第111页。按:"二帝"指蜀帝公孙述和刘秀本人。

话，表现了当时的严峻形势，以及班超的智慧与谋略。史载：

> （班）超到鄯善，鄯善王广事超礼敬甚备。一旦忽疏，超谓官属曰："宁觉广礼意益不如前日乎？"官属曰："胡人不能久，变无他故。"超曰："明者观于未萌，况兆已见此，必有北虏使来，故令其疑耳。"乃召侍胡逆问曰："匈奴使到日，何故不白？"侍胡怖恐曰："到已三日，去此三十里。"超使闭侍胡，悉会所将吏士三十六人，大饮之。酒酣，超激怒之曰："卿曹与我俱在绝域，欲成大功，以求富贵。今虏使到才数日，而广礼意即废，如令鄯善收吾属送匈奴，骸骨弃捐，为豺狼食，为之奈何？"官属咸曰："今既在危亡之地，死生从司马。"①

上述内容，一是借班超与下属的对话写他善察人事，防患于未然；二是借班超与胡人侍者的对话反映出他机警敏锐，应变自如；三是借宴饮上的人物对话揭示班超的果敢和谋略。这样一大段的载言，淋漓尽致地表现了班超出使西域三十余载，为汉廷消解民族冲突作出杰出贡献的军事家形象。

再有，以载文揭示历史人物的个性特征，这是《后汉纪》"文章绝美"的又一突出表现。例如，书中载录汉顺帝阳嘉二年（133），李固、马融、张衡等人上对策论灾异的内容，② 交代了李固对梁氏专权的激愤，为其遭遇外戚梁冀迫害埋下伏笔。

---

① （晋）袁宏：《后汉纪》卷十《孝明皇帝纪下》，周天游校注，天津古籍出版社，1987，第286~287页。

② （晋）袁宏：《后汉纪》卷十八《孝顺皇帝纪上》，周天游校注，天津古籍出版社，1987，第507~514页。

又如，记叙尚书陈忠劝谏汉安帝广开言路、尊行孝道、褒崇大臣、增兵西域四次上疏的详细内容，不仅表现了陈忠本人的政治思想，也交代出当时的朝政风气。① 再如，写河南尹（一说太尉）李咸"执药上书"，慷慨陈词，他先是历数宦官当朝的种种祸行，即"中常侍曹节、张让、王甫等因宠乘势，贼害忠良，谗谮故大将军窦武、太傅陈蕃，虚遭无形之詟，被以滔天之罪。陛下不复省览，猥发雷霆之怒，海内贤愚，莫不痛心"。接着，他又以秦始皇与秦太后的事例讽劝汉灵帝："皇太后亲与孝桓皇帝共奉宗庙，母养蒸庶，系于天心，仁风丰濡，四海所宗。礼，为人后者为人之子。陛下仰继元帝，岂得不以太后为母？……昔秦始皇母后不谨，诪幸郎吏，始皇暴怒，幽闭母后。感茅焦之言，立驾迎母，置酒作乐，供养如初。夫以秦后之恶，始皇之悖，尚纳茅焦之语，不失母子之恩；岂先太后不以罪没，陛下之过有重始皇？"最后，他以不欲愧对先帝而将行自裁："唯陛下揆茅焦之谏，弘始皇之寤，复母子之恩，崇皇太后园陵之礼。上释皇乾震动之怒，下解黎庶酸楚之情也。如遂不省，臣当饮鸩自裁，下觐先帝，具陈得失，终不为刀锯所裁。"② 李咸言辞激切，使得"上感其言"，其后不久汉灵帝下诏归葬窦太后。《后汉纪》大篇幅载录这篇奏疏，使读者于

---

① （晋）袁宏：《后汉纪》卷十七《孝安皇帝纪下》，周天游校注，天津古籍出版社，1987，第465、468、471、474页。陈忠家族世修律令。与杨震、朱宠受邓骘提携不同，陈忠之父陈宠"不事诸邓"，故陈忠不得志于邓氏掌权时期。邓氏一族覆灭后，陈忠数次上疏，"陷成其恶"，又弹劾朱宠。在汉安帝废太子一事中，陈忠又弹劾太仆来历等人而被时人讥讽。

② （晋）袁宏：《后汉纪》卷二十三《孝灵皇帝纪上》，周天游校注，天津古籍出版社，1987，第662~663页。

字里行间感受到李咸伉直的性格,堪为谏官表率。

值得注意的是,《后汉纪》还善于交叉运用载言、载文的形式写人物。例如,书中详载汉安帝朝司空杨震三次上疏,①反映出统治阶级内部的权力斗争,揭示出东汉历经光武帝、明帝、章帝三朝之后,在外戚与宦官交替掌权之下逐渐走向衰落的历史命运。之后,又记载了杨震免官自杀时的遗言,反映了他对朝政的失望、悲恸,他对门生说道:"人非金石,死者士之常。吾蒙恩居上司,疾奸臣樊丰之狡猾而不能诛,恶孽女王圣之倾乱而不能禁,知帑藏虚竭,赏赐不节而不能实,何面目见日月!"②随即仰鸩而死。读至此处,联系到同卷中有关外戚邓氏覆灭、宦者宫人专权的记载,读者自然对杨震之上疏、被诬、免官的整体背景有了清晰的认识。同时,通过阅读杨震三次上疏的具体内容,读者又了解到他博学多识的治学修养和不屈权贵的高贵品格。再读到杨

---

① 杨震的三次上疏过程如下。延光二年(123),汉安帝晋封王圣为野王君、其婿刘环为朝阳侯,杨震上疏反对道:"臣闻高祖与群后约,非功臣不得封……今(刘)环无他功德,但以配阿母(指王圣)女,既忝位侍中,一时之间,超至封侯。稽之旧制,不合经义,行人喧哗,百僚不安。"不久,安帝"又为阿母起第舍",杨震征引《穀梁传》中"国无三年之储,非其国也"的记载,指出:"伏见兴起津城门内第舍,雕缮之饰,穷极巧妙,使者将作,转相逼促,盛夏土王,攻山采石,百姓布野,农民废业。臣闻'上之所取,财尽则怨,力尽则叛'。怨叛之民,不可复使。故曰'百姓不足,君孰与足'。"延光三年(124),河间人赵腾因论朝政得失而获狱,杨震上疏救之:"臣闻尧、舜之朝,设直谏之鼓,诽谤之木,盖欲辟广四门,开直言之路,博采负薪,尽贤愚之情也。乞全腾性命,以纳刍荛之言。"汉安帝对于杨震的三次谏言均未采纳,更将赵腾处死于市。其后,杨震受中常侍樊丰等人设计陷害而免官。[(晋)袁宏:《后汉纪》卷十七《孝安皇帝纪下》,周天游校注,天津古籍出版社,1987,第475~478页]

② (晋)袁宏:《后汉纪》卷十七《孝安皇帝纪下》,周天游校注,天津古籍出版社,1987,第478页。

震的临终之言,读者心中的惋惜、哀痛之情便油然而生。

总之,一时"文宗"袁宏在他的《后汉纪》中通过肖像描写、载言、载文等多种途径,深入、透彻地揭示了东汉时期历史人物的思想、性格和精神风貌,这样的叙事笔法与"类书"形式相得益彰,实现了"观其名迹,想见其人"的叙事效果。

小　结

"两汉书"与"两汉纪"在叙事之"美"的方面取得的诸多经验和成就,不仅影响到后来的史学实践,也在一定程度上推动了史学批评发展中关于"文约事丰""论辩多美"等审美原则的建立。具体说来,《汉书·叙传》提出"函雅故,通古今,正文字,惟学林"①,从而概括出是书的语言风格和审美倾向。《汉书》所蕴含的严谨、典雅和丰赡之美总体上奠定了皇朝史叙事的审美传统。《汉纪》继踵《汉书》,体现出"辞约事详,论辩多美"的特点。由于荀悦身处汉魏禅代之际的历史巨浪之中,他的撰文表现出强烈的批判意识和忧患意识。《后汉纪》成于一时"文宗"袁宏之笔,在肖像刻画和细节描写方面取得了突出成就,其目的在于营造"观其名迹,想见其人"的历史感,形成独具一格的史文风格。范晔所生活的刘宋时代,关于文体的理论已经初具规模而为《后汉书》所吸收,形成了史中有文、文中见史的叙述风格。与此同时,《后汉书》有意识地追求"详简得宜"的文风特点和"其词不流"的理想境界,一定程度上表现出

---

① (汉)班固:《汉书》卷一百下《叙传下》,中华书局,1962,第4271页。

唐以前叙事之"美"的新高度。质言之,班、荀、袁、范四家著述在文风上的特点、在叙述上的技巧,以及作者们关于文章之道的思考,均为刘知幾提出史书叙事的审美理论提供了依据。

《史通·叙事》篇提出史书叙事审美的两个层次,因其批评对象主要集中在编年、纪传两种史书体裁上,而尤以"国史"为主要探究对象,故其审美理论可以把关于唐以前史书叙事之"美"的特点和成就的认识,提升到一个新的阶段。如果说对于司马迁《史记》叙事之"善"的评论启发了中国史学重视叙事的思想传统,那么,刘知幾《史通·叙事》篇则确立了中国古代史书叙事的审美格调。

在西方史学史上,生活于公元二世纪的思想家琉善写过一篇《论撰史》,也谈到史学审美的诸多方面,其中关于史书内容真实之美和文字表述的简洁之美与刘知幾所论颇有几分相通之处。这一相距五个多世纪的"隔空对话"表明,孕育于不同文明体系之下的史学传统,可以通过历史记载之真实性与艺术性的结合,建立起一座沟通的桥梁,从而启迪今人更好地认识史学的本质。不过,应该看到,刘知幾站在审美高度对史书叙事提出的种种要求,虽具美意,却也给历代史家提出了难能轻易实现的课题。清人钱大昕曾指出:"且夫史非一家之书,实千载之书,祛其疑,乃能坚其信,指其瑕,益以见其美。"[①] 可见,人们修撰史书,主要还是关注于史实的呈现,有了叙事之"实"的基础,才能谈叙事之"美"的追求。

---

① (清)钱大昕:《廿二史考异序》,方诗铭、周殿杰校点,上海古籍出版社,2014,第1页。

结　语

　　史学是以历史本体为研究、记录对象的学问，因而尽管史学同其他许多学科一样都是历史的产物，但受到内容的影响，史学的叙事比其他任何形式的叙事都更与一个民族的历史进程以及在此期间所凝炼的民族精神、民族文化息息相关，从而显示出突出的民族性。因此，讨论史学的叙事问题，需要充分考虑民族、历史、文化等因素。就中国古代史学在叙事方面的经验和特点来看，史书体裁、史料采择、文字表述、史家修养四个环节受到"叙事"的牵引而形成一个整体。从这个意义上看，史书叙事是一个综合的表现，是一个牵一发而动全身的问题。

　　本书从中国古代史学话语体系中"叙事"概念的产生及其运用出发，依次考察了"两汉书"与"两汉纪"在编纂格局、书事体要、人物叙述、主体思想、美的追求等方面所表现出来的特点及其相互联系。作为汉唐间史学发展的代表性成果，班、荀、袁、范四家著述在叙事上的经验，对中国古代史学有关叙事的一些原则的凝炼和理论的形成产生了积极影响，也对我们今天认识中国史书叙事的品格，进而总结中国史书叙事的理论遗产提供了诸多启发。

《汉书》《汉纪》《后汉纪》《后汉书》作为相互关联的四部史学名著，考察它们的叙事风格，是走近中国史学叙事遗产的一条路径，当然，对于中国史学在叙事上的成就及其特点的认识，尚需要更系统的考察和更广泛的探讨。这里，从这四部史书的叙事经验出发，笔者还想谈谈以下几点认识。

一是关于史书叙事在继承中的创新。"人们自己创造自己的历史，但是他们并不是随心所欲地创造，并不是在他们自己选定的条件下创造，而是在直接碰到的、既定的、从过去承继下来的条件下创造。"[①] 中国古代史学遗产丰富，一些优良的史学传统在史学实践中积累、形成并延续下来。史学作为人类历史创造的成果之一，必然彰显出继承和创新的关系。

研究中国古代史学的某一部史书、某一个史家或某一种史学现象，决不能孤立地看他（它）们的特点和局限，而要时刻联想到在发展中的继承性、联系性。《汉书》—《汉纪》—《后汉纪》—《后汉书》这条发展线索就生动而直观地揭示了历史撰述之继承与创新的关系。南宋以后，纪事本末由潜在的因素发展为独立的历史撰述形式，也是这种继承中创新的成果。

---

① 〔德〕马克思：《路易·波拿巴的雾月十八日》，《马克思恩格斯选集》第1卷，人民出版社，2012，第669页。

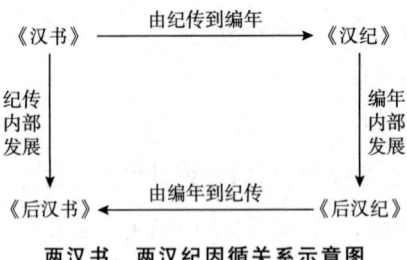

```
《汉书》 ——由纪传到编年→ 《汉纪》
  │                        │
纪传                      编年
内部                      内部
发展                      发展
  ↓                        ↓
《后汉书》←由编年到纪传—— 《后汉纪》
```

两汉书、两汉纪因循关系示意图

本书第二章从"述者相效"的命题出发,详细地讨论了"班荀二体"和"范袁二家"之间辩证发展的轨迹,这种轨迹是一种客观的存在,它是史学自身发展的产物。汉唐之间,从《汉书》到《汉纪》,从《汉纪》到《后汉纪》,再从《后汉纪》到《后汉书》的演进路径,使这四部史书之间表现出突出的"正—反—合"的辩证发展规律。作为皇朝史叙事的典范,"两汉书"和"两汉纪"因其在形式上各有所长,得以并传千载,宋人王铚就曾指出:"读荀、袁之《纪》,如未尝有班、范之《书》;读班、范之《书》,亦如未尝有荀、袁之《纪》也。各以所存,自达于后世。"①

与此同时,《汉书》吸收《史记》综合体的面貌,断代为史,创立了纪、传、表、志"四体"支撑起来的首部纪传体皇朝史。《汉纪》在删繁取要的要求下,继承《汉书》记事的内容和断限,又改变了《汉书》叙事的面貌,创立了"通比其事,列系年月"的编年体皇朝史。《后汉纪》在继承《汉纪》叙事和议论形态的基础上,将"人"的因素通过"言行趣舍,

---

① (宋)王铚:《两汉纪后序》,《后汉纪》附录四,周天游校注,天津古籍出版社,1987,第889页。

各以类书"的方式更加凸显出来,为众多历史人物设立小传,在《汉纪》之后极大推动了对编年体史书的发展。《后汉书》在《汉书》《后汉纪》的直接影响下,以整理史事和发挥议论为主题,把"类"编纂法推向新的阶段。凡此,又是"二体"互相影响、互相借鉴,从而对史书叙事格局所作出的不断开拓。

复杂的历史进程可以通过不同的史书体裁呈现出来,这是史书体裁之灵活性及其相互间的交叉空间为史书叙事提供的便利。同一历史内容的记载可以有不同的叙事形式,不同形态的叙事受到记述内容的牵动会形成辩证发展的线索。从根本上讲,是历史内容的丰富性决定了史书表现形式的多样性:

> 历史现象是复杂的,社会生活的方面很宽广,单一的体裁如果用于表达复杂的历史进程和丰富的社会生活,显然是不够的。因此,断代史和通史的编撰,都必须按照不同对象采取不同的体裁,同时又能把各种体裁加以配合,使全书熔为一体……诚然,史家对史书体裁的选择是出于主观上的要求的。这种要求反映了史家对历史的理解及其撰述的目的。这是一方面。另一方面,从客观上说,内容也往往决定了体裁。①

从今天的观点来看,史书的表现形态,既包含体裁即史书的框架和结构,亦包括叙事即史事的表达和叙述。只有形式和内容实现了恰当的联结,才有可能撰成一部出色的史学著作。

二是关于撰述主体在史书叙事中的位置。在明确史学自身

---

① 白寿彝主编《史学概论》,宁夏人民出版社,1983,第137~139页。

发展规律的同时，我们也应看到这种继承中的创新是撰述者主动选择之下的一种创造。在这个过程中，史家的主观意图在史书叙事中表现得清晰、鲜明，这在本书第五章有较为充分的讨论。

西方文论有著名的"互文性理论"或称"文本间性"（intertextuality）。20 世纪 90 年代以来，中国学界引入该理论并借以对中国传统小说叙事手法展开剖析。"互文性理论"关注文本间的形式关联，这似乎与中国史家关于史书体裁辩证发展关系的认识不谋而合。它强调从"模仿""用典"等方面来考察文本间的联系，也似乎与刘知幾提出的"摸拟""用晦"等概念有相通之处。但是，它过于强调读者在阅读、理解、阐释文本过程中的中心位置，而忽视作者本人在作品生产过程中的关键作用，往往会导致"作者个人的主体性及他对文本的权威消失了"[①]。这终究与中国古代史书叙事的传统和理论探讨难以契合。

就中国古代史学叙事的传统来看，分析史学家的叙事风格，尤其不能离开对史学家主体思想倾向的关注，这在本书第一章有关中国古代史学上"叙事"概念的梳理即有所反映。本书第五章从"古人之世"和"古人之身处"出发，讨论了"两汉书"和"两汉纪"的撰述者如何在叙述事理的过程中积极彰显主体意识。班固在他的著作中调和"宣汉"和"实录"两个叙事维度，包含着对两汉治统过渡之历史合理性的积极建构。荀悦之所以能够提出"立典有五志"，是他的"献替"之志在发挥作用，更是颍

---

① 程锡麟：《互文性理论概述》，《外国文学》1996 年第 1 期。

川荀氏清流文化在东汉末年的一个缩影。袁宏对"名教"的执着深受桓温专权的影响，背后更蕴含着东晋中后期世家大族对待皇权态度上的转变。对于范晔来说，无论是他的"不得志"，还是他的"转得统绪"，抑或是他的"自得之于胸怀"，都始终未曾脱离他自身的宦海浮沉和他的阶级利益。论者指出，当代西方文论总体上表现出"否定文本的意图存在，否定意图对阐释的意义，绝对地抛开作者及文本意图，对本文作符合论者目的的强制阐释，推动文本阐释走上相对主义、虚无主义的道路"①。在分析中国古代史书叙事时，我们应该明确，理解史学家本人的思想及其经历，是理解其历史著作的基础；而从历史著作的字里行间，则又可使人们加深对撰述主体的认识，这种认识往往会超出于其史学家的身份而扩展到他的时代。

对于中西史学和叙事学研究领域与本书研究内容相近或有相关的概念、理论，笔者在研究中有所关注，并尝试将其作为一种参照以加深关于中国古代史书叙事特点和本质的认识，这在本书的不同篇章有一定的体现。对于中西史学叙事理论的交流与比较，将是一项长远的课题。

三是关于史书叙事的实录品格。在中国史学发展史上，"如实直书"是一项深刻影响史学品格的重要传统。在两汉时人有关《史记》叙事之"善"的讨论中，史文之直，史事之核，以及不虚美、不隐恶，受到"实录"的牵引而形成了三位一体的概念体系。自此以下，"实录"在中国史学的话语体系中始终占据核心

---

① 张江：《作者能不能死：当代西方文论考辨》，中国社会科学出版社，2017，第350页。

位置，而记事之准确、真实成为史学的品质所在。

本书第四章讨论历史中的人如何成为史书叙事中的"历史人物"，总结了史书叙事的人物观。与史书叙事重在揭示人在历史运动中的主体作用不同，文学叙事的人物观是"功能性"的，它将人物视为从属于情节或行动的"行动者"或"行动素"。情节是首要的，人物是次要的，"人物的作用仅仅在于推动情节的发展"①。因此，文学叙事中单一的或群体的"人物"只是被用来构成文学创作中的某个情节或故事，而不是那些创造历史的活生生的人。这里，文学叙事与史书叙事的分野清晰可见。

本书第五章讨论史家主体意识在"述序事理"过程中的积极彰显。其实，在中国古代，文学叙事的说理功能在南宋已经被发现。不过，同样是讲"理"，从大量史实中汲取的"理"更实际更具体，显然更容易引起人的警戒，更能发挥教化功能。毕竟，"无论史家笔下的历史事实经过了多么复杂的主体过滤，归根到底，都是建立在客观性的基础上的"②。宋人吴缜论"为史之要"，首举"有是事而如是书，斯谓事实"，③ 离开了对于历史事实的呈现，那么史书中的褒贬、文采皆无从谈起。从阅读者的角度来看，"实"构成了人们对史书最基本的阅读期待，正由于此，人们才能对历史产生敬意，才能对史学产生信任。

---

① 〔法〕罗兰·巴特：《叙事作品结构分析导论》，载张寅德编选《叙述学研究》，中国社会科学出版社，1989，第24页。
② 李红岩：《历史学是包含文学性的学科》，《学术研究》2009年第3期。
③ （宋）吴缜：《新唐书纠谬·序》，丛书集成初编，中华书局，1985，第1页。

在中国史学发展史上，大史学家往往也是大文学家，他们所撰写的史书往往具有卓越的文学造诣，从而在文学发展史上占有一席之地。自魏晋以降，文史分途逐渐明朗，那么，在考察这些历史著作的叙事特点时，就有必要首先对其进行学术门类上的划分，确定其"身份"。对此，白寿彝指出："《史记》、《汉书》、《后汉书》、《三国志》既是历史书，也可以说是文学书，但究竟是历史书。它们是历史书，而具有相当高的文学水平。"① 本书正是在这样的意义上，认识、探讨班、荀、袁、范四家著述在叙事上的经验和特点，所得到的启示是，重"事"、主"人"、寻"美"与用"意"之紧密结合，是中国古代史书叙事的突出风格。

"叙事学"的研究，理应对不同性质的"叙事"作出辨析，就目前的研究基础来看，泛泛而谈"中国叙事学"，既不利于对中国叙事传统的追本溯源，亦不利于对中国叙事话语的考察和把握。中国本土的叙事理论建设，道阻且长，在未来的研究中，史学工作者必须充分把握史书叙事之"真"的本质，对中国史学的叙事遗产作进一步的清理。

---

① 白寿彝：《中国史学史论集》，中华书局，1999，第 520~521 页。

附录

纪事本末体的确立与中国古代史书叙事发展的新阶段

宋孝宗乾道九年（1173）至淳熙元年（1174），史学家袁枢撰成《通鉴纪事本末》一书，并于淳熙二年（1175）刊行于世。[①] 在此后的约七百年间，依纪事本末体所作的史书，其内容有断代的或皇朝的以至于专题的，时有所出，不绝于世，从而进一步丰富了中国古代史书在表现形式上的面貌和格局。

从中国古代史书叙事发展的轨迹来看，袁枢《通鉴纪事本末》的面世是一座里程碑，标志着一个新的发展阶段的到来。此前，编年体史书如《左传》《汉纪》《后汉纪》《资治通鉴》，

---

① 据《宋史·袁枢传》，"乾道七年，（枢）为礼部试官，就除太学录……张说自阁门以节钺签枢密，枢方与学省同僚共论之，上虽容纳而色不怡……枢即求外补，出为严州教授"[（元）脱脱等：《宋史》卷三八九《袁枢传》，中华书局，1977，第11934页]。郑鹤声据《严州续志》考证袁枢到严州任上是乾道九年六月。中华书局点校本亦持此说。又杨万里为《通鉴纪事本末》作序，明言在淳熙元年三月，则《通鉴纪事本末》成书于乾道九年六月至淳熙元年三月间。

附录 纪事本末体的确立与中国古代史书叙事发展的新阶段

纪传体史书如《史记》《汉书》《后汉书》等历代"正史",均有近千年或千年以上的历史。那么,为何具有成熟形态的纪事本末体史书如此晚出?叙事是历史撰述的基础,纪事本末体史书在这方面有什么特点和优点?纪事本末体史书的出现,对中国史学的发展产生了什么影响?具有怎样的意义?这里将着重关注这几个问题。

一 纪事本末体史书历史渊源再认识

袁枢的《通鉴纪事本末》问世以后,关于纪事本末体的起源,历代学者众说纷纭,莫衷一是。由于史书的体裁体例与叙事关系密切,为了揭示纪事本末体史书叙事的特点,有必要对其历史渊源作出清晰的梳理和理论上的说明。这里拟从两个方面展开论述,试图提出一点新的认识。

一是从学术史发展的轨迹来看,《通鉴纪事本末》面世不久,南宋学人就对纪事本末这一撰述形式的古老渊源提出了看法,如与袁枢年纪相仿的朱熹说道:

> 古史之体,其可见者,《春秋》而已。《春秋》编年通纪,以见事之先后。《书》则每事别记,以具事之首尾……《左氏》于《春秋》,既依经以作传,复为《国语》二十余篇。国别事殊,或越数十年而遂其事,盖亦近《书》体以相错综云尔……至司马温公受诏纂述《资治通鉴》,然后千三百六十二年之事,编年系目,如指诸掌……然一事之首尾,或散出于数十百年之间,不相缀属,读者病之。今建安袁君机仲,乃以暇日作为此书,以便学者,其部居门目,始终离

合之间,又皆曲有微意,于以错综温公之书,其亦《国语》之流矣。①

朱熹认为,先秦"古史"注重纪事,尤其《尚书》"具事之首尾",是纪事本末体的古老渊源。需要注意的是,朱熹将《国语》看作《春秋》之外传,而以《通鉴纪事本末》与《资治通鉴》的关系比之于《国语》和《春秋》的关系,这种说法既模糊了《国语》一书的性质,也贬低了《通鉴纪事本末》的价值。

南宋学者叶适与朱熹观点相近,他在批评欧阳修《新唐书》体例时,分析中国早期历史撰述("上世史")的叙事特点,是"因事以著其人也"。叶适认为:"按尧舜三代史,今存者惟《书》,其载事必具本末。《春秋》,诸侯史也,载事不能自通者,《左氏》必以传纬之,亦所以具本末也。"② 这种"因事以著其人"的史法,由于后来经学的发展以及纪传体史书的兴起而中断了。需要注意的是,叶适所论《尚书》叙事"必具本末",是夸张的说法,《尚书》主要是诰命汇编,纪事者只是其中极少的篇目。

自明人陈邦瞻作《宋元纪事本末》,降至清末乃有"九朝纪事本末"的形成,明清学者对纪事本末体的历史渊源展开了新的讨论,其中尤以清代史家章学诚的观点最具代表性。章氏在讲到史书体裁的演变过程时指出:

---

① (宋) 马端临:《文献通考》卷一百九十三《经籍考·史部》,中华书局,2011,第5609页。
② (宋) 叶适:《习学记言序目》卷三十八,中华书局,1977,第559页。

> 《尚书》圆而神，其于史也，可谓天之至矣。非其人不行，故折入《左氏》，而又合流于马、班……则马、班之史，以支子而嗣《春秋》，荀悦、袁宏，且以《左氏》大宗，而降为旁庶矣。司马《通鉴》病纪传之分，而合之以编年。袁枢《纪事本末》又病《通鉴》之合，而分之以事类……即其成法，沉思冥索，加以神明变化，则古史之原，隐然可见……故曰：神奇化臭腐，而臭腐复化为神奇，本一理耳。①

他在给友人的一封书信中又写道：

> 夫《通鉴》为史节之最粗，而《纪事本末》又为《通鉴》之纲纪奴仆。仆尝以为此不足为史学，而止可为史纂史钞者也。然神奇可化臭腐，臭腐亦复化为神奇。《纪事本末》本无深意，而因事命题，不为成法，则引而伸之，扩而充之，遂觉体圆用神。《尚书》神圣制作，数千年来可仰望而不可接者，至此可以仰追。岂非穷变通久，自有其会。②

由此可见，章氏原本是把《通鉴纪事本末》视为"史纂史钞"之类，似无可取。但是，他看到中国古代史书体裁的演变是一个"穷变通久"的辩证发展过程，确有见地。当然，这一变化的终极目标就是回归《尚书》，而袁枢《通鉴纪事本末》以其

---

① （清）章学诚：《文史通义校注·书教下》，叶瑛校注，中华书局，2014，第61页。
② （清）章学诚：《与邵二云论修宋史书》，《章学诚遗书》卷九，文物出版社，1985，第81页。

"因事命体,不为成法"的撰述体例,和"文省于纪传,事豁于编年"的叙事优势,承担了"体圆用神,斯真《尚书》之遗也"的历史使命,成为《尚书》实际上的仰追者,这自是对纪事本末体极高的评价。不过,章氏言必归"六经",把《尚书》神圣化,以及所谓"支子""大宗""神奇""臭腐"之说,似并不妥帖,因为这些说法忽视了事物产生、发展的客观规律。① 在此之后,清末李有棻为《辽金纪事本末》作叙时指出"纪事本末专肇《尚书》史录之祖"②,也讲到纪事本末体史书同《尚书》之间的联系。

20 世纪以来,随着史学走向近代以及史学史学科研究的深入,间或有学者对纪事本末体的历史渊源提出了一些新的看法,如金毓黻提出源于崔鸿等人所著《科录》,傅玉璋认为源于隋朝王劭《隋书》,柴德赓指出源于徐梦梓《三朝北盟会编》,等等。③ 白寿彝在讲到先秦文献在历史记载方面的特点时,对于这一问

---

① 瞿林东指出:"从章学诚对《通鉴纪事本末》的评论来看……显然是针对纪传、编年两种史书体裁说的。如果把《通鉴纪事本末》看作是'臭腐复化为神奇',即回归到因事命篇的《尚书》那里,则《尚书》所产生的时代,既无纪传体史书,亦无编年体史书,这在逻辑上是说不通的,至少是有缺陷的。"(《关于章学诚史学批评的一点批评》,《理论与史学》第 1 辑,中国社会科学出版社,2015,第 130 页)
② 《金史纪事本末》卷末李有棻叙,(清)李有棠:《金史纪事本末》,中华书局,2015,第 877 页。
③ 分别见金毓黻《中国史学史》,商务印书馆,2013,第 223 页;傅玉璋:《隋代史学家王劭的〈齐志〉与〈隋书〉》,《安徽史学》1984 年第 2 期;柴德赓:《史籍举要》,北京出版社,2002,第 264 页。关于纪事本末体起源诸观点的辨析,参见罗炳良、马强《关于〈通鉴纪事本末〉研究中的两个问题》,《汉中师范学院学报》1998 年第 2 期。此外,周翔宇、周国林立足于《春秋》学史,为纪事本末体的起源提供了新视角。(见《纪事本末体经解序列探究——兼论纪事本末体的创始》,《人文杂志》2014 年第 9 期)

题提出了明确的和具体的见解,指出:

> 《金縢》和《顾命》是《周书》中仅有的以记事为主的两篇,也是《尚书》全书中比较完整的记事文字。《金縢》环绕着金縢藏书、启书的情节,叙述周公的忠贞、遭谗以至终于得到谅解的整个故事的发展过程。前后六年,有始有终。《顾命》从成王病重开始,接着写王的遗命。此后,写成王崩后奉迎康王的礼仪,接着写康王和卿士进入朝堂、君臣相见及康王之诰。《顾命》善于利用时间的顺序、空间的方位,把易于陷入繁琐混乱的细节写得清清楚楚,并且还能写出一种静穆庄严的气氛。从文字的形式说,这两篇在《周书》中是代表比较发展的阶段的。
>
> 《逸周书·世俘解》是一篇记事的文字,但全篇文字前后不一定连贯,是用几段文字拼凑在一起的。《尚书》中,也往往遇到这种情形。[①]

《金縢》和《顾命》是西周初年的文献,这种以记事为中心的官文书的出现,甚至比周王室以及各诸侯国的编年体国史还要早些。[②] 而这种纪事之本末的撰述体裁为何没有如同编年体、纪传体大致同时发展起来,是有思想上和政治上的原因的。

以上,从南宋、明清、20世纪三个阶段来看,纪事本末体源于《尚书》说大致成为共识。至于有些研究者提出《通鉴纪

[①] 白寿彝主编《中国史学史》第1卷,上海人民出版社,2006,第135页。
[②] 近年,许兆昌通过对清华简《系年》作史学史上的考察,为先秦时期出现纪事本末体萌芽补充了新的例证。参见《〈系年〉、〈春秋〉、〈竹书纪年〉的历史叙事》,中西书局,2015,第18页。

事本末》出现于南宋的某些具体原因,诸如作者本人的读者意识①,小说创作和类书编纂对历史撰述的影响②,宋人善钞书的治学方法③,等等,似无直接根据,存此聊备一说。

二是从中国古代史书体裁发展规律来看,任何事物都有其发生、发展的规律。关于中国古代史书体裁的产生和发展,一般说来,编年体史书出现较早,这与甲骨文、金文的纪年有关,而更直接的原因,当是周厉王前后中国历史有了准确的纪年,由此周王朝和一些诸侯国开始有了编年记事的国史。④ 孔子据鲁国国史而作《春秋》以及《左传》的产生,尤其是《公羊传》《穀梁传》等诸家解释《春秋》之书的蜂起,遂使编年体史书大行于世。至于司马迁著《史记》,按他自谦的说法,是"所谓述故事,整齐其世传"⑤。班彪则进而指出:"孝武之世,太史令司马迁采《左氏》《国语》,删《世本》《战国策》,据楚、汉列国时事,上自黄帝,下讫获麟,作本纪、世家、列传、书、表凡百三十篇,而十篇缺焉。"⑥ 司马迁综合传世文献,天才地创立了纪传体史书《史记》,容纳和反映了社会历史的多方面内容。班固继而在这种体裁基础上断代为史,以成《汉

---

① 参见晋海学《袁枢的读者意识及其编撰策略》,《山西大学学报》(哲学社会科学版)2016年第6期。
② 参见代继华《略论纪事本末体产生于南宋的原因》,《文史杂志》1991年第1期。
③ 参见张舜徽《广校雠略》,上海古籍出版社,2013,第48~49页。
④ 参见白寿彝主编《中国史学史》第1卷,上海人民出版社,2006,第131~137页。
⑤ (汉)司马迁:《史记》卷一百三十《太史公自序》,中华书局,2014,第4005页。
⑥ (汉)班固:《后汉书》卷四十上《班彪列传上》,中华书局,1965,第1325页。

书》，适应了撰写朝代史的需要，故至魏晋南北朝时期出现了纪传体朝代史撰述的高潮。而东汉荀悦《汉纪》和东晋袁宏《后汉纪》的继出，使编年体朝代史亦颇具规模。因此，盛唐时期的刘知幾断然认为：史书体裁的发展趋势，当是"班（固）荀（悦）二体，角力争先"①的局面。

这里重提这些旧话，意在说明编年、纪传两种史书体裁之所以在中国古代史学上率先发展起来，是有思想上和政治上的原因的。就历史认识的自然发展程序来看，人们对于事之本末的关注，起源也是很早的。上文说到《尚书》中《金縢》《顾命》篇隐含的纪事之本末的历史认识途径，在先秦及其后的历史撰述中，不论在理念上还是在具体表述上，都时隐时现地存在着，如：

——在编年体史书中，《左传》僖公二十三年记"晋公子重耳之及于难也"始，继而记其奔狄、过卫、及齐、及曹、及宋、及郑、及楚、至秦，终于与秦穆公拜别，首尾近二十年事，本末完具，极具代表性，"写的是重耳流亡的总过程，可以说是纪事本末体"②。

——在纪传体史书中，史学家为了补叙与事之本末相关的内容，往往在常态的表述中插入一段文字，而以"初""当是时""先是"等发语，有意识地交代史事的始末原委。司马迁在《报任安书》中，讲到自己的经历和思想抱负时，十分感慨

---

① （唐）刘知幾：《史通》卷二《二体》，（清）浦起龙通释，上海古籍出版社，2009，第26页。
② 白寿彝主编《中国史学史》第1卷，上海人民出版社，2006，第153页。

地写道:"且事本末未易明也。"① 这里说的就是事情的始末原委,是人们认识事物的常规途径之一。由此也可联想到司马迁在《史记》中采用"初""当是时"作为发语词补叙相关内容的意义所在。这种情况,在《史记》以下的历代正史中是普遍存在的。

——在一些史论和政论中,也有纪事本末的表述形式。清人傅以渐指出:"编年之史自春王,序传之史自子长,而纪事之史古无闻焉。然而贾谊、贾山借秦为喻,《千秋金镜》述古作鉴,说者谓其言甚类纪事,特微焉而不彰,略焉而不详,故于世罕称道。至有宋袁枢,纪事始著,自此以来,史体遂三分矣。"② 仅从贾谊《过秦论》讲秦国的崛起和秦皇朝的兴亡来看,傅说确有些道理,可将其视为有纪事形式的史论。

如此看来,纪事本末作为中国古代史书叙事的一种"潜在的"表现形式,当遇到适当的条件时,就会发展成为现实的史书体裁。这个条件是史学自身发展所赐予的,这就是司马光《资治通鉴》的面世。可以说,《资治通鉴》直接促成了《通鉴纪事本末》的产生,袁枢的挚友杨万里在《通鉴纪事本末》叙言中指出:

> 子袁子因出书一编,盖《通鉴》之本末也……予每读《通鉴》之书,见事之肇于斯,则惜其事之不竟于斯。盖事以年隔,年以事析,遭其初莫绎其终,揽其终莫志其初,如

---

① (汉)班固:《汉书》卷六十二《司马迁传》,中华书局,1962,第2729页。
② 《明史纪事本末》书首傅以渐序,(清)谷应泰:《明史纪事本末》,中华书局,2015,第1页。

山之峨，如海之茫，盖编年系日，其体然也。今读子袁子此书，如生乎其时，亲见乎其事，使人喜，使人悲，使人鼓舞未既而继之以叹且泣也……此书也，其入《通鉴》之户欤！[1]

杨万里的这段话，强调了《资治通鉴》是《通鉴纪事本末》产生的直接原因。叙文中说道，"见事之肇于斯，则惜其事之不竟于斯"，"盖编年系日，其体然也"，说明他是理解编年体史书的特点的。他进而认为，《通鉴纪事本末》是"入《通鉴》之户"，表明他对《通鉴》的尊重，也说明《通鉴》在社会中影响之大。正是在这种背景下，杨万里肯定《通鉴纪事本末》弥补了《通鉴》"事以年隔，年以事析"的不足。

南宋章大醇也持与杨万里相近的观点，章氏认为，"学者能因《本末》而详之于《通鉴》，因《通鉴》而博极于群书，庶无负袁公类聚之旨"[2]；赵与𥮜指出，"盖《通鉴》以编年为宗，《本末》以比事为体。编年则虽一事而岁月辽隔，比事则虽累载而脉络贯联……故《本末》者，《通鉴》之户牖也"[3]；等等。这些论述，都强调了《通鉴纪事本末》与《资治通鉴》的关系。

从根本上看，纪事本末体史书的出现，是史学发展规律的体现。这是因为，在历史发展和史学成果积累的过程中，作为撰述主体的史学家，对复杂历史进程的认识和概括能力不断提

---

[1] 《通鉴纪事本末》书首杨万里叙，（宋）袁枢：《通鉴纪事本末》，中华书局，2015，第1页。
[2] 《通鉴纪事本末》书首章大醇叙，（宋）袁枢：《通鉴纪事本末》，北京图书馆出版社，2005，第2页。
[3] 引自（清）张金吾《爱日精庐藏书志》卷十《史部·纪事本末类》，上海古籍出版社，2014，第162页。

高。有宋一代史学繁荣,《册府元龟》《太平御览》《太平广记》等书反映出宋代学人类例思想的成熟,袁枢《通鉴纪事本末》、郑樵《通志·二十略》则反映出宋代史学家"问题意识"的增强。据《宋史》记载,袁枢颇善辞赋,历任太府丞、吏部员外郎、国子祭酒、兼修国史,因"书法不隐"而被时人誉为"良史"①,这在一定程度上表明,他是一位具备历史撰述上的创造力的史学家。

与此同时,史学批评为史书体裁的辩证发展提供了内在动力,促使史学家对历史记载的内容、形式和方法作出新的探索。这一方面是指前人的史学评论影响了后人的史学活动,如唐人皇甫湜认为编年体记事"束于次第,牵于混并,必举其大纲,而简于序事,是以多阙载,多逸文",若要弥补这一缺陷,就需要"别为著录,以备时之言语,而尽事之本末"②,为历史撰述的体裁提出了"新课题"。③ 另一方面,这也是中国古代史家之自省精神和创新精神的体现,"在中国古代史学史上,因史学批评而引发了新的史学著作的面世,是一个常见的现象,甚至可以视为一个规律性现象"④。从杨万里的叙文来看,袁枢《通鉴纪事本末》即属于"批评前史而改作"的情况。可以说,史学批评的连续性是纪事本末体出现的内在驱力;而新体裁的出现又为史学批评的持续发展提供了新的讨论对象,自南宋至

---

① (元)脱脱等:《宋史》卷三百八十九《袁枢传》,中华书局,1977,第 11934~11935 页。
② (清)董诰编《全唐文》卷六百八十六,中华书局,1983,第 7030 页。
③ 白寿彝主编《史学概论》,宁夏人民出版社,1983,第 128 页。
④ 瞿林东:《史学批评怎样促进史学发展》,《人文杂志》2016 年第 10 期。

明清关于纪事本末体的一些议论,就是有力的证明。

综上,人们认识历史的思维途径和司马光《资治通鉴》的问世,分别为袁枢撰《通鉴纪事本末》提供了思想上的准备和现实的条件,使纪事本末体得以从一种"潜在的"历史撰述形式,发展为现实的和成熟的历史撰述体裁。

二 纪事本末体史书叙事的主要特点

关于纪事本末体史书叙事的特点,通观诸家所论,杨万里、章学诚的看法,最具代表性,今试论述如下。

杨万里评价《通鉴纪事本末》的撰述特点时指出:

> 予读之,大抵寨事之成以后于其萌,提事之微以先于其明,其情匿而泄,其故悉而约,其作窕而橛,其究遐而迩,其于治乱存亡,盖病之源医之方也。①

详细分析这几句话,可以得到如下认识:所谓"寨事之成以后于其萌",是说《通鉴纪事本末》往往先叙事件之开端("萌"),然后叙事件之结尾("成"),囊括事件始末;所谓"提事之微以先于其明",是说该书总是将事件发展之细小幽深的情节("微"),安排在明朗结局("明")之前,先后有因果联系。这两句话实际上是指出了纪事本末体史书展开叙事的具体作法。"情匿而泄",是说《通鉴纪事本末》通过"寨事之成以后于其萌"的叙事手法,间接地抒发了作者的观点;"故悉

---

① 《通鉴纪事本末》书首杨万里叙,(宋)袁枢:《通鉴纪事本末》,中华书局,2015,第1页。

而约",是说该书通过"提事之微以先于其明"的方式,全面("悉")而简要("约")地揭示了历史发展的因果关系。"其作窕而槬,其究邃而迹",是说《通鉴纪事本末》从细琐的史事中择其大者而叙;其叙事由古及今,贯通古今关系,这两句话是针对袁枢作史的全局意识而言。"其于治乱存亡,盖病之源医之方也",是综合上述各个方面,指出《通鉴纪事本末》专叙"治乱存亡"以便为最高统治集团提供政治统治经验的撰述目的和实际效果。据此,可以认为,杨万里揭示了《通鉴纪事本末》叙事的最根本特点:明确因果关系,注重叙述事件过程。

前文讲到章学诚在总结中国古代史书体裁的发展变化时,给予纪事本末体极高的评价,认为它秉承《尚书》之遗风。章氏对纪事本末体的撰述特点作了如下概括:

> 按本末之为体也,因事命篇,不为常格;非深知古今大体,天下经纶,不能网罗隐括,无遗无滥。文省于纪传,事豁于编年,决断去取,体圆用神,斯真《尚书》之遗也。①

章氏的论点可以从三个方面理解:一是"因事命篇",这主要是说纪事本末体史书每篇独立标目的表现形式,反映出其结构上的特点和作者的"问题意识";二是"文省于纪传,事豁于编年",这主要是对纪传体、编年体和纪事本末体史书的叙事特点作了综合比较,认为纪事本末体史书具有文省(与纪传体

---

① (清)章学诚:《文史通义·书教下》,叶瑛校注,中华书局,2014,第61页。

相较)、事豁(与编年体相较)的纪事优势;三是"网罗隐括,无遗无滥",这是说纪事本末体史书的史料来源丰富详赡。① 下面,我们主要对章氏观点中的前两个特点展开分析:

第一个特点,是在编纂形式上按照逻辑顺序,根据具体的史事而标以相应之目,即"因事命篇"。这个特点主要从三个方面表现出来:一是具有广阔的空间和灵活的实用性,即凡编纂上所需之史事,均可"命篇"而立目;二是事目之间大致按年月顺序编次,以反映事件发生的先后以至历史进程的脉络,这是纪事本末体史书编纂上的基本形式;三是为了突出某些事件的内在联系,也可突破整体上的时间顺序而把相关的事目编在同一卷中,以反映某一时期的历史特点。

以《通鉴纪事本末》一书为例,全书 42 卷,依次是:战国与秦 1 卷;西汉 4 卷;东汉 3 卷;三国 2 卷;西晋 2 卷;东晋十六国 6 卷;南北朝 7 卷;隋 1 卷;唐 12 卷;五代 4 卷。以上,大致以时间为序编次事目,反映出自战国后期至五代时期的重大史事及历史进程。同时,在这个总的脉络之内,有时也把两件主题相近或相反的史事编为邻近篇目,以显示历史的复杂性,如卷六将《马后抑外家》和《窦氏专恣》编为邻篇,深刻地显示出历史的镜鉴作用。又如卷九,以《曹操篡汉》《孙氏据江东》《刘备据蜀》三篇并列,凸显出天下三分的历史格局的形成。再如卷二十三,以《魏分东西》《高氏篡东魏》《宇文篡西魏》三个事目,把北朝五个政权的更替交代得很清楚。凡此,

---

① 乔治忠指出:"纪事本末体也具有难以克服的先天不足,即不可能将所有史事皆设立标题事目予以记述,因此很难撰成内容丰富完满的全史。"(《中国史学史》,中国人民大学出版社,2011,第 204 页)

都是在整体框架下,对于"因事命篇"的灵活运用。

比之于在编纂形式上的特点,"因事命篇"更深刻的意义,是蕴含在外在形式背后的史家见识问题,即史学家如何在纷繁复杂、千头万绪的史事中,进而提炼、抽绎出紧要素材,使"因事命篇"成为可能。袁枢从《资治通鉴》所记1362年史事中,提炼出239个事目(含69个附题),反映了他通观全局的史识,对史事梳理、概括的能力,以及清晰的"问题意识"。从这个意义上讲,"因事命篇"是史学家历史撰述思想同史书表现形式之密切结合的表现。

第二个特点,从本质上看是纪事本末体史书叙事的优点,即"文省于纪传,事豁于编年"。所谓"文省于纪传",是以纪事本末体史书与纪传体史书相较,前者所用文字当少于后者;所谓"事豁于编年",是以纪事本末体史书与编年体史书相较,前者叙事比后者来得清晰、丰富。今举《通鉴纪事本末》中的《马后抑外家》篇为例,以其与袁宏《后汉纪》、范晔《后汉书》相比较,说明"文省于纪传,事豁于编年"的具体情况。①

---

① 这里之所以举《马后抑外家》篇为例,是由于它在《通鉴纪事本末》中既具有代表性,亦具有独特性。首先,杨万里指出《通鉴纪事本末》的撰述初衷之一,在于探寻历史上治乱盛衰的原因,即"由周秦以来,曰诸侯,曰大盗,曰女主,曰外戚,曰宦官,曰权臣,曰夷狄,曰藩镇,国之病亦不一矣,而其源不一哉。盖安史之乱则林甫之为也,藩镇之乱则令孜之为也,其源不一哉。得其病之源,则得其医之之方矣,此书是也"[《通鉴纪事本末》书首杨万里叙,见(宋)袁枢《通鉴纪事本末》,中华书局,2015,第1页],《马后抑外家》就是专写外戚的篇目,它反映了袁枢本人对马后抑外家作法的赞赏。在《马后抑外家》之后,袁枢安排了《窦氏专恣》一篇,深刻揭露了汉章帝、汉和帝两朝外戚窦氏恣意妄为、破坏朝政的恶行。这一前一后,对比鲜明,都指向共同的主旨——外戚干政是影响东汉皇朝兴亡的重要因素。

《马后抑外家》篇近 1880 字,文中通过对马后勤俭谨肃的个性描写,以及对第五伦上疏、马后下诏拒封马氏兄弟、马廖上疏劝成德政等内容的载录,完整地写出了马后抑制马氏势力的始末,烘托出一位严格、朴实、母仪天下的贤后形象,除年份由作者补齐,其余内容均抄录于《资治通鉴》中的相关记载。①

先以《马后抑外家》篇与袁宏《后汉纪》相较。《后汉纪》中相关史事分别见于《孝明皇帝纪上》《孝章皇帝纪上》不同年份的记载。② 然而,从《后汉纪》中第一次出现"后,马援女也……志在克己,不以私家干朝廷",到"廖等既受封,上书让位,天子许焉,皆以特进归第",首尾近 20 年,马后史事屡屡被相同年份中的其他内容或不同年月的人物事迹割裂开来(如窦固、班超出击西域,江革、毛义的孝义之行等),而马后如何以身作则,抑制马氏族人的事迹,几近淹没于这些"各以类书"的人物行迹之中,可谓始末难明。《后汉纪》以"名教"观念作为品评和论定历史人物的准则,作者袁宏采用"言行趣舍,各以类书"的方法,又以"观其名迹,想见其人"为目的,揭示各种历史人物的特征和精神面貌。从这个撰述宗旨来看,《后汉纪》缺载《马后抑外家》中关于马廖上疏劝德政的内容,这是由于,马廖并非东汉一朝最有代表性的人物,

---

① 见《资治通鉴》卷四十四《汉纪·明帝永平三年》,卷四十五《汉纪·明帝永平十八年》,卷四十六《汉纪·章帝建初二年》、《汉纪·章帝建初四年》,中华书局,2011,第 4 册,第 1466~1467、1499~1500、1509~1510、1514 页。
② 见(晋)袁宏《后汉纪》卷九、卷十一,周天游点校,天津古籍出版社,1987,第 245、307、309~311、318 页。

故袁宏未载其语。经过袁枢的摘抄排比,"马后抑外家"的诸多事迹构成了一个起因、经过、结果具备的历史事件,由此,《马后抑外家》成为一篇人物、场面、情节完整的叙事作品,这或许就是章学诚所谓纪事本末体史书"事豁于编年"的特点。

再以《马后抑外家》篇与范晔《后汉书》相较。《后汉书》的有关情节分别见于《孝明帝本纪》《孝章帝本纪》《明德皇后本纪》《马援传附马廖传》《马援传附马防传》《第五伦传》六篇人物纪传。① 其中,关于马廖兄弟三人受封又辞位归第的记载前后出现了三次,内容多有重复。然而,这同一个情节,对于记述马后志在克己的品格②、塑造马廖"性质诚畏慎,不爱权势声名,尽心纳忠,不屑毁誉"的形象,以及交代马防在马氏兄弟中"贵宠最盛"的特殊地位③,都不可或缺,因此《后汉书》于此三处均不能省略,这是纪传体史书难以避免的问题。太史公司马迁已经注意到这个问题,遂使用"互见法"以减少记载上的重复,但是,以写人物为主的纪传

---

① 见(南朝宋)范晔《后汉书》卷二、卷十、卷十四、卷四十一,中华书局,1965,第106、407~413、853~857、1398~1399页。
② 《后汉书·明德皇后本纪》记:"(建初)四年,天下丰稔,方垂无事,帝遂封三舅廖、防、光为列侯。并辞让,愿就关内侯。太后闻之,曰:'……何意老志复不从哉?万年之日长恨矣!'廖等不得已,受封爵而退位归第焉。"(《后汉书》卷十,中华书局,1965,第413~414页)
③ 《后汉书·马援传附马廖传》记:"有司连据旧典,奏封廖等,累让不得已,建初四年,遂受封为顺阳侯,以特进就第。每有赏赐,辄辞让不敢当,京师以是称之。"(《后汉书》卷二十四,中华书局,1965,第854~855页)同卷《马援传附马防传》记:"防贵宠最盛,与九卿绝席。光自越骑校尉迁执金吾。四年,封防颍阳侯,光为许侯,兄弟二人各六千户。防以显宗寝疾,入参医药,又平定西羌,增邑千三百五十户。屡上表让位,俱以特进就第。"[(南朝宋)范晔:《后汉书》卷二十四,中华书局,1965,第854~855、856~857页]

体史书，为了鲜明地体现每一个传主的形象，就不可避免地要出现记载上的重复。从这个意义上看，由于《通鉴纪事本末》采用"因事命篇"的撰述体例，遂使书中每一篇叙事的主题都是确定的，故而所叙人物也有主次之分。在《马后抑外家》篇中，马后就是第一主角，而马廖、马防、第五伦，甚至汉明帝、汉章帝都只能是该篇叙事中的配角，正因如此，《资治通鉴》中一些不是十分关键的记载（如汉明帝命人刻画云台二十八将，而"马援以椒房之亲，独不与焉"[1]、第五伦上疏阻拦马防出征平羌[2]）可以被略去。这样的"去取翦裁"，正是受到"因事命篇"的规范，根据时间线索和史事发展过程，而紧密地围绕事件主角展开一次性的叙事，由此便实现了"文省于纪传"。

《通鉴纪事本末》将《资治通鉴》所叙述的一千三百余年史事，总括为239篇相互独立又相互关联的史事，每一件史事又由若干细节构成，其中包括众多的人物、情节和场面。这些人物、情节和场面在纪传体史书中存在于所涉诸多人物的传记之中，在编年体史书中则散入事件发生的不同年月之下，往往前后相隔数语乃至数卷。经过袁枢"区别其事而贯通之"[3]，这

---

[1] （宋）司马光：《资治通鉴》卷四十四《汉纪·明帝永平三年》，中华书局，2011，第1467页；（南朝宋）范晔：《后汉书》卷二十四《马援传》，中华书局，1965，第851页。

[2] （宋）司马光：《资治通鉴》卷四十六《汉纪·章帝建初二年》，中华书局，2011，第1510~1511页。此事分别见于《后汉书》卷三《肃宗孝章帝本纪》、卷二十四《马援传》、卷四十一《第五伦传》，中华书局，1965，第135~136、855~856、1399页。

[3] （元）脱脱等：《宋史》卷三百八十九《袁枢传》，中华书局，1977，第11934页。

些原本分散在不同年份记载和不同纪传之中的人物、情节和场面，受到"因事命篇"的规范而汇聚起来，它们就像一块块"拼图"，共同构成了一件件影响历史进程的大事，由此揭示历史发展过程以为后世所鉴。可以说，"因事命篇"是纪事本末体史书编撰的根本原则，只有严格遵守这一原则，才能达到"文省于纪传，事豁于编年"的叙事优点，这便是"因事命篇"（形式）与"文省于纪传，事豁于编年"（内容）的内在联系。

三 纪事本末体史书在传承中的发展

《通鉴纪事本末》自问世起便引起了各方面的重视，流传广泛。[①] 在此后的约七百年间，仿作、续作者甚多，至清乾隆年间修《四库全书总目》时，"纪事本末类"已跻身于仅次于拥有上千年编撰历史的"正史""编年"之下的"史部"第三大门类，其史学地位之重要可见一斑。总体上看，后世的纪事本末体史书继承了《通鉴纪事本末》以事件为中心的叙事特点，以宋、辽、金、元、明、左传、三藩、西夏八种《纪事本末》为例，它们都采用了《通鉴纪事本末》运用褒

[①] 《通鉴纪事本末》成书不久便已有初刊本，即宋孝宗淳熙二年（1175）严陵郡庠刻本。次年，参知政事龚茂良将其呈于御前，宋孝宗下诏"严州摹印十部"，袁枢因以得诏回京任国子监典簿。其后，该书又分别于宋理宗端平元年（1234）、淳祐六年（1246）、宝祐五年（1257）重刻，反映出其流传之广。[以上据《玉海》卷四十七，（台北）大化书局，1977，第943页上；顾士铸《通鉴纪事本末》前记，中华书局，2015，第3页；朱维铮《中国史学史讲义稿》，复旦大学出版社，2015，第254页]

贬书法为史事确立标目的作法①，由此形成了纪事本末体史书区别于其他体裁史书的鲜明特点，充分表现了撰述者的历史认识和历史评价思想。同时，纪事本末体史书在传承中，其内容和结构也有了进一步的变化、发展。今举其荦荦大者，略述如下。

首先是史料来源广泛性和史书内容丰富性不断增强。四库馆臣称赞《通鉴纪事本末》"义例极为精密"②，这主要是指该书拣择《资治通鉴》以创立新史书体裁的创获而言。而《通鉴纪事本末》受《资治通鉴》的限制（这不是袁书的不足），所涉材料"专取关国家之盛衰，系生民之休戚"，而对于典章制度、经济文化等历史内容甚少涉及。宋以后，纪事本末体史书修撰的史料来源愈加丰富，编撰者不仅吸收了纪传体史书中书

---

① 据柴德赓统计，《通鉴纪事本末》标目用"平"字29次，用"据"字23次，用"灭"字23次，用"叛"字23次，用"乱"字20次，用"篡"字20次，用"寇"字10次，用"伐"字9次，用"逆"字8次，用"讨"字7次，直接反映出该书所叙事件以战争类最多，政治斗争类其次。（《史学丛考》，中华书局，1982，第194~195页）谢保成指出："（通鉴纪事本末）有关政治、军事的纪事，按标目所示，可分三类：一是关于少数民族的纪事，二是有关统治集团内部矛盾的纪事，三是关于民众起义的纪事。对于这些历史事件的看法，集中表现在题目使用的动词上。全书各目都有一个动词，除重复外，共使用动词60余个，绝大部分都有着明显的政治色彩。"（《增订中国史学史》，商务印书馆，2016，第931页）陶晓姗对《九朝纪事本末》标目用字作了统计，指出："九种纪事本末体史书的标目多使用动词（单字或双字词）对史事人物进行褒贬，也有使用形容词词组进行描绘，另有少数是名词标目。"（《纪事本末体考评——以九朝纪事本末为例》附录，硕士学位论文，安徽大学，2007，第36~37页）
② （清）永瑢等：《四库全书总目》卷四十九《史部·纪事本末类》，中华书局，1965，第437页下。

志的内容,还广泛地采集野史、小说、传记、文集等各种材料,①极大地丰富了纪事本末体史书的内容。例如,《通鉴纪事本末》中只有"奸臣聚敛"和"两税之弊"两篇涉及经济内容,而明代陈邦瞻撰《宋元纪事本末》,则有"治河""营田之议""茶盐榷罢""学校科举之制""元丰官制",以及"阿合马桑卢之奸""运漕""治河""官制之定"等目。《宋元纪事本末》在记事内容上的扩大,"开创了纪事本末体史书记述典制、经济、社会、文化的先例"②,不仅推动了史书体裁的不断改进,也反映出史学家希望在纪事本末体史书中容纳更丰富的历史内容。

为了适应上述变化,后世史家对纪事本末体史书的内部结构也作了新的探索。例如,清人高士奇在宋代章冲《春秋左氏传事类始末》和清代马骕《左传事纬》的基础上作《左传纪事本末》,其书"用宋袁枢《纪事本末》例,凡列国大事,各从其类,不以时序,而以国序"③。高氏仿《国语》体例,以周与各诸侯国划分该书内部结构,将春秋242年间史事按照周、鲁、齐、晋、宋、卫、郑、楚、吴、秦的

---

① 例如李有棠《辽金纪事本末》取材以《辽》《金》二部正史为主,并辅以新旧《五代史》、《宋史》、《元史》、叶隆礼《契丹国志》、宇文懋昭《大金国志》、司马光《资治通鉴》、朱熹《资治通鉴纲目》、李焘《续通鉴长编》、徐梦莘《三朝北盟会编》、李心传《建炎以来系年要录》、商辂《续资治通鉴纲目》等百数十种。(参见《金史纪事本末》卷末引用书目,中华书局,2015,第859~876页)
② 谢保成:《增订中国史学史·中唐至清中期》上,商务印书馆,2016,第308页。
③ (清)高士奇:《左传纪事本末》凡例,中华书局,2015,第5页。

顺序编次①，在周及各诸侯国之下，分别汇聚史事，"因事命篇"。正文以外，高氏参考《公羊传》《穀梁传》《国语》《史记》等典籍，于书中增设了"补逸""考异""辨误""考证""发明"等部分，分别穿插于相关史事之中，对《左传》的记载作了补充、考订和解释。清人韩菼指出《左传纪事本末》的撰述特征是："事各还其国，而较《外传》则文省而事详；国各还其时，而较《内传》仍岁会而月计。"② 四库馆臣也称其"大事必书，而略于其细。部居州次，端绪可寻。与（章）冲书相较，虽谓之后来居上可也"③。这都肯定了高氏把编年体改撰成纪事本末体的新尝试。

清代另一位学者李有棠著《辽史纪事本末》和《金史纪事本末》（学界以《辽金纪事本末》指代二书），也很重视体例。他援引刘知幾《史通》中"史之有例，犹国之有法，国无法则上下靡定，史无例则是非莫准"④ 的观点，撰凡例分别置于二

---

① 这样的排序反映了作者的历史认识："一首王室，尊周也。次鲁，重宗国也，《春秋》之所托也。次齐、晋，崇霸统也。次宋、卫、郑三国，皆为与国，其事多，且《春秋》中之枢纽也。次楚，次吴、越，其国大，其事繁；后之者，黜其僭也。次秦，志其代周，且恶之也。陈、蔡、曹、许诸小国，散见于诸大国之中，微而略之也。晋、楚之争霸，俱详晋事中，晋为主，楚为客也。"[（清）高士奇：《左传纪事本末》凡例，中华书局，2015，第5页]
② 《左传纪事本末》书首韩菼序，（清）高士奇：《左传纪事本末》，中华书局，2015，第2页。
③ 清修《四库全书》，将章冲《春秋左氏传事类始末》、高士奇《左传纪事本末》列入"史部·纪事本末类"。四库馆臣指出："冲但以事类搜集，遂变经义为史裁，于笔削之文，渺不相涉。旧列经部，未见其然。今与枢书同隶史类，庶称其实焉。"章书与高书，在史学家看来既是史著，在经学家看来亦是经解著作，但归根结底还是史书。
④ （唐）刘知幾：《史通》卷四《序例》，（清）浦起龙通释，上海古籍出版社，2009，第81页。

书开篇，以自明其著书体例。二书均分为正文和考异两个部分，所谓"考异"，是李氏参照《三国志》裴注和《资治通鉴》胡注的体例，将诸书异同之处"散入各条例，小注双行，分载每条之下"，其目的是"以便观览，而资质证"①。例如，二书卷首均撰有《帝系考》和《纪年表》，简明直观地反映了辽朝自立国至天祚帝九朝二百一十九年的统治生涯，以及金朝自立国迄金哀宗百二十年间少数民族政权的更迭。这是在纪事本末体史书中附以编年体的内容，以交代一朝史事在纵向上的贯通。李有棠对纪事本末体史书结构的改造，明显受到高氏的影响，这是清人重考据的学风在历史撰述上的反映。

在史书内容和结构发展变化的同时，纪事本末体史书中的史论风格也发生了变化。一个突出的方面是由单纯抄录前人史论向撰写新的史论过渡。袁枢《通鉴纪事本末》只引用了《资治通鉴》中所载的部分史论（如"臣光曰"），以及司马光引用前人的史论（如"贾谊论曰"②、"荀悦论曰"③、"太史公曰"④等）。而陈邦瞻作《宋元纪事本末》，则既引用前人史论，又撰写了本人议论，即"陈邦瞻曰"，这反映出撰述者更加自觉地加入史学活动之中。

另一个方面是史家撰写史论的文字风格发生了变化。谷应

---

① （清）李有棠：《辽史纪事本末》凡例，中华书局，2015，第1页。
② （宋）袁枢：《通鉴纪事本末》卷一《豪杰亡秦》，中华书局，2015，第91页。
③ （宋）袁枢：《通鉴纪事本末》卷二《高帝灭楚》，中华书局，2015，第112页。
④ （宋）袁枢：《通鉴纪事本末》卷二《高帝灭楚》，中华书局，2015，第123页。

泰《明史纪事本末》用骈文作史论，受到了后人的批评，清末李有棻指出：

> 常谓《纪事本末》鲈肇《尚书》史录之祖；后之作者不知其本于此也，乃篇缀以骈偶之辞，不自尊其体。宋景文摘碎云："文有属对，平侧用事，供公家一时宣读，施行似快便，然不可施于史传。予修《唐史》，未尝得唐人一诏一令可载于传者，惟舍对偶之文，近高古者，乃可著于篇。以对偶之文入史策，如以粉黛饰壮士，笙匏佐鼓鼙，非所施矣。况乃累幅连篇，出于作者，其非史法明矣。"余叙刻此书，并诵宋公之言以告学者，兹编两史，不加断论，纂述之道，诚在彼不在此。①

这里，李有棻认为上承《尚书》之体的纪事本末体史书，在文字风格上也应保持质朴。他援引《新唐书》作者宋祁"以对偶之文入史策，如以粉黛饰壮士，笙匏佐鼙鼓，非所施云"②之言，在批评《明史纪事本末》"每篇后各附论断，皆仿《晋书》之体，以骈偶行文，而遣词抑扬，隶事亲切，尤为曲折详尽"③的同时，也交代了李有棠《辽金纪事本末》不设论赞的原因。后孙毓修作《明朝纪事本末补编》，与谷应泰书"体例悉同，惟无

---

① 《金史纪事本末》卷末李有棻叙，(清)李有棠：《金史纪事本末》，中华书局，2015，第878页。按："……不自尊其体。宋景文摘碎云"一句与原书标点不同。又，原文与《宋景文公笔记》有文字出入，各从其书。
② (宋)宋祁：《宋景文公笔记》卷上，丛书集成初编，中华书局，1985，第5页。
③ (清)永瑢等：《四库全书总目》卷四十九《史部·纪事本末类》，中华书局，1965，第443页。

骈体论耳"①，显然是接受了李有棠、李有棻二人的观点。

与上述发展的过程相应的，是史家的历史观念更深刻地融入史书编撰之中。其中一个重要的表现就是撰述者尝试从少数民族统治政权汲取历史经验教训，明代陈邦瞻《宋元纪事本末》、清末李有棠《辽金纪事本末》均有此意。从具体的撰述中看，陈邦瞻提出了对宋元、元明朝代更迭之际撰述断限的不同原则，即在记事上，但凡涉及宋末元初的史事，均以其入《宋史纪事本末》；凡涉及元末明初的史事，入明史编纂而不入《元史纪事本末》。他指出：

> 元自太祖起北方，至世祖至元十六年以前，其事俱见《宋编》……旧史，革命之际起事诸人俱系后代，故陈胜、项籍不系秦而系汉，李密、王世充不系隋而系唐。元末群雄并起，若友谅、士诚、玉珍辈，俱当从此例，故今但略述丧乱之由，而其事应入我朝国史者，俱不载。②

据此，《宋史纪事本末》书中记载元太祖起事北方至元世祖至元十六年（1279）间的史事；《元史纪事本末》记事则始于元世祖至元十七年（1280）"江南群盗之平"。这样的编次原则，实际上反映了陈氏的正统观，他曾指出：

> 今国家之制，民间之俗，官司之所行，儒者之所守，有一不与宋近者乎？③

---

① 孙毓修：《明朝纪事本末补编》跋，见《历代纪事本末》，中华书局，1997，第 2 册，第 2541 页上栏。
② （明）陈邦瞻：《元史纪事本末》附录三凡例，中华书局，2015，第 228 页。
③ （明）陈邦瞻：《宋史纪事本末》附录一，中华书局，2015，第 1191～1192 页。

> 人知秦与元之不得为正统，而不知天以秦开汉，以元开我朝，虽欲无秦与元而不可得也。①

这就是说，陈氏在主观上不承认元朝统治的合理性，而以明继宋。但是，他又深刻地认识到明代的统治制度沿袭于元朝，因此，客观上总结元代的统治经验是必要的。作为一个重视史书体例的编撰者，陈氏于《元史纪事本末》中遵循了"今断自至元十七年为始，而事有与前相系者，仍于其下追书之，以便考究始末"的编撰原则，由此保证了《宋元纪事本末》叙事的合理性和完整性。四库馆臣批评陈书体例：

> 《蒙古诸帝之立》《蒙古立国之制》诸篇，皆专纪元初事实，即应析归《元纪》之中，使其首尾相接。乃以临安未破，一概列在《宋编》，尤失于限断。②

实际上，从中国史学自身发展的历史来看，不论史学家对于朝代更迭之际的史事作何种处理，客观上都是自觉或不自觉地维护中国历史的连续性发展这一基本事实。

可以认为，在袁枢《通鉴纪事本末》之后的数百年间，纪事本末体史书在史料来源、撰述内容、结构体例和文字表述等

---

① （明）陈邦瞻：《元史纪事本末》附录二，中华书局，2015，第225页。
② （清）永瑢等：《四库全书总目》卷四十九《史部·纪事本末类》，中华书局，1965，第439页。有学者认为："对待南宋末、元末史事采取双重标准，突出其以宋、以明为正统的认识。……这种矛盾，恰恰反映陈邦瞻所处时代特征及其历史认识的两重性。"（谢保成：《增订中国史学史·中唐至清中期》上，商务印书馆，2016，第307~308页）

方面都有不同程度的发展，形成了阶段性的发展特点。① 其结构上不拘一格，符合朝代史的撰述需要，由此出现了早于纪传体正史的《明史纪事本末》。② 如果尝试分析出现上述这些发展变化背后的原因，有两点是不容忽视的。

第一，从历史撰述形式来看，纪事本末体这一体裁本身具有突出的适应性和综合性。前文所述纪事本末体史书"文省于纪传，事豁于编年"的叙事特点，反映了纪事本末体具有很强的适应性：一则从体例上看，它不受朝代断限的制约，既可以为通史，亦可以为朝代史、专题史；二则从取材上看，它可以在一定范围之史事的全局框架下，依据编撰的需求择取史料，既可以取材于纪传体正史，也可以取材于编年体史书以及其他各种史料。除了这种突出的适应性，纪事本末体还同时具有很强的综合性：它擅于把分散的历史事件、历史人物综合起来，形成一篇篇相互独立又相互联系的史事。这种体裁上的适应性和综合性，为以事件为中心的叙事形态提供了灵活的形式，从而达到使作者和读者满意的叙事效果。

第二，从撰述主体来看，史学家历史认识的逻辑思维进一步提高了。明代陈邦瞻作《宋元纪事本末》，是《通鉴纪事本

---

① 崔文印认为纪事本末体史书经历了"由低级到高级，不断趋于完善"的三个发展阶段。(《纪事本末体史书的特点及其发展》，《史学史研究》1981年第3期)

② 《明史纪事本末》成书早于《明史》八十余年，足显作者编纂功力深厚。四库馆臣指出："明季稗史虽多，体裁未备，罕见全书。惟谈迁编年、张岱列传两家具有本末，应泰并采之以成纪事。据此，则应泰是编，取材颇备，集众长以成完本。其用力亦可谓勤矣。"[(清)永瑢等：《四库全书总目》卷四十九《史部·纪事本末类》，中华书局，1965，第443页下]

末》真正意义上的第一个继承者。四库馆臣在总体上给予陈书很高的评价:"诸史之中,《宋史》最为芜秽,不似《资治通鉴》本有脉络可寻。此书部列区分,使一一就绪。其书虽亚于枢,其寻绎之功,乃视枢为倍矣。"① 所谓"寻绎之功",是称赞陈氏将496卷的《宋史》区别条例以撰成《宋史纪事本末》190卷,由此显示出他极强的概括能力和驾驭史料的能力,这当来源于陈氏历史认识的逻辑性思维。

陈邦瞻《宋史纪事本末》自序云:

> 宇宙风气,其变之大者有三:鸿荒一变而为唐、虞,以至于周,七国为极;再变而为汉,以至于唐,五季为极;宋其三变,而吾未睹其极也。变未极则治不得不相为因,今国家之制,民间之俗,官司之所行,儒者之所守,有一不与宋近者乎?非慕宋而乐趋之,而势固然已……故曰,世变未极则治不得不相为因。善因者鉴其所以得与其所以失,有微,有明,有成,有萌,有先,有后,则是编者,夫亦足以观矣。②

这段文字反映了陈氏思想中的三个重要方面。其一,他将历史进程划分为三个阶段,即先秦为第一阶段,汉唐五代为第二阶段,宋以后至其所生活的明代为第三阶段。其二,他认为"世变未极则治不得不相为因",所以,他作纪事本末是为了总结

---

① (清)永瑢等:《四库全书总目》卷四十九《史部·纪事本末类》,中华书局,1965,第439页。
② (明)陈邦瞻:《宋史纪事本末》附录一,中华书局,2015,第1191~1192页。

历史上的得失,从而为明代的政治统治提供借鉴。这里,我们着重关注第三个方面——陈氏指出借鉴历史之得失的方法(即编撰《宋史纪事本末》的方法)可着眼于六个概念:"微""明""成""萌""先""后"。陈氏显然受到前文所引杨万里观点的影响,进一步明确地提出了"微"(历史发展的内因)与"明"(历史发展的外因),"成"(事件的终点)与"萌"(事件的起点),以及"先"与"后"(事件之间的因果关系及先后顺序)三组六个概念。其中,前两组四个概念是对杨氏的继承,后两个概念,则是进一步完善和发展了杨氏的观点,这是陈氏本人在历史编撰的实践中不断总结出来的思想成果,是对纪事本末体史书叙事之内涵的明确概括,也可视为中国古代史书叙事走向近代的滥觞。

综上,自袁枢《通鉴纪事本末》问世,纪事本末体以其体裁的灵活性和叙事的突出特点,不断发展出新的成果,尤其是思想成果,具有十分重要的价值。

四 纪事本末体推动中国古代史书叙事走向新的阶段

从中国古代史书体裁的发展来看,纪传体以叙人为主,编年体以叙时为主,典制体以叙典章制度为主,惟纪事本末体史书以叙事件为主,可谓各有所长。综而观之,各史书体裁所记载的历史,全面地反映了中国历史进程和文明发展的各个方面,都是不可或缺的。如果从"叙事"的本来意义上考察,纪事本末体史书更鲜明地突出了史学的叙事性(即以事件为中心)。因此,我们是否可以这样认为:纪事本末体史书的兴起,标志着中国古代史学的"叙事"走向更加成熟的阶段。

首先,纪事本末体史书的兴起丰富了中国古代史学的表现形态。从史学审美的角度观察,纪事本末体史书"反映出所记每一个重大事件之始末原委、完整过程的'秩序之美',同时也反映出所记这一个个重大事件之内在联系的'秩序之美'。因此,这里所表现出来的也是历史的双重'秩序'的结合"①。从整个中国古代史学发展来看,纪事本末体继编年、纪传、典制三种体裁之后,提供了一种崭新的历史编纂形式,使中国古代史学的表现形态更加全面。四库馆臣指出:

> 古之史策,编年而已,周以前无异轨也。司马迁作《史记》,遂有纪传一体,唐以前亦无异轨也。至宋袁枢,以《通鉴》旧文,每事为篇,各排比其次第,而详叙其始终,命曰《纪事本末》,史遂又有此一体。夫事例相循,其后谓之因,其初皆起于创。其初有所创,其后即不能不因。故未有是体以前,微独纪事本末创,即纪传亦创,编年亦创。既有是体以后,微独编年相因,纪传相因,即纪事本末亦相因。因者既众,遂于二体之外,别立一家。②

这段评论,强调了中国古代史书体裁之继承与创新的辩证发展历程,从结构("每事为篇,各排比其次第")和叙事特点

---

① 瞿林东:《中国古代史学批评纵横》(增订本),重庆出版社,2016,第81页。
② (清)永瑢等:《四库全书总目》卷四十九《史部·纪事本末类》序,中华书局,1965,第437页。

("详叙其始终")两个方面,肯定了纪事本末体的出现丰富和发展了中国古代史学的表现形式。不过,其言纪传体"唐以前无异轨"的说法,则显得绝对化了。

其次,纪事本末体史书进一步彰显了史学的社会功用。中国古代史学家、政治家、思想家对史学的社会功能早有认识。因纪事本末体史书的出现,凡大事之本末均可一目了然,人们对每一事件之利害得失看得更为清楚,从而更有利于总结历史上的经验教训。杨万里较早强调了《通鉴纪事本末》的社会功用,他写道:"有国者不可以无此书,前有奸而不察,后有邪而不悟。学者不可以无此书,进有行而无征,退有蓄而无宗。"① 这两句话点明了《通鉴纪事本末》鲜明的经世致用的价值:对于最高统治集团而言,熟读《通鉴纪事本末》有利于从历史中汲取统治经验。宋孝宗读罢袁枢《通鉴纪事本末》,曾发出"治道尽在是矣"②的感叹,充分反映了该书的资治功能。明代陈邦瞻作《宋元纪事本末》,也突出了这样的资治意识,他认为"天以秦开汉,以元开我朝",所以"取《元史》稍稍次第其本末,删繁就约,略细举巨"③,其目的就是总结历史上的经验教训以为明代统治者服务。经过陈邦瞻《宋元纪事本末》的发展,纪事本末体史书的资治功能进一步明确了,其后的历代纪事本末均传承了这一特点。

---

① 《通鉴纪事本末》书首杨万里叙,(宋)袁枢:《通鉴纪事本末》,中华书局,2015,第1页。
② (元)脱脱等:《宋史》卷三百八十九《袁枢传》,中华书局,1977,第11934页。
③ (明)陈邦瞻:《元史纪事本末》附录二,中华书局,2015,第225页。

从纪事本末体史书叙事的特点来看，它便于读者阅读，从而具有更广泛的社会价值。宋人赵与𥳑认为："读《通鉴》者如登高山、泛巨海，未易遽睹其津厓。得《本末》而阅之，则根干枝叶，绳绳相生，不待反复它卷而了然在目中矣。"[①] 明代徐申指出："史之体有二，左氏以编年，而司马氏为纪传世家。编年重在事，而纪传世家重在人。重在事者，其人多阔略而无征；重在人者，其事常散漫而难究，故袁氏之《通鉴本末》出焉。其体兼用左、马，而取其事之最巨，与其人最著者，各以年汇次之，一举始而终了然若指掌，读史者尤便之。"[②] 毋庸置疑，纪事本末体"因事命篇"的表现形式更利于历史知识向社会大众的普及。面对浩如烟海的史书，人们的记忆选择自然更倾向于阐述"完整性"史事的著作，这就使得史书叙事的受众面更加广泛了。当然，"大众化"并不只是纪事本末体出现后产生的影响，实际上，大众化的需要本身就是促使纪事本末体史书形成的一个重要因素，宋代市井文化的发展以及明清资本主义萌芽的出现，使社会结构产生了变化，史学同其他学术门类一样，逐渐从上层意识形态渗透到社会深层，而以事件为中心的叙事形态正满足了这种知识大众化的发展趋势。这里，我们看到了史学与社会之双向互动发展的规律。

再次，纪事本末体史书的兴起，启发了人们对古代史书叙

[①] 见（清）张金吾《爱日精庐藏书志》卷十《史部·纪事本末类》，上海古籍出版社，2014，第162页。

[②] 《元史纪事本末》附录一徐申叙，（明）陈邦瞻：《元史纪事本末》，中华书局，2015，第223页。

事之综合的思考。前文在论述纪事本末体史书叙事的优点时，曾着重强调了清人章学诚"文省于纪传，事豁于编年"的观点。实际上，在章学诚之前，《明史纪事本末》的撰述者谷应泰就已具备这种综合比较的意识，他写道："《通鉴纪事本末》者，……其法以事类相比附，使读者审理乱之大趋，迹政治之得失，首尾毕具，分部就班，较之盲左之编年，则包举而该浃；比之班、马之传志，则简练而隐括。"① 其后傅以渐和张溥在补撰《明史纪事本末》时，进一步指出纪事本末体史书的社会功能。前者认为，"夫考一代之统系，必在编年；寻一人之终始，必存序传。若夫捆车载乘，至可汗牛，充栋集帷，尤难衡石，一事而散漫百年之中，一事而纵横数人之手，断非纪事不为功，宜其书公卿乐得而为讨论，朝廷乐得而备顾问也"②；后者指出："国之有史，史之有《通鉴》，《通鉴》之有《纪事本末》，三者不可一缺也。国史因人，《通鉴》因年，《本末》因事。人非纪传不显，年非《通鉴》不序，事非《本末》不明。学者欲观历代之史，则必先观《通鉴》，既观《通鉴》，不能即知其端，则必取《纪事本末》以类究之。此袁氏之书，所以与司马同功也。"③ 由此可见，正是纪事本末体史书的兴起使古代史书叙事格局形成三足鼎立之势，而由此激发了古代学人对中国古代三种史书体裁之记事特点的具有总结性的思考。

---

① 《明史纪事本末》自序，（清）谷应泰：《明史纪事本末》，中华书局，2015，第1页。
② 《明史纪事本末》傅以渐序，（清）谷应泰：《明史纪事本末》，中华书局，2015，第1页。
③ （明）张溥：《通鉴纪事本末序》，转引自石菲《宋刻〈通鉴纪事本末〉版本辑考》，《文艺评论》2012年第6期。

最后，是纪事本末体史书历史性地承担着史书叙事形态向近代转变的过渡性作用。这种过渡性表现为，在古代史学走向近代的过程中，由于纪事本末体的历史渊源，从一定的意义上说，这可以看作为章节体的传入准备了条件。① 20世纪初，梁启超大力倡导"新史学"，指出："纪事本末体，于吾侪之理想的新史最为相近，抑亦旧史界进化之极轨也。"② 近代以来，西方传入的章节体之所以能够被中国学者迅速接受并广泛应用，也是由于中国历史上存在着纪事本末体的撰述形式。20世纪80年代，白寿彝主编《中国通史纲要》，非常重视对标题的拟定，他认为："《纲要》共有十章七十二个标题，可以说，每一个标题都是重点，都是重要的历史问题。尽管这样，我们还是努力在这些问题中突出那些应当特别注意的问题……只有作到轮廓清晰，重点突出，对通俗的历史读物来说，才有可能真正做到深入浅出。"③ 这显然受到了古代纪事本末体以至纲目体史书编撰传统的影响。20世纪末，张习孔、林岷主编的五卷本《中国历史大事本末》出版，对纪事本末体作出了新的发展。④ 可见，中国古代纪事本末体史书的撰述传统在当代仍具学术价值，值得认真总结和发掘。

---

① 参见陈秉才《〈通鉴纪事本末〉与纪事本末体》，《文史知识》1982年第5期。
② 梁启超：《中国历史研究法》，《饮冰室合集》第10册《饮冰室专集之七十三》，中华书局，1989，第20页。
③ 白寿彝：《编著〈中国通史纲要〉的一点体会》，《出版工作》1982年第7期。
④ 参见瞿林东《纪事本末体史书的新成就——评〈中国历史大事本末〉》，《人民日报》1995年8月10日，第6版。

＊　　　　＊　　　　＊

纪事本末体的历史撰述形式，由潜在的因素发展为现实的存在，是中国史学自身演进的规律性表现。《通鉴纪事本末》及其后的一系列同类著作，丰富了中国古代史学体裁，推进了中国古代史书叙事的境界，成为中国古代史学发展后期的一个重大变局，客观上从一个方面为中国史学走向近代创造了条件。

纪事本末体史书在内容上和标目上以至文字表述上，都带着时代的和阶级的烙印，对此，我们自应持批判的态度看待，这是在研究中必须明确的。

本文原刊《史学史研究》2017 年第 4 期，题为《中国古代史学历史叙事发展的新阶段——论纪事本末体史书的兴起及其意义》，略作修改后收入本书。

主要参考文献

古籍（按作者时代序）

《国语》，上海古籍出版社，1978。

《十三经注疏》，中华书局，1980。

司马迁：《史记》，中华书局，2014。

班固：《汉书》，中华书局，1962。

王充：《论衡》，上海古籍出版社，2010。

刘珍等：《东观汉记》，吴树平校注，中华书局，2008。

荀悦：《汉纪》，《两汉纪》上，中华书局，2017。

荀悦：《申鉴》，黄省曾注，中华书局，2012。

袁宏：《后汉纪》，天津古籍出版社，1987。

袁宏：《后汉纪》，《两汉纪》下，中华书局，2017。

刘义庆：《世说新语》，刘孝标注，上海古籍出版社，2013。

范晔：《后汉书》，中华书局，1965。

钟嵘：《诗品》，杨焄译注，北京联合出版公司，2015。

沈约：《宋书》，中华书局，1974。

刘勰：《文心雕龙》，范文澜注，人民文学出版社，1958。

萧统：《文选》，上海古籍出版社，1986。

魏徵等：《隋书》，中华书局，1973。

房玄龄等：《晋书》，中华书局，1974。

李延寿：《南史》，中华书局，1975。

刘知幾：《史通》，上海古籍出版社，2009。

韩愈：《韩昌黎文集》，上海古籍出版社，1986。

杜佑：《通典》，中华书局，1988。

刘昫等：《旧唐书》，中华书局，1975。

王钦若等：《册府元龟》，中华书局，1960。

欧阳修、宋祁：《新唐书》，中华书局，1975。

宋祁：《宋景文公笔记》，中华书局，1985。

吴缜：《新唐书纠谬》，中华书局，1985。

司马光：《资治通鉴》，中华书局，2011。

司马光：《稽古录》，北京师范大学出版社，1988。

李昉等：《太平御览》，中华书局，1960。

李昉等：《文苑英华》，中华书局，1966。

曾巩：《曾巩集》，中华书局，1984。

王应麟：《玉海》，大化书局（台北），1977。

王应麟：《困学纪闻》，上海古籍出版社，2008。

王应麟：《汉制考　汉艺文志考证》，中华书局，2010。

洪迈：《容斋随笔》，中华书局，2005。

叶适：《习学记言序目》，中华书局，1977。

吴仁杰：《两汉刊误补遗》，中华书局，1991。

晁公武：《郡斋读书志》，上海古籍出版社，1990。

袁枢：《通鉴纪事本末》，中华书局，1997。

陈振孙：《直斋书录解题》，上海古籍出版社，1987。
郑樵：《通志·二十略》，中华书局，1995。
黎靖德编《朱子语类》，中华书局，1986。
高似孙：《史略子略》，辽宁教育出版社，1998。
马端临：《文献通考》，中华书局，2011。
胡应麟：《少室山房笔丛》，上海书店出版社，2001。
顾炎武：《日知录》，安徽大学出版社，2007。
钱大昕：《廿二史考异》，上海古籍出版社，2014。
王鸣盛：《十七史商榷》，上海书店出版社，2005。
永瑢等：《四库全书总目》，中华书局，1965。
赵翼：《廿二史札记》，中华书局，2013。
赵翼：《陔馀丛考》，上海古籍出版社，2011。
牛运震：《读史纠谬》，齐鲁书社，1989年。
段玉裁：《说文解字注》，中华书局，2013。
章学诚：《章学诚遗书》，文物出版社，1985。
章学诚：《文史通义》，中华书局，2014。
张金吾：《爱日精庐藏书志》，上海古籍出版社，2014。
王先谦：《汉书补注》，中华书局，1983。
王先谦：《后汉书集解》，中华书局，1984。
周天游：《八家后汉书辑注》，上海古籍出版社，1986。
二十五史刊行委员会编《二十五史补编》，中华书局，1955。
王承略、刘心明主编《二十五史艺文经籍志考补萃编》，清华大学出版社，2011。

近人及今人著作（按姓氏拼音序）

安作璋：《班固与汉书》，山东人民出版社，1979。

白寿彝主编《史学概论》，宁夏人民出版社，1983。

白寿彝主编《中国通史》，上海人民出版社，1989~1999。

白寿彝：《中国史学史论集》，中华书局，1999。

白寿彝主编《中国史学史教本》，北京师范大学出版社，2000。

白寿彝等：《中国史学史》六卷本，上海人民出版社，2006。

陈直：《汉书新证》，天津人民出版社，1979。

陈启云：《荀悦与中古儒学》，高专诚译，辽宁大学出版社，2000。

陈启云：《儒学与汉代历史文化——陈启云文集（二）》，广西师范大学出版社，2007。

陈其泰：《再建丰碑：班固和〈汉书〉》，生活·读书·新知三联书店，1994。

陈其泰、张爱芳编《〈汉书〉研究》，中国大百科全书出版社，2009。

陈其泰主编《中国历史编纂学史》五卷本，国家图书馆出版社，2018。

陈新：《西方历史叙述学》，社会科学文献出版社，2005。

陈寅恪：《陶渊明之思想与清谈之关系》，燕京大学哈佛燕京社，1945。

陈文新主编《中国文学编年史·汉魏卷》，湖南人民出版社，2006。

成复旺：《中国古代的人学与美学》，中国人民大学出版社，1992。

丁琴海：《中国史传叙事研究》，国际文化出版公司，2002。

杜维运：《中国史学史》，商务印书馆，2010。

范文澜、蔡美彪等：《中国通史》第2、3册，人民出版社，2015。

傅修延：《中国叙事学》，北京大学出版社，2015。

高小康：《中国古代叙事观念与意识形态》，北京大学出版社，2005。

葛兆光：《中国思想史》，复旦大学出版社，2004。

顾颉刚：《汉代学术史略》，人民出版社，2008。

郭丹：《先秦两汉史传文学史论》，上海古籍出版社，2014。

郭绍虞：《中国文学批评史》，商务印书馆，2010。

郭昭第：《中国叙事美学论要》，人民出版社，2016。

侯外庐主编《中国思想通史》第2卷，张岂之主编《侯外庐著作与思想研究》第十一卷，长春出版社，2016。

胡宝国：《汉唐间史学的发展》（修订本），北京大学出版社，2014。

金毓黻：《中国史学史》，商务印书馆，2007。

翦伯赞：《史料与史学》，北京出版社，2005。

翦伯赞：《历史哲学教程》，北京大学出版社，1990。

蒋伯潜、蒋祖怡：《骈文与散文》，上海书店出版社，1997。

蒋大椿、陈启能主编《史学理论大辞典》，安徽教育出版社，2000。

梁启超：《饮冰室合集》第10、12册，中华书局，1989。

李景星：《四史评议》，岳麓书社，1986。

李宗邺：《中国历史要籍介绍》，上海古籍出版社，1982。

李泽厚：《美的历程》，生活·读书·新知三联书店，2009。

李贞慧编《中国叙事学：历史叙事诗文》，（新竹）清华大学出版社，2016。

林剑鸣：《秦汉史》，上海人民出版社，2003。

李纪祥：《时间·历史·叙事》，兰州大学出版社，2004。

刘师培著、陈引驰编校《刘师培中古文学论集》，中国社会科学出版社，1997。

刘节：《中国史学史稿》，中州书画社，1982。

刘家和主编《中西古代历史、史学与理论比较研究》，北京师范大学出版社，2013。

刘宁：《〈史记〉叙事学研究》，中国社会科学出版社，2008。

刘咸炘：《刘咸炘学术论集·史学编》，广西师范大学出版社，2007。

刘云春：《历史叙事传统语境下的中国古典小说审美研究》，中国社会科学出版社，2010。

柳诒徵：《国史要义》，商务印书馆，2011。

鲁迅：《汉文学史纲要》（外一种），上海古籍出版社，2011。

逯耀东：《魏晋史学的思想与社会基础》，中华书局，2006。

逯耀东：《抑郁与超越：司马迁与汉武帝时代》，生活·读书·新知三联书店，2008。

"马工程"《中国史学史》编写组编《中国史学史》，高等教育出版社，2019。

蒙文通：《中国史学史》，上海人民出版社，2006。

倪爱珍：《史传与中国文学叙事传统》，中国社会科学出版社，2015。

聂溦萌：《中古官修史体制的运作与演进》，上海古籍出版社，2021。

牛润珍：《汉至唐初史官制度的演变》，河北教育出版社，1999。

彭雅玲：《史通的历史叙述理论》，（台北）文史哲出版社，1993。

彭刚：《叙事的转向：当代西方史学理论的考察》（第2版），北京大学出版社，2017。

潘定武：《〈汉书〉文学论稿》，安徽大学出版社，2008。

乔治忠：《中国史学史》，中国人民大学出版社，2011。

瞿林东：《中国史学史纲》，北京师范大学出版社，2010。

瞿林东：《中国史学的理论遗产》，北京师范大学出版社，2005。

瞿林东、李珍：《范晔评传》，南京大学出版社，2006。

瞿林东主编《中国古代历史理论》三卷本，安徽人民出版社，2011。

瞿林东：《中国古代史学批评纵横》（增订本），重庆出版社，2016。

瞿林东主编《中国古代史学批评史》七卷本，湖南人民出版社，2020。

钱穆：《国史大纲》（修订本），商务印书馆，1996。

钱穆：《中国史学发微》，生活·读书·新知三联书店，2009。

钱锺书：《管锥编》（一），生活·读书·新知三联书店，2007。

申丹：《叙述学与小说文体学研究》（第3版），北京大学出版社，2004。

孙亭玉：《班固文学研究》，湖南人民出版社，2008。

唐长孺：《魏晋南北朝史论丛》，商务印书馆，2010。

汪高鑫：《董仲舒与汉代历史思想研究》，北京师范大学出版社，2012。

王树民：《中国史学史纲要》，中华书局，1997。

王心扬：《东晋士族的双重性格》，中华书局，2021。

王仲荦：《魏晋南北朝史》，上海人民出版社，2003。

王子今：《秦汉社会史论考》，商务印书馆，2006。

王子今、杨倩如：《〈汉书〉解读》，中国人民大学出版社，2016。

吴崇明：《班固文学思想研究》，上海古籍出版社，2010。

吴怀祺：《中国史学思想史》，商务印书馆，2007。

吴怀祺主编《中国史学思想会通》十六卷本，福建人民出版社，2018。

吴泽：《史学概论》，安徽教育出版社，2000。

向燕南：《从历史到史学》，北京师范大学出版社，2010。

谢保成：《中国史学史》，商务印书馆，2006。

辛德勇：《建元与改元》，中华书局，2013。

徐复观：《两汉思想史》，九州出版社，2014。

许殿才：《秦汉史学研究》，北京师范大学出版社，2012。

许结：《汉代文学思想史》，人民文学出版社，2010。

许兆昌：《〈系年〉、〈春秋〉、〈竹书纪年〉的历史叙事》，中西书局，2015。

阎步克：《士大夫政治演生史稿》，北京大学出版社，2015。

杨倩如：《汉书学史（现当代卷）》，人民出版社，2018。

杨树达：《汉书窥管》，上海古籍出版社，2013。

尹达等：《中国史学发展史》，中州古籍出版社，1987。

尹雪华：《先秦两汉史传叙事研究》，学林出版社，2017。

杨义：《中国叙事学》，《杨义文存》第2卷，人民出版社，1997。

姚大力：《司马迁和他的〈史记〉》，复旦大学出版社，2016。

杨翼骧等：《增订中国史学史资料编年》，商务印书馆，2013。

章太炎：《国学概论》，上海古籍出版社，2008。

张京媛主编《新历史主义与文学批评》，北京大学出版社，1993。

张孟伦：《中国史学史》，甘肃人民出版社，1983。

张寅德编选《叙述学研究》，中国社会科学出版社，1989。

张越主编《后汉书、三国志研究》，瞿林东主编《20世纪二十四史研究丛书》第5卷，中国大百科全书出版社，2009。

张舜徽：《广校雠略》，上海古籍出版社，2013。

赵毅衡：《当说者被说的时候：比较叙述学导论》，中国人民大学出版社，1998。

郑振铎：《中国文学史》，吉林人民出版社，2013。

郑鹤声编《史汉研究》，山西人民出版社，2014。

曾小霞：《〈史记〉〈汉书〉叙事比较研究》，世界图书出版广东有限公司，2013。

《周一良自选集》，首都师范大学出版社，2008。

周文玖：《史家、史著与史学：中国史学史探研》，社会科学文献出版社，2019。

钟书林：《〈后汉书〉文学初探》，中国社会科学出版社，2010。

朱维铮：《中国史学史讲义稿》，复旦大学出版社，2015。

祖国颂主编《叙事学的中国之路——全国首届叙事学学术研讨会论文集》，中国社会科学出版社，2006。

《中国历史大辞典·史学史卷》，上海辞书出版社，1983。

《中国史学史辞典》，（台北）明文书局，1986。

《中华大典·历史典·史学理论与史学史分典》，上海古籍出版社，2007。

外国学者论著（按国内发表、出版时间序）

〔英〕崔瑞德：《中国的传纪写作》，张书生译，《史学史研究》1985年第3期。

〔英〕崔瑞德、鲁惟一编《剑桥中国秦汉史》，杨品泉等译，中国社会科学出版社，1992。

〔美〕浦安迪：《中国叙事学》，北京大学出版社，1996。

〔英〕尼古拉斯·布宁、余纪元编著《西方哲学英汉对照辞典》，王柯平等译，人民出版社，2001。

〔美〕海登·怀特：《后现代历史叙事学》，陈永国、张万娟译，中国社会科学出版社，2003。

〔美〕海登·怀特：《形式的内容：叙事话语与历史再现》，董立河译，文津出版社，2005。

〔美〕王靖宇：《中国早期叙事文研究》，上海古籍出版社，2003。

〔英〕劳伦斯·斯通：《历史叙述的复兴：对一种新的老历史的反省》，古伟瀛译，载《新史学》第4辑，大象出版社，2005。

〔英〕爱德华·卡尔：《历史是什么?》，陈恒译，商务印书馆，2007。

〔日〕内藤湖南：《中国史学史》，马彪译，上海古籍出版社，2008。

〔美〕鲁晓鹏：《从史实性到虚构性：中国叙事诗学》，王玮译，北京大学出版社，2012。

《马克思恩格斯选集》，中央编译局编译，人民出版社，2012。

〔德〕斯特凡·约尔丹主编《历史科学基本概念辞典》，孟钟捷译，北京大学出版社，2012。

〔美〕杰拉德·普林斯：《叙事学：叙事的形式与功能》，徐强译，中国人民大学出版社，2013。

〔美〕李惠仪：《〈左传〉的书写与解读》，文韬、许明德译，江苏人民出版社，2016。

〔加〕南希·帕特纳、〔英〕萨拉·富特主编《史学理论手册》，余伟、何立民译，格致出版社、上海人民出版社，2017。

〔日〕佐藤正幸：《历史认识的时空》，郭海良译，上海三联书店，2019。

期刊论文（按发表时间序）

白寿彝：《司马迁与班固》，《北京师范大学学报》（社会科学版）1963年第4期。

白寿彝：《陈寿、袁宏和范晔》，《北京师范大学学报》（社会科学版）1964年第1期。

冉昭德：《怎样对待班固与〈汉书〉？》，《文史哲》1966年第1期。

安作璋：《班固〈汉书〉评述》，《破与立》1978年第1期。

刘隆有：《荀悦〈汉纪〉在史论方面的特点及其历史地位》，《史学史资料》1980年第5期。

刘隆有：《〈汉纪〉对编年史体的创新》，《史学史研究》1981年第3期。

陈梓权：《〈汉书〉的文学价值》，《中山大学学报》1982年第3期。

郭预衡：《班固的思想和文风》，《社会科学战线》1983年第1期。

许凌云：《刘知几关于史汉体例的评论》，《史学史研究》1985年4期。

李书兰：《〈汉纪〉史论的政治观点》，《史学史研究》1985年第3期。

李书兰：《〈汉纪〉选用〈史记〉考》，《史学史研究》1986年第4期。

周洪才：《历代〈汉书〉研究述略》，《齐鲁学刊》1987年第3期。

董乃斌：《论中国叙事文学的演变轨迹》，《文学遗产》1987年第5期。

瞿林东：《〈史记〉〈汉书〉比较》，《文史知识》1987年第12期。

陈其泰：《〈汉书〉历史地位再评价》，《史学史研究》1988年第1期。

赵国华：《谈范晔〈后汉书〉的序、论、赞》，《华中师范大学学报》（哲学社会科学版）1988年第1期。

李振宏：《论史家主体意识》，《历史研究》1988年第3期。

施丁：《谈谈范晔的史论》，《学术月刊》1988 年第 8 期。

裘汉康：《略论〈后汉书〉人物传记的文学价值与特色》，《中山大学学报》（哲学社会科学版）1989 年第 2 期。

李书兰：《〈汉纪〉补润〈汉书〉例证》，《史学史研究》1990 年第 1 期。

陈长琦：《论〈后汉纪〉的史学价值》，《黄淮学刊》（社会科学版）1990 年第 3 期。

张烈：《〈两汉纪〉及其版本问题》，《古籍整理研究学刊》1990 年第 6 期。

徐蜀：《东汉以后编年体的发展与史学的普及》，《史学史研究》1991 年第 3 期。

许殿才：《〈汉书〉研究的回顾》，《史学史研究》1991 年第 2 期。

曾宪礼：《荀悦〈汉纪〉思想分析》，《中山大学学报》（社会科学版）1992 年第 4 期。

许殿才：《〈汉书〉典雅优美的历史记述》，《史学史研究》1996 年第 1 期。

周文玖：《袁宏史学思想再探讨——袁宏〈后汉纪〉史论浅析》，《济宁师专学报》1996 年第 2 期。

刘汉忠：《说范晔〈后汉书〉之"志"》，《文献》1997 年第 4 期。

王春淑：《范晔〈后汉书〉序论赞评析》，《四川师范大学学报》（社会科学版）1998 年第 4 期。

江守义：《"热"学与"冷"建——叙事学在中国的境遇》，《文艺理论研究》2000 年第 1 期。

瞿林东：《说范晔〈后汉书〉帝纪后论》，《学习与探索》2000年第6期。

董文武：《〈后汉纪〉的编撰特色及其史学地位》，《安徽教育学院学报》2001年第2期。

汪高鑫：《论荀悦的历史编撰思想》，《人文杂志》2002年第5期。

高萍、刘宁：《历史叙事模式的定型及其对小说叙事的影响》，《西安教育学院学报》2003年第1期。

蒋方、张忠智：《司马迁与班固眼中的司马相如：两汉文人的价值观演化之管窥》，《湖北大学学报》（哲学社会科学版）2003年第3期。

施定：《近20余年中国叙事学研究述评》，《学术研究》2003年第8期。

朱维铮：《班固与〈汉书〉——一则知人论世的考察》，《复旦学报》（社会科学版）2004年第6期。

瞿林东：《中国古代史学中的比较研究》，《安徽师范大学学报》（人文社会科学版）2005年第6期。

许殿才、靳宝：《〈汉纪〉史论中的历史思考》，《中国社会科学院研究生院学报》2006年第6期。

许殿才、靳宝：《〈汉纪〉史论中的史学见解》，《中国社会科学院研究生院学报》2007年第6期。

袁法周：《中国古代〈汉书〉的传播与研究》，《宁夏社会科学》2007年第2期。

沙志利：《从〈汉书〉对〈史记〉材料的挪置比较马班的叙事手法》，《渭南师范学院学报》2008年第1期。

杜永梅：《荀悦史论思想成就初探》，《陕西师范大学学报》（哲学社会科学版）2008年第3期。

瞿林东：《谈中国古代的史论和史评》，《东岳论丛》2008年第4期。

陈其泰：《历史编纂学视角展现的学术新视域：以〈汉书·刑法志〉为个案的分析》，《天津社会科学》2008年第4期。

陈其泰：《建构中国历史编纂学学科体系的思考》，《南开学报》（哲学社会科学版）2008年第5期。

施晔：《男王后：从历史叙事到文学叙事》，《史学集刊》2009年第2期。

林小云：《从历史叙事走向文学叙事——从史料的运用看〈吴越春秋〉的叙事特征》，《中州学刊》2009年第2期。

李红岩：《历史学是包含文学性的科学》，《学术研究》2009年第3期。

王东：《从学术传统看史学与文学的关系》，《学术研究》2009年第3期。

张耕华：《"言之有据"与"言之成理"：史学叙事与文学写作的同与异》，《学术研究》2009年第3期。

张小忠：《叙述的主体间性：历史想象与文学纪实》，《学术研究》2009年第3期。

张仲民：《歧路彷徨：历史与文学之间》，《学术研究》2009年第3期。

刘涛：《从〈后汉书〉的文学成就看范晔的思想及撰文取向》，《中国文学研究》2009年第4期。

乔治忠、刘文英：《中国古代"起居注"记史体制的形成》，

《史学史研究》2010 年第 2 期。

张亚军：《〈世说新语〉注引袁宏〈名士传〉考略》，《古籍整理研究学刊》2010 年第 3 期。

杨朝蕾：《"一时文宗"袁宏的〈后汉纪〉史论艺术》，《江汉大学学报》（人文科学版）2010 年第 5 期。

代莉莉：《〈史记〉〈汉书〉的叙事研究》，《贵州民族学院学报》（哲学社会科学版）2010 年第 3 期。

傅荣贤：《试论王应麟〈汉书艺文志考证〉的〈汉志〉研究得失》，《四川图书馆学报》2010 年第 4 期。

陈莹：《唐前班马优劣并称演变轨迹的梳理与考辨》，《史学理论研究》2010 年第 3 期。

周建渝：《从〈史记评林〉看明代文人的叙事观》，《复旦学报》（社会科学版）2010 年第 3 期。

杨倩如：《〈汉书〉在东亚的传播与研究》，《中国史研究动态》2010 年第 1 期。

杨倩如：《〈汉书〉在欧美的译介与研究》，《中国史研究动态》2010 年第 5 期。

瞿林东：《关于当代中国史学话语体系建构的几个问题》，《中国社会科学》2011 年第 2 期。

曹鹏程：《宋代纪传、编年二体优劣论》，《史学史研究》2011 年第 1 期。

董乃斌：《〈文心雕龙〉与中国文学的叙事传统》，《陕西师范大学学报》（哲学社会科学版）2011 年第 3 期。

陈新、江睿杰：《真与用：关于历史叙事与文学叙事的问答》，《江海学刊》2011 年第 5 期。

戴晋新：《班固的史学史论述与史学史意识》，《史学史研究》2012 年第 1 期。

陈其泰：《〈汉书〉：中华文化传统继往开来的名著》，《人文杂志》2012 年第 4 期。

刘家和：《论断代史〈汉书〉中的通史精神》，《北京师范大学学报》（社会科学版）2012 年第 3 期。

张宗品：《今本〈汉纪〉"荀悦曰"辨》，《中国史研究》2012 年第 2 期。

高萍：《论历史叙事对文学叙事的影响机理》，《东北师大学报》（哲学社会科学版）2013 年第 2 期。

胡亚敏、刘知萌：《史学修辞叙事与小说修辞叙事——中国古代小说叙事修辞目的的史学渊源》，《湖南社会科学》2013 年第 3 期。

肖瑞峰、石树芳：《"汉书学"的历史流程及其特征》，《清华大学学报》（哲学社会科学版）2013 年第 4 期。

李红岩、陈莹：《中国传统历史叙事中求真的内在张力——以〈史记〉的叙事为中心》，《史学月刊》2014 年第 3 期。

关庆涛：《〈两汉纪〉与两汉题材历史演义的创作》，《古籍整理研究学刊》2014 年第 2 期。

张江：《当代西方文论若干问题辨识——兼及中国文论重建》，《中国社会科学》2014 年第 5 期。

孙正军：《中古良吏书写的两种模式》，《历史研究》2014 年第 3 期。

蒋重跃：《〈荀子〉的"类"与道的范畴化发展》，《南京大学学报》（哲学·人文科学·社会科学版）2014 年第 4 期。

董立河:《后－后现代史学理论:一种可能的新范式》,《史学史研究》2014年第4期。

钟云瑞:《历代〈汉书·艺文志〉研究专书综述》,《安徽文学》2014年5期。

姚大力:《"故事"在历史研究中的意义》,《书城》2014年第6期。

王园园:《例谈〈汉书〉个性化的写人叙事艺术》,《文学教育》(下)2016年第1期。

陈其泰:《浓墨重彩:班固与武帝时期历史的书写》,《陕西师范大学学报》(哲学社会科学版)2016年第5期。

汪高鑫:《传统史学天人合一思维的形成与演变》,《史学史研究》2016年第4期。

陈其泰:《彰善瘅恶:班固笔下以儒学进身而志节迥异的人物》,《经济社会史评论》2017年第1期。

张江:《评"人人都是他自己的历史学家"——兼论相对主义的历史阐释》,《历史研究》2017年第1期。

陈其泰:《谣谚入史:班固〈汉书〉的功力》,《北京日报·理论周刊》2017年6月12日,第16版。

廉敏:《史"义"考略——试论中国古代史学中"史义"概念的流传及表现》,《文史哲》2018年第2期。

瞿林东:《关于中国古代史学批评史的几个问题》,《北京师范大学学报》(社会科学版)2018年第5期。

许兆昌:《深刻认识历史叙事的价值》,《人民日报》2018年10月15日,第16版。

许兆昌、姜军:《试论〈春秋〉历史叙事的成就——兼论清华简〈系年〉的史料来源问题》,《史学月刊》2019 年第 1 期。

何顺果:《后现代主义史学:并非本来意义上的历史学》,《陕西师范大学学报》(哲学社会科学版)2019 年第 1 期。

江湄:《中国史学的"隐逸"书写——读〈史记·伯夷列传〉》,《读书》2020 年第 1 期。

刘家和:《理性的结构:比较中西思维的根本异同》,《北京师范大学学报》(社会科学版)2020 年第 3 期。

刘开军:《中国古代史学概念的界定、意蕴及其与史学话语的建构》,《江海学刊》2020 年第 5 期。

陈先达:《历史与历史的书写》,《贵州师范大学学报》(社会科学版)2021 年第 3 期。

瞿林东:《学科体系学术体系话语体系建设的使命任务》,《人民日报》2021 年 8 月 2 日,第 9 版。

作者研究"叙事"问题的已刊文章

《论中国古代史学话语体系中的"叙事"》,《四川师范大学学报》(社会科学版) 2020 年第 5 期。

《从类叙法到类叙法之论——关于中国古代史书叙事一项方法论的考察》,《人文杂志》2020 年第 10 期。

《〈汉纪〉叙事特点与撰述旨趣的再认识》,《史学理论与史学史学刊》2020 年第 2 期。

《荀悦〈汉纪〉书年辨误三则》,《北京师范大学学报》(社会科学版) 2020 年第 5 期。

《〈容斋随笔〉论史书叙事札记三则》,《史学理论与史学史学刊》2021 年第 1 期。

《中国古代史学历史叙事发展的新阶段——论纪事本末体史书的兴起及其意义》,《史学史研究》2017 年第 4 期。

《"言行趣舍,各以类书"——袁宏〈后汉纪〉历史叙事的方法和特点》,《史学月刊》2017 年第 8 期。

《唐修〈周书〉历史叙事初探》,《河北学刊》2018 年第

3 期。

《唐修〈周书〉史论辨析》,《学习与探索》2016 年第 12 期。

《史书叙事是怎么回事?——从司马迁〈史记〉的"善述序事理"谈起》,《文史知识》2020 年第 1 期。

《史书叙事中的个人、群体与社会》,《文史知识》2020 年第 2 期。

《史书叙事运用时间的艺术》,《文史知识》2020 年第 3 期。

《史书叙事的审美要求——读刘知几〈史通·叙事〉》,《文史知识》2020 年第 4 期。

《史书叙事之"事"的品格》,《文史知识》2020 年第 5 期。

《"事之本末"与史书叙事》,《文史知识》2020 年第 6 期。

《谈谈史书叙事中的载文》,《文史知识》2020 年第 7 期。

《史书叙事的恢宏与细微》,《文史知识》2020 年第 8 期。

《史书叙事中的人与自然》,《文史知识》2020 年第 9 期。

《史书叙事与史家议论的辩证关系》,《文史知识》2020 年第 10 期。

《史书叙事中的"情"与"理"》,《文史知识》2020 年第 11 期。

《近现代史家叙事的新进境》,《文史知识》2020 年第 12 期。

后 记

呈现在大家面前的这本小书，是笔者在博士学位论文基础上修改而成，于而立之年向古老而又厚重的中国史学的一份献礼。

中国史学以其悠久的历史、丰厚的遗产和优良的传统立足于世界学术之林，也征服了我。2010年9月，我进入北京师范大学求学，自此与中国史学科结缘，并度过了丰富而精彩的九年时光。2014年9月起，我正式进入瞿师林东先生门下修习史学理论与中国史学史专业，硕博连读的五年之中，在导师的指引、帮助之下，度过了一个个自我勉励的日与夜。

在确定以"叙事"为研究领域之后，我便在导师的指导下开始了"打桩子"式的探索。所谓"打桩子"，即遵循理论认识与史学遗产研究密切结合的路径，从中国古代史学上最重要的三种撰述形态即编年体、纪传体、纪事本末体的史书家族中，各选择有代表性的著作，进行整体阅读和"叙事"视角的分析。中国史学讲究从整体的文本形态中去寻求历史中的经验和教训，去体验作者心中的澎湃与无奈，这自然包含着对语句、段落等话语结构的分析，但不以话语结构分析为其终点。简言之，对中国史书叙事面貌的爬梳和对中国古代史书叙事理论遗产的认识，必须建立在对史学名著整体阅读的基础上。

在摸索《后汉纪》《周书》《通鉴纪事本末》之叙事门径的过程中，我逐渐培养起横向比较不同撰述形态之史书叙事的视野，并开始觉得对博士学位论文的撰写有点信心了，遂着手准备开题报告。不过，本书最终的面貌仍与开题报告时的大纲设计有较大区别。

在其初，我设定了"总论—各书分论—结论"三段式的论文大纲，即以交代选题缘起、研究现状综述和撰述意旨为主题的绪论部分；以各书为一个整体，细致分析《汉书》《汉纪》《后汉纪》《后汉书》四者在叙事上最突出之特点的四个章节；以及通过研究这四部史书所得到的有关中国古代史书叙事之一般经验的结论部分。在开题答辩会上，邹兆辰、蒋重跃、晁天义三位老师，分别从史学遗产的继承和创新、文学理论与史学理论之间的异同，以及西方叙事学的借鉴意义等方面，提出了宝贵的意见，而他们共同关注的是：如何通过章节的调整使文章的论述更突出研究上的整体性、综合性，以及各研究对象间的彼此关联。

开题答辩后的第十天，我即赴卑诗访学，此后通过电话与导师商讨最多的，即是对文章框架的修改。最终，我决定从一书一章改为以问题为导向的综合式研究。现在看来，正是这一框架结构上的调整，使我们得以通过这四部史学名著初步窥探中国古代史书叙事的一般面貌，即本书结语中所指出的，重

"事"、主"人"、审"美"与用"意"的紧密结合，是中国古代史书叙事的突出风格。

在温哥华的一年，由于一方面承担隋唐时期史学批评的研究和撰写任务，一方面又乐于将余下的大部分精力投入非史部的文献阅读之中，于是只有在阴雨连绵的日子里，我才把自己闷在租住的房间中爬梳"两汉书"和"两汉纪"，书读得必不精当。自2018年10月归国至2019年2月完稿，实际上投入博士学位论文写作的时间，只有短短数月，文章又不免粗糙。虽按时通过答辩、毕业，但我对提送至图书馆保存的那份文本并不满意，更时常为未能达到导师的要求而深感惭愧。

自2019年初夏通过博士学位论文答辩至今的三年时间里，除却常规的教学任务和临时性的事务工作，时时萦绕在我脑海中的，是如何使自己的"叙事"研究走向更理想的层面。在新冠肺炎疫情肆虐的2020年，承蒙《文史知识》杂志的提携和信任，我完成了有关中国古代史书叙事问题的十二篇连载。在这个过程中，我开始逐渐思考，中国史书叙事的面貌和中国史学上的叙事理论是怎样形成的？究竟应该怎样看待中西叙事理论、文史叙事理论之间的差异？今天我们讨论、研究中国古代史学的叙事问题，价值何在？为了寻求答案，我有意识地加强了西方叙事学和中国古代文论方面的阅读、学习，同时将学生时代有关西方史学的笔记作了梳理、补充，于是我愈加深刻地感受到知识的贫乏和时间的宝贵，也对自己将要努力的方向有了更清晰的认识。

在与出版社商定交稿日期之后，我度过了焦灼的一季深秋。如何处理研究主体在不同阶段对同一个研究对象之认识上的不同?我力图使自己寻找到"稽古"与"随时"之间的平衡,这便一再耽搁交稿的时间。在与蒋重跃教授的一次交谈中,他建议我不必过分纠结于旧稿的修补,大可使之以原本的面貌行世,应使目光向前,循着新的思考撰写新的篇章。这样,我终于勉强与自己达成和解,遂不再对本书作过度的修改。据此,读者可将本书视为作者关于"叙事"问题之既往研究史的小结,也可视之为作者正在开启的新征程的序篇。

对于现代社会中的"打工人"而言,如果每天面对的工作是自己感兴趣又热爱的事情,那将是一份得之不易的幸运。不知觉间,我在中国史学史的领域探索、攀岩已有十个春秋。这十年间,我不止一次地问自己,是否热爱自己的研究?答案有时是肯定的,有时却也飘忽。在本书即将付梓之际,我完成了2021年秋季学期的教学任务,并在一封学生来信中找到了更确切的答案:

> 除了您直接讲述出来的史学的灵魂,更打动我的是您讲述的时候那种热情的感觉!我感受到您是真的想让我们学习这些、了解这些,是先在老师那里被笃实的内容,才能再拿出来感染学生!

我非常感谢这位学生在课后发来这样一番"关于课程的一些忍不住抒发的感触",她以一个旁观者的身份,帮助我找到了过去十年中时常自问的答案——是的,我热爱自己的研究,也热爱中国的史学。这份持续注目于博大中国史学而形成的热爱,大概就是每每沮丧过后又能支撑我振作起来,并继续在这片园地里耕耘的动力。

在我的心中，中国史学就像是一幅伟大祖国壮丽山河的画卷，层峦叠嶂、波涛汹涌，又绵绵不绝、生生不息，它以亘久的生命力滋养着中国人的精神、文化和品性。本科毕业时，我曾与好友畅游三峡，顺水行舟，每到名胜之处，就停船、上岸，领略一番风光，品味一段历史。如今想来，治史亦如此，在中国史学这奔腾不息的长河中，总会有一座座高峰耸立两岸，等待着一代代学人的造访，攀登上去，自会看到不一样的风景。对于中国史学的叙事问题，《汉书》《汉纪》《后汉纪》《后汉书》就是这样的高峰，走近它们，理解它们，重新品味它们，诠释它们，可以看到一条史书叙事实践与史书叙事理论之交相呼应、共同前行的蜿蜒路径。

在跟随瞿师读史、习史、治史的十年中，他常以"胸怀大志，循序渐进"一句鼓励我不断开阔自己的学术视野，又不无幽默地以"新常态"来形容忙碌的学术生活，我视它们为箴言，亦常以之自勉。今年恰逢瞿师八五寿辰，我将本书献给他，感谢他长期以来的信任与指引。

师友亲人的关怀与支持，陪伴我成长，也使我增强了从事学术研究的信念。戴晋新教授最早引领我关注叙事领域；史学研究所的诸位老师为我传道、授业、解惑；乔治忠、王子今、牛润珍、向燕南、蒋重跃、李红岩、江湄诸位教授，在学位论文答辩会上提出宝贵意见并为我指引了继续努力的方向。在这里，谨向祖国的培养，向家人无私的付出，向瞿门兄弟姐妹多年来的爱护，向每一位指导、帮助过我的老师、编辑、朋友，致以最诚挚的谢意！

北京师范大学历史学院对本书出版给予了充分资助；社会

科学文献出版社宋月华、罗卫平两位老师为本书出版付力良多；博士研究生许洪冲帮助我核对了部分引文，一并表示衷心的感谢！

经籍事重，但我相信水积成川。对于中国史学的叙事问题，目前所做的工作十分有限，有待解决的问题层出叠见。小书浅短，不免挂一漏万，恭请学林批评指正。

朱露川　谨记
壬寅启蛰

图书在版编目(CIP)数据

中国古代史书叙事的风格:从班荀二体到范袁二家/朱露川著. -- 北京:社会科学文献出版社,2022.3
ISBN 978-7-5228-0069-1

Ⅰ.①中… Ⅱ.①朱… Ⅲ.①史籍-研究-中国-古代 Ⅳ.①K204

中国版本图书馆 CIP 数据核字(2022)第 072479 号

中国古代史书叙事的风格
——从班荀二体到范袁二家

著　　者 / 朱露川

出 版 人 / 王利民
责任编辑 / 罗卫平
责任印制 / 王京美

出　　版 / 社会科学文献出版社·人文分社 (010) 59367215
　　　　　　地址:北京市北三环中路甲29号院华龙大厦　邮编:100029
　　　　　　网址:www.ssap.com.cn
发　　行 / 社会科学文献出版社 (010) 59367028
印　　装 / 三河市东方印刷有限公司

规　　格 / 开　本:889mm×1194mm　1/32
　　　　　　印　张:11.25　字　数:252 千字
版　　次 / 2022 年 3 月第 1 版　2022 年 3 月第 1 次印刷
书　　号 / ISBN 978-7-5228-0069-1
定　　价 / 98.00 元

读者服务电话:4008918866

版权所有 翻印必究